KB103024

왕의 언어

왕의 언어

통치자는 어떤 말을 했는가?

김동섭

청아출판사

들어가며

우리 민족은 단일 민족이라고 말한다. 수천 년의 역사를 공유했고, 같은 언어를 사용한다. 그런데 지구상에 이런 민족은 그리 많지 않다. 유럽으로 가 보자. 인종학적으로 볼 때 서양인은 같은 조상에서 나왔다. 학자들은 흑해 북쪽 캅카스 지방에 살던 서양인의 조상을 원시 인도-유럽인이라고 부르는데, 일부는 기원전 4천 년부터 동쪽으로 이동해 인도에 정착했고, 일부는 소아시아를 지나 유럽 대륙으로 퍼져 나갔다. 그 후 유럽 역사는 그리스 문명에서 발원하여 찬란한 로마 문명의 시대를 지나 중세 유럽으로 이어졌다.

이 책에서는 로마 제국이 멸망하고 유럽에 들어선 왕국들의 주인인 왕과 황제의 언어를 통해 유럽 역사를 살펴보고자 한다. 중세와 근세 유럽 군주들은 신민(臣民)이 사용하는 언어와 항상 동일한 언어를 사용했을까? 우리의 역사 여행은 바로 이 의문에서 출발한다. 예를 들어 잉글랜드 왕은 영어를, 신성 로마 제국 황제는 독일어를 모국어로 사용했을까? 이 질문에 대한 답은 '그렇지 않다'이다.

그렇다면 왜 유럽 군주의 언어가 신민의 언어와 같지 않았을까? 그 이유는 유럽 왕실 사이에 이루어진 빈번한 혼인에서 찾을 수 있다. 우리는 어떠한가? 우리 역사를 뒤돌아보면 이웃 나라 왕족을 배우자로 받아들인 경우가 거의 없었다. 고려 시대에 원나라 공주들이 시집온 경우를 제외하면 조선에서는 이웃 나라와 통혼을 한 사례가 거의 없다. 하지만 유럽은 그렇지 않았다. 결혼을 일종의 거래라고 생각했던 유럽 왕실은 결혼으로 상대국의 헤게모니를 차지할 수도 있었다. 근세에 유럽을 호령했던 오스트리아 합스부르크 왕가의 모토는 '다른 이들은 전쟁을, 행복한 오스트리아여, 너는 결혼을Bella gerant alli, tu felix Austria nube'이었다. 실제로 합스부르크 왕가는 결혼을 통해 부르고뉴 공국(프랑스 동부, 벨기에, 네덜란드)을 손에 넣었고, 스페인 왕녀와의 결혼으로 스페인 왕국을 접수했다. 이런 경우 외국에서 들어온 군주는 해당 왕국의 언어를 모르는 경우가 많았다. 이 책에 등장하는 몇몇 주인공을 보자.

스페인의 펠리페 1세가 요절하자 그의 아들 카를은 부르고뉴 공작을 조모(祖母)로부터 상속받았고, 1516년에는 스페인 국왕에 오른다. 그런데 그는 스페인어를 전혀 모르는 사람이었다. 그리고 다시 3년 뒤인 1519년에 카를은 조부(祖父)인 막시밀리안 황제의 뒤를 이어 신성 로마 제국 황제에 선출되니, 그가 바로 카를 5세이다. 그런데 그는 독일어를 잘하지 못하는 신성 로마 제국의 황제였다. 카를이 할머니의 고향인 플랑드르(지금의 벨기에) 지방에서 태어났기 때문이다. 종합해 보면 카를 5세는 고향 언어인 플라망어와 프랑스어, 라틴어 그리고 나중에 배운 스페인어와 독일어를 사용하는 군주였다.

이번에는 역사의 무대를 영국으로 옮겨 보자. 영국 역사는 다른 이웃 나라들과 비교해 볼 때 조금 독특하다. 서기 1066년에 노르망디의 윌리엄 공이 잉글랜드를 정복하고 앵글로색슨 왕조를 멸했기 때문이다. 이후 윌리엄 공은 정복왕 윌리엄 1세로 왕위에 오르고 노르만 왕조를 개창한다. 그런데 윌리엄 1세는 잉글랜드 왕으로 20년 동안 군림했지만, 영어를 말할 줄 몰랐다. 그는 프랑스어만 사용하는 잉글랜드 왕이었던 것이다. 노르만 왕조를 이은 플랜태저넷 왕조의 시조 헨리 2세는 더욱 심했다. 그의 부친은 프랑스 앙주 지방의 백작이었고, 모친은 프랑스 아키텐 공작녀였다. 다시 말해 헨리 2세는 순수한 프랑스인이었던 것이다. 이후 네덜란드 출신 윌리엄 3세, 독일 하노버 출신 조지 1세와 같이 이방인이 영국 왕위에 올랐다. 당연히 그들의 영어는 보잘것없었다. 조지 1세는 독일어밖에 몰랐고, 자신이 구사할 줄 아는 프랑스어로 신하들과 소통했다. 그리고 이 책의 마지막에 등장하는 대영 제국의 빅토리아 여왕도 어린 시절 모국어가 독일어였다.

만약 현대 사회에서 일국의 대통령이나 수상이 자기 나라의 언어를 모른다고 생각해 보자. 물론 상상할 수도 없는 일이다. 하지만 중세와 근대 유럽에서는 이런 경우가 다반사였다. 이런 현상은 왕국의 주인과 신민의 관계가 그리 중요하지 않았다는 사실을 방증한다. 왕국의 소유권이 민중에게 있지 않고 국왕에게 있었기 때문에 유럽의 왕국은 혼인으로 거래할 수 있는 담보물이었다. 혼담이 오갈 때 가장 높은 입찰가를 부르는 왕가에게 왕국의 소유권이 돌아갔다.

이 책은 9세기 프랑크 왕국의 샤를마뉴 시대에서 출발한다. 그다음 여정은 도버 해협을 지나 잉글랜드로 넘어간다. 거기에서 앵글로색슨 왕조의 위대한 왕인 알프레드 대왕을 만나고, 동시에 잉글랜드를 침략한 덴마크의 바이킹을 만날 것이다. 그다음에는 잉글랜드를 정복한 정복왕 윌리엄, 백년 전쟁을 일으킨 에드워드 3세, 튜더 왕조를 개창한 헨리 8세의 이야기를 할 것이다. 그리고 '해가 지지 않는 제국'을 건설한 신성 로마 제국 황제이자 스페인 국왕 카를 5세를 만나 볼 것이다. 그다음에는 이방인으로 영국 왕이 된 윌리엄 3세와 조지 1세도 만날 터인데, 그들의 이야기는 우리 마음을 울적하게 만든다. 대영 제국을 건설한 빅토리아 여왕의 이야기를 끝으로 우리의 역사 여행은 종착역에 도달한다.

왕의 언어를 통해 유럽 역사를 정리하는 작업은 생각보다 힘들었다. 중세 유럽 군주의 면면은 연대기 작가 기록에 의존할 수밖에 없었는데, 그나마도 왕들의 언어에 관한 기록이 거의 없었다. 단지 시대 배경과 출생지 그리고 왕의 친부모가 어떤 언어를 사용했느냐에 따라 언어를 유추할 수 있었다. 예를 들어 1066년 정복왕 윌리엄 1세가 잉글랜드 왕위에 오른 뒤로 잉글랜드 왕비는 무려 300여 년 동안 프랑스 왕녀였다. 그러므로 이 기간에 잉글랜드 왕의 모국어가 프랑스였다는 사실은 그리 놀랍지 않다.

이 책을 기획한 계기는 유럽 중세사를 전공한 몬트리올 대학의 명예교수 세르주 뤼지냥Serge Lusignan이 2004년에 펴낸 《중세 왕들의 언어》

를 읽고 왕들의 언어가 흥미로운 주제가 될 것으로 판단했기 때문이다. 그런데 뤼지냥 교수의 책에서는 프랑스와 잉글랜드, 그중에서도 백년 전쟁 당시의 군주들만 다루고 있었다. 필자는 조금 욕심이 생겼다. 시대의 경계를 백년 전쟁의 전후, 즉 중세 초기와 근대까지 넓히고, 공간적인 무대 역시 유럽 전역으로 확장하면 더 흥미로운 책이 될 수 있겠다고 생각했다. 그 결과 위에서 언급한 유럽의 많은 군주가 이 책 속으로 들어왔다.

원고를 집필하면서 가장 안타까웠던 군주가 한 명 있다. 바로 조지 1세가 그 주인공이다. 그는 하노버 왕조의 첫 번째 왕이었다. 스튜어트 왕조의 시조인 제임스 1세의 후손이었던 조지 1세는 핏줄만 영국인이었을 뿐 100% 독일인이었다. 1714년 앤 여왕이 후사를 남기지 못하고 사망하면서 영국 왕실의 대가 끊어지고 만다. 그 후 조지 1세의 운명은 완전히 바뀌었다. 독일 공작령(하노버 공작령) 제후에서 당시 유럽의 강대국인 영국 왕이 된 것이다. 하지만 영국 왕이 된 조지 1세의 인생은 평탄하지 않았다. 실권이 없는 이방인이 영어도 못 했으니 조지 1세가 느꼈던 비애는 짐작하고도 남는다. 조지 1세는 당시 왕족과 귀족이 교양어로 사용하던 프랑스어로 궁정 생활을 했다고 한다. 게다가 조지 1세는 아들과도 사이가 좋지 않았다. 부자간 갈등 문제를 네덜란드 신문에 프랑스어로 실었을 정도였으니, 당시 영국인은 외국인이 영국 왕실에 들어와서 나라 망신을 시킨다고 생각했을 것이다.

이 책은 지금까지 역사서들이 관심을 두지 않았던 왕의 언어에 초점을 맞추었다. 유럽 역사를 언어라는 프리즘을 통해서 보면 한 개인의 탄생에서 성장 배경과 문화적 취향 그리고 당시 유럽의 정치적 역학 구도까지 통찰해 볼 수가 있다. 그만큼 군주의 모국어와 그가 사용하던 언어는 그가 살았던 시대의 모든 것을 투영하고 있다. 그런 점에서 위대한 카를 5세가 한 말이 다시 한번 뇌리에 깊은 인상을 남긴다.

나는 신에게 말할 때는 스페인어, 여자에게는 이탈리아어,
남자에게는 프랑스어 그리고 말에게는 독일어를 사용한다.

자, 왕들의 언어를 통해 유럽 역사 여행을 시작해 보자.

임인년 1월
김동섭

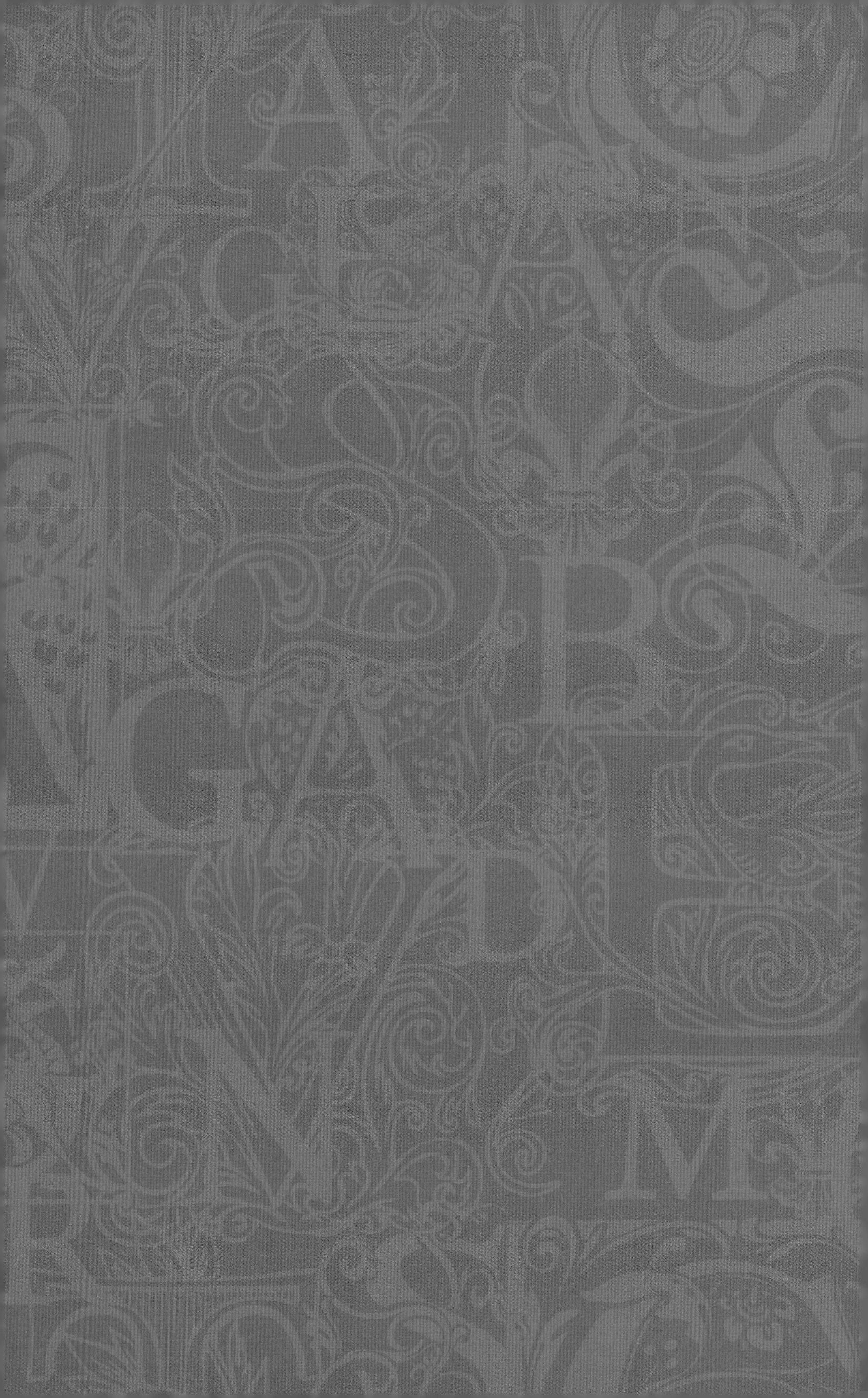

유럽의 아버지

샤를마뉴 대제

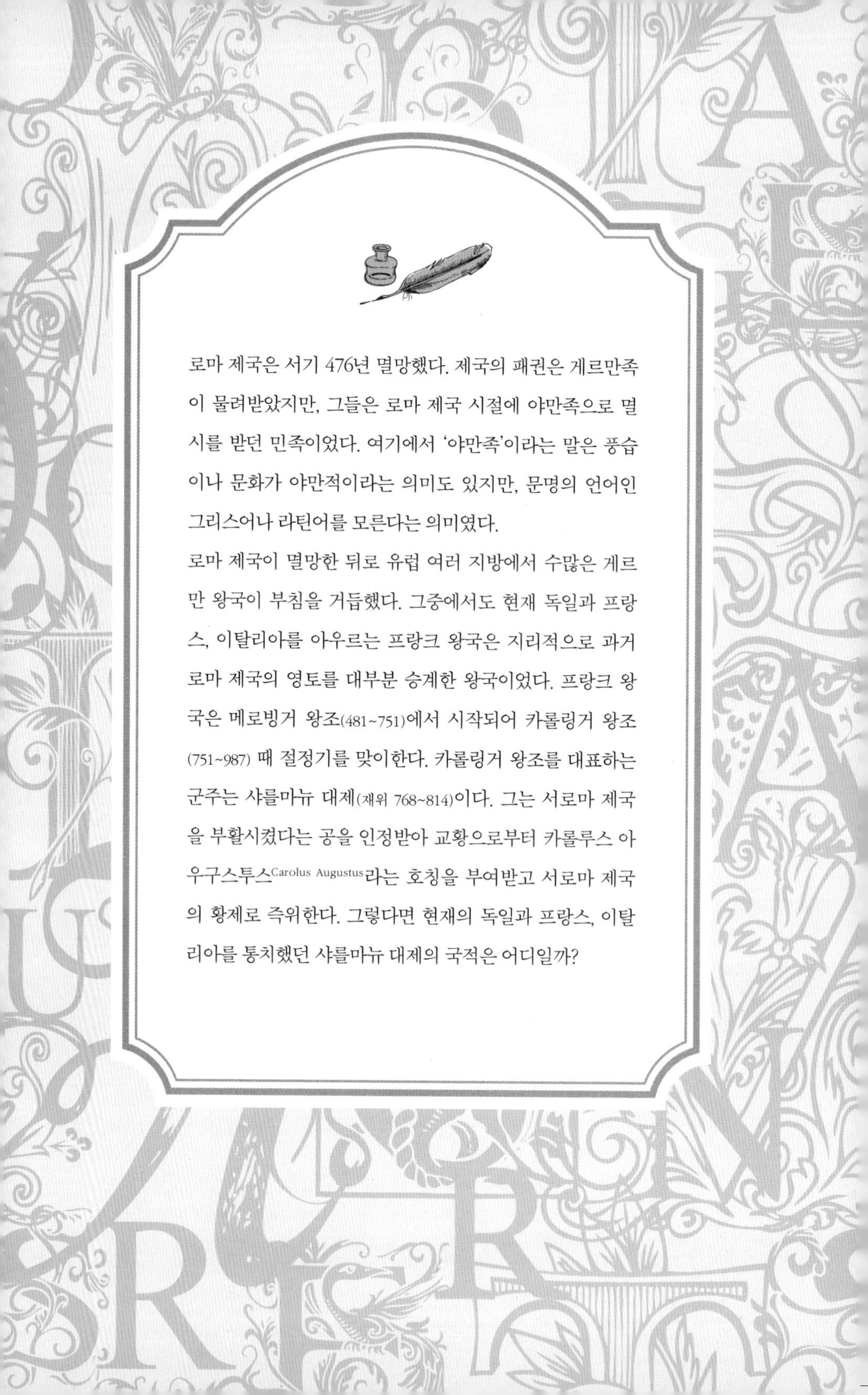

로마 제국은 서기 476년 멸망했다. 제국의 패권은 게르만족이 물려받았지만, 그들은 로마 제국 시절에 야만족으로 멸시를 받던 민족이었다. 여기에서 '야만족'이라는 말은 풍습이나 문화가 야만적이라는 의미도 있지만, 문명의 언어인 그리스어나 라틴어를 모른다는 의미였다.

로마 제국이 멸망한 뒤로 유럽 여러 지방에서 수많은 게르만 왕국이 부침을 거듭했다. 그중에서도 현재 독일과 프랑스, 이탈리아를 아우르는 프랑크 왕국은 지리적으로 과거 로마 제국의 영토를 대부분 승계한 왕국이었다. 프랑크 왕국은 메로빙거 왕조(481~751)에서 시작되어 카롤링거 왕조(751~987) 때 절정기를 맞이한다. 카롤링거 왕조를 대표하는 군주는 샤를마뉴 대제(재위 768~814)이다. 그는 서로마 제국을 부활시켰다는 공을 인정받아 교황으로부터 카롤루스 아우구스투스Carolus Augustus라는 호칭을 부여받고 서로마 제국의 황제로 즉위한다. 그렇다면 현재의 독일과 프랑스, 이탈리아를 통치했던 샤를마뉴 대제의 국적은 어디일까?

프랑크 왕국의 언어 지도

역사에는 서로마 제국이 멸망한 연도만 기록되어 있을 뿐 정확한 날짜는 찾을 길이 없다. 그 이유는 로마 제국이 한 번의 전쟁으로 멸망한 것이 아니라, 수많은 야만족의 침략에 서서히 붕괴했기 때문이다. 제국의 빈자리는 야만족인 게르만족이 차지했다.

서로마 제국에 정착한 게르만족 왕국들을 보자. 지금의 프랑스와 독일 그리고 벨기에 지방에 자리 잡은 프랑크족, 부르고뉴 지방의 부르군트족, 이베리아반도의 비스고트족(서고트족), 북아프리카의 반달족, 이탈리아의 고트족 그리고 스위스 북쪽에 자리 잡은 알라만족 등 많은 게르만 부족이 과거 로마의 속주를 접수했다. 이번 글은 여러 왕국 중 가장 오랫동안 존속했던 프랑크 왕국에서 시작한다.

역사는 정반합의 변증법적 이론으로 진행된다. 천 년 동안 찬란한 문명을 꽃피웠던 로마 제국은 결국 역사의 뒤안길로 사라지고, 야만족으로 불렸던 게르만족이 유럽의 새 주인이 되었다. 그들은 문화적으로 로마인보다 열등했지만, 봉건 제도라는 독특한 정치 제도를 유

——— 서로마 제국이 멸망한 지역에는 게르만족의 왕국이 우후죽순처럼 들어섰다. 그중에서도 지금의 프랑스와 독일에 들어선 프랑크 왕국이 가장 강력한 왕국이었다.

럽에 도입하여 새로운 세계를 열었다.

서로마 제국에 난립한 왕국들은 오랜 기간 버티지 못하고 역사에서 사라졌다. 하지만 프랑크 왕국은 유럽 중심에서 살아남았다. 물론 브리튼섬에 정착한 앵글로색슨족의 왕국도 11세기까지 존속했으므로 프랑크 왕국과 같은 범주에 넣어야 할 것이다.

역사의 연속성은 순리대로 움직이지 않는다. 예를 들어 새로운 정복자들의 문명이 이전 문명보다 항상 우위에 있지 않은 경우도 있다. 게르만족이 그러했다. 야만족이라 불렸던 게르만족이 인류 역사상 가장 찬란한 문명을 꽃피웠던 로마 제국을 인수한 것이다.

로마가 멸망한 서기 476년까지 제국에서는 두 개의 언어를 사용하고 있었다. 카이사르와 키케로 같은 정치인이나 유베날리스Iuvenalis 같은 시인이 사용하는 고전 라틴어와 대부분의 하급 관리, 군인, 노예들이 사용하는 민중 라틴어가 그것이다. 고전 라틴어는 문어(文語)라고 보면 되고, 민중 라틴어는 문법 체계가 단순화된 구어(口語)라고 보면 된다. 이런 상황에서 게르만족이 로마 제국을 통째로 접수했다. 게르만족이 세운 왕국 중에서 가장 큰 왕국이었던 프랑크 왕국의 언어 지도를 살펴보자.

프랑크 왕국에는 지금의 프랑스가 포함되어 있다. 로마인은 이 지방을 갈리아Gallia라고 불렀다. 로마 제국 시절 갈리아에서는 라틴어, 그중에서도 민중 라틴어가 사용됐는데, 제국이 멸망한 뒤에도 여전히 프랑크 왕국에서 사용됐다. 물론 갈리아의 원주민이자 켈트족의 한 갈래인 골Gaule족 언어도 있었지만, 골족 언어는 민중 라틴어에 흡수되어 곧 사라졌다. 그런 상태에서 정복자인 게르만족의 언어가 프랑크 왕국에 들어온 것이다. 정리하면 프랑크 왕국에서는 로마 제국의 언어인 민중 라틴어가 기저를 이루고 있었고, 여기에 정복자의 언어인 게르만어, 정확히 말하면 프랑크어(고대 독일어의 한 갈래)가 새로 들어온 것이다. 프랑크 왕국의 경계에는 과거의 갈리아 속주와 게르만족의 고향인 게르마니아도 포함되어 있었다. 그런데 게르마니아에서는 민중 라틴어가 사용되지 않았다. 그러므로 프랑크 왕국의 언어 지도에는 민중 라틴어가 기저에 있었던 지방과 순수한 프랑크어 사용 지방이 공존하고 있었다. 다시 말하면 과거 로마 제국의 속주에 게르만족의 언어가 새롭게 들어간 것이다. 그렇다면 로마 제국이 멸망한 후 과거의 속주에서는 어떤 언어가 사용됐을까?

게르만족 이동 전에 갈리아 속주(프랑스)에서는 민중 라틴어만 사용됐고, 브리타니아(브리튼섬) 속주에서는 켈트어가 사용됐다고 한다. 갈리아 원주민인 골족의 언어는 라틴어에 빠르게 동화되어 사라졌지만, 브리타니아의 켈트족(브리튼족)은 자신들의 언어를 잘 보전했기 때문이다. 하지만 브리튼섬에 들어온 앵글로색슨족은 켈트족을 무자비하게 몰아냈다. 그 과정에서 두 민족 사이에는 문화와 언어의 교류가 거의 없었고, 원주민인 켈트족은 변방으로 내몰리고 만다. 지금 브리튼섬의 변방인 웨일스와 스코틀랜드에서 켈트어가 사용되는 이유가 여기에 있다.

현대 프랑스어는 민중 라틴어를 모태로 생성되었고, 그 위에 프랑크어가 언어 형성에 영향을 주었다. 현대 스페인어도 게르만족의 언

:: 프랑크 왕국에서 사용되던 언어 분포

지역	원주민 언어	게르만 이동 이후 (476년 로마 제국 멸망)	현재의 언어
프랑스	민중 라틴어	민중 라틴어+프랑크어	프랑스어
독일	게르만 언어들	게르만 언어들	독일어
스페인	민중 라틴어	민중 라틴어+서고트어*+아랍어	스페인어, 카탈루냐어
이탈리아	민중 라틴어	민중 라틴어+게르만어	이탈리아어
브리튼섬	민중 라틴어, 켈트어	앵글로색슨어+켈트어	영어, 켈트어**

* 이베리아반도에 정착한 게르만족의 한 갈래인 비스고트족의 언어. 이들은 5세기 중반 이베리아반도에 정착했지만, 얼마 후 서고트어를 버리고 라틴어에 동화되었다.

** 현재 브리튼섬에서 사용되는 웨일스어, 스코틀랜드 게일어 등이 켈트어의 후손이다.

어인 서고트어가 어느 정도 영향을 주었다. 로마의 속주였던 브리타니아 지방에 들어온 앵글로색슨족은 원주민이 사용하던 민중 라틴어와 켈트어를 몰아내고 자신들의 언어인 앵글로색슨어, 즉 고대 영어를 브리튼섬에 정착시켰다.

샤를마뉴의 국적과 모국어

프랑크 왕국의 역사는 크게 메로빙거 왕조(481~751)와 카롤링거 왕조(751~987)로 구분할 수 있다. 프랑크 왕국의 절정기는 후자인 카롤링거 왕조 때였는데, 그중에서도 샤를마뉴 대제는 프랑크 왕국을 서로마 제국의 계승자로 끌어올린 인물이다.

프랑스어로는 샤를마뉴Charlemagne 대제, 독일어로는 카를 대제Karl der Große, 이탈리아어로는 카를로 마그노Carlo Magno로 불리는 샤를마뉴 대제는 중세 유럽 역사의 시조이다. 샤를마뉴의 이름을 풀어 보면 게르만족의 이름 중에서 남자를 의미하는 '칼Karl'에 대왕을 뜻하는 라틴어 '마그누스Magnus'가 붙어 있다. 마그누스는 프랑스어로 '마뉴', 이탈리아어로 '마뇨'가 되었다. 하지만 독일어 이름에는 '위대한'이라는 뜻의 독일어 '그로세Große'가 붙어 있다. 게르마니아가 로마 제국의 지배를 받지 않았기 때문이다. 황제의 이름을 3개 국어로 옮긴 까닭은 샤를마뉴 대제의 프랑크 왕국이 지금의 프랑스, 독일, 이탈리아와 그 경계가 일치하기 때문이다. 그렇다면 샤를마뉴 대제는 이름처럼 프

15세기 후반 독일 화가 알브레히트 뒤러가 상상해서 그린 샤를마뉴의 모습. 신성 로마 제국의 상징 독수리는 독일을 의미하고, 백합꽃은 프랑스 왕실의 상징 꽃이다.

랑스어를 사용하는 사람이었을까? 우리의 호기심은 여기에서 발동한다. 일단 이 책에서는 우리에게 친숙한 샤를마뉴 대제라고 부르자.

샤를마뉴는 서기 742년 혹은 747년에 태어났다. 출생지는 분명하지 않지만, 일설에는 벨기에 왈롱 지방에서 태어났다고 한다. 하지만 황제의 사망 연도는 분명하다. 서기 814년 독일 서부에 있는 작은 도시 아헨에서 사망했다고 한다. 황제 샤를마뉴는 60세 후반까지 살았으니 당시로는 매우 장수한 사람이다.

중세 유럽의 왕국은 정해진 수도가 없었다. 프랑크 왕국의 수도 역시 일정하지 않았는데, 카롤링거 왕조 이전의 메로빙거 왕조는 파리(508~768)를 수도로 삼았으며, 그 이전 왕조는 벨기에 투르네(431~508)가 수도였다. 이후 메로빙거 왕국은 아헨을 수도로 정했는데, 그 중심에 샤를마뉴가 있었다.

샤를마뉴에 대한 기록은 많지 않고 대부분 전승으로 전해 온다. 그는 체격이 그리 크지는 않았지만, 균형 잡인 체형의 소유자였다고 한다. 그는 특히 수영을 좋아했는데, 해마다 겨울이면 아헨을 찾았던 이유도 로마 시대부터 온천으로 유명한 휴양지였기 때문이다.♦

그는 본성을 자제할 줄 아는 사람이었으며, 식사와 음주에도 절제를 보였다고 한다. 샤를마뉴는 술에 취해 있는 사람들을 싫어했으며, 절대로 취한 모습을 남에게 보이지 않기 위해 자신을 통제했다

♦ 아인하르트 저, 이경구 옮김, 《샤를마뉴의 생애》, 지식을만드는지식, 2012

고 한다.

샤를마뉴는 아버지 피핀 3세로부터 물려받은 왕국의 국경을 최대한 확장하였고, 왕국 내의 사라센인을 몰아냈다. 그리하여 프랑크 왕국의 경계는 과거 로마 제국의 판도와 거의 일치하게 되었다. 그러던 중 샤를마뉴의 운명을 바꾼 사건이 일어난다. 서기 799년 교황 레오 3세가 반대파의 습격을 받자, 샤를마뉴는 로마의 교황을 자신의 궁으로 피신시킨다. 당시 로마 제국의 종주권은 동로마 제국에 있는 것으로 간주됐기 때문에 로마 교황은 정통성이 부족했다. 그런 와중에서 서유럽의 실질적인 통치자인 샤를마뉴가 교황의 우군으로 등장한 것이다. 교황은 이 상황을 정치적으로 활용해 샤를마뉴에게 서로마 제국을 부활시킨 황제의 관을 씌워 주려는 계획을 세운다. 마침내 서기 800년 로마의 성 베드로 성당에서 열린 성탄절 미사에서 샤를마뉴는 서로마 제국 황제로 등극한다. 이후 프랑크 왕국은 서프랑크, 동부랑크, 중프랑크 왕국으로 분열하고, 서프랑크 왕국은 카페 왕조가 들어선 서기 987년까지 존속한다.

이제 문제의 본질로 들어가 보자. 지금까지 기술한 샤를마뉴의 이력을 보면 그는 프랑크족 출신, 즉 게르만 부족의 후손으로 태어났다. 어머니 역시 라인란트Rheinland(현재 독일과 벨기에 사이) 지방에서 태어났으므로 샤를마뉴의 모국어는 독일어, 정확히 말하면 고대 프랑크어라고 말할 수 있다. 그런데 왜 우리에게는 프랑스어인 샤를마뉴로 더 잘 알려졌을까? 여기에는 프랑스와 독일의 경쟁의식이 한몫했다. 두 나라 모두 샤를마뉴 대제가 자신들의 직계 조상이라고 주장했기 때문이다.

역사적으로 프랑스와 독일은 견원지간이다. 두 나라는 수많은 전쟁을 벌였는데, 그중에는 아헨을 차지하려는 전쟁도 있었다. 아헨은 샤를마뉴 대제 시절 프랑크 왕국의 수도였다. 지금은 인구 2만 5천 명의 작은 도시지만, 프랑스와 독일은 이 도시를 수중에 넣기 위해서 필사적으로 전쟁을 벌였다. 샤를마뉴는 해마다 겨울이면 아헨에 머물렀고, 지금도 아헨 대성당에는 샤를마뉴 황제가 썼던 황제관이 보관되어 있다. 샤를마뉴는 예루살렘에 있던 신성한 기독교 유적을 이곳으로 옮기고, 로마에서 반암(斑巖) 기둥을 가져와 대성당을 건축했다. 이 성당은 당시 알프스 이북에서 가장 높은 건물이었다. 아헨 성당은 중세 유럽 역사에서 매우 중요한 위치를 차지한다. 샤를마뉴 이후 600년 동안 신성 로마 제국의 황제들이 이곳에서 대관식을 올렸기 때문이다.

아헨을 차지하기 위한 독일과 프랑스의 전쟁에 마침표를 찍은 장본인은 보나파르트 나폴레옹이었다. 그는 아우스터리츠에서 오스트리아군을 궤멸하고 신성 로마 제국을 멸망시켰다. 나폴레옹은 멸망한 제국의 수도인 아헨에서 대관식을 치른다는 것이 무의미하다고 여기고, 성당의 반암 기둥을 뜯어 파리로 가져갔다. 지금도 일부는 루브르 박물관에 있다. 나폴레옹은 샤를마뉴가 프랑스 왕국의 시조라는 메시지를 대외적으로 던지고 싶었던 것이다.

현재의 국적 개념으로 샤를마뉴의 국적을 말한다면, 그는 게르만족 중에서 프랑크 부족 출신의 독일인이었다. 그리고 그가 사용하던

파리 노트르담 대성당 앞 광장에 있는 샤늘마뉴 기마상. 프랑스인은 스스로를 샤를마뉴 대제의 후손이라고 말한다.

언어는 고대 프랑크어, 즉 독일어였다. 하지만 지금도 파리 노트르담 대성당 앞 광장에서 말을 타고 왕국을 호령하는 샤를마뉴의 기마상을 볼 수 있다. 프랑스인은 자신들이 샤를마뉴 대제의 후손이라고 만방에 고하고 있다.

샤를마뉴의 손자들

훌륭한 왕의 자식들이 부왕의 유지를 받들어 현군(賢君)이 되는 경우는 역사상 그리 많지 않다. 로마 제국 오현제 중에서 가장 현군이었던 철인 황제 아우렐리우스를 계승한 황제는 콤모두스였다. 그는 자신이 헤라클레스의 환생이라고 믿었던 폭군이었다. 그런데 한 가지 역설적인 사실은 아우렐리우스 황제 이전의 오현제는 모두 양자를 입양해 후계자로 삼았다는 것이다. 그러나 콤모두스만이 아우렐리우스 황제의 친아들이었다.

샤를마뉴 황제에게는 카를로만Carloman이라는 동생이 있었다. 당시 프랑크족의 관습법에 따르면 왕국은 남자 형제에게 똑같이 분배되는 전통이 있었다. 그래서 샤를마뉴는 프랑크 왕국의 동부 지방인 아우스트라시아와 북부 지방을 물려받았고, 동생 카를로만은 왕국의 남쪽 지방 부르군트와 서쪽 지방인 네우스트리아(오늘날 프랑스의 아키텐과 북부 지방)를 상속받았다. 카를로만은 샤를마뉴와 왕국의 지배권을 놓고 다투었지만 젊은 나이에 요절한다. 이렇게 해서 프랑크 왕국 전체는 샤를마뉴의 손에 들어갔다.

806년 샤를마뉴 대제는 왕국을 자식에게 나누어 줄 계획을 세웠지만 세 명의 아들이 차례로 세상을 떠나고 만다. 결국 황제는 죽기 1년 전인 813년 제국 수도 아헨에서 여섯 번째 아들인 루트비히Ludwig를 왕국의 공식 후계자로 지명한다. 프랑스 역사에서는 루트비히를 경건왕 루이 1세Louis le Pieux로 부른다. 훗날 프랑스 왕조에서 가장 많이 보이는 루이라는 이름은 경건왕 루이 1세가 그 시조이다. 예를 들어 태양왕 루이 16세는 경건왕 루이 1세 이후 16번째로 루이라는 이름을 사용한 군주를 가리킨다.

서기 814년 샤를마뉴 대제가 사망하자 프랑크 왕국은 이민족의 침입에 시달린다. 먼저 왕국의 남쪽은 이슬람 세력의 수중에 들어갔고, 동쪽에서는 기마 민족인 마자르족(헝가리인의 조상)이 침략한다. 그중에서도 가장 골치 아픈 이민족은 왕국의 북방을 침략하는 바이킹이었다. 이후 바이킹은 1세기 이상 브리튼섬과 프랑스의 서부 지방을 침탈했고, 911년에는 노르망디 공국을 세운다.

경건왕 루이 1세에게는 세 명의 아들이 있었다. 큰아들은 로테르Lothaire(독일명 Lothar) 1세였는데, 815년에 루이 1세는 로테르를 공동 황제로 선포하고 아헨에서 즉위식을 올려 주었다. 그런데 이 결정은 루이 1세의 패착이었다. 본래 게르만족 전통은 형제 분할 상속으로, 자식에게 왕국을 균등하게 나누어 주는 것이 관례였다. 하지만 루이 1세는 장남에게 왕국 전체를 물려주었고, 두 아들에게는 왕국의 변방만 남겨 주었다. 즉 게르만의 전통을 무시하고 장자에게 왕국을 물려주려고 했던 것이다.

결국 경건왕 루이의 아들들은 장남 로테르를 배제한 채 동맹을 결성했다. 서기 842년 2월 12일 현재 프랑스와 독일 국경에 있는 스트라스부르에서 로테르의 동생 게르만의 루이Louis le Germanique와 대머리왕 샤를Charles le Chauve이 각자의 군대를 대동하고 만난다. 두 사람은 왕국을 독차지하려는 로테르의 야심을 제지하고자 스트라스부르에 온 것이다.

9세기 프랑크 왕국의 언어 지도는 다음과 같다. 대머리왕 샤를은 프랑크 왕국 중에서 서프랑크 지방을 영유하고 있었고, 게르만의 루이는 이름에서 알 수 있듯이 동프랑크 지방의 맹주였다. 그러므로 대머리왕 샤를이 지배하고 있는 지역(지금의 프랑스와 거의 일치한다)에서는 로망어, 즉 라틴어가 변형된 언어를 사용했고, 훗날 이 지방의 로망어는 프랑스의 모태가 된다. 반대로 게르만의 루이와 그의 신민은 고대 독일어를 사용했다.

스트라스부르에 모인 양측 군사들은 상대방 언어로 서약문을 읽기 시작했다. 게르만의 루이가 소집한 군사들은 대머리왕 샤를의 군사들이 사용하는 언어인 로망어, 곧 프랑스어로 서약문을 낭송했으며, 대머리왕 샤를의 군사들은 튜튼어, 즉 독일어로 서약문을 낭송했다. 이 서약문의 내용은 훗날 라틴어로 기록되어 지금까지 전해 온다. 그 내용은 다음과 같다.

신의 사랑과 기독교 민중과 우리의 공통된 구원을 위해, 오늘

부로, 신이 나에게 지혜와 권능을 주시는 대로, 나의 형제 카를(대머리왕 샤를)을 나의 원조를 비롯한 모든 면에서 구할 것인바, 이는 자신의 형제를 구함이 형평성에 의해 마땅함이요, 다만 카를도 나에게 동일하게 해 줄지어니, 로테르와는 나의 형제 카를에게 해가 갈 만한 어떤 소송도 벌이지 않으리라.

위의 서약문은 두 가지 원본이 존재한다. 하나는 대머리왕 샤를의 튜튼어 서약문이고, 또 하나는 게르만의 루이왕이 서약한 로망어본이다. 위에서 소개한 서약문은 '나의 형제 카를'이라는 표현이 나오는 것으로 보아 게르만의 루이가 로망어로 서약한 원본이다.

이 서약문이 낭송된 곳은 현재 프랑스 도시인 스트라스부르이다. 독일과 프랑스 국경에 있는 스트라스부르에서 두 언어를 사용하는 사람들, 즉 프랑스인과 독일인의 조상이 만나 공동 서약문을 낭송했다는 사실은 역사의 필연이 아닐까? 왜냐하면 훗날 프랑스와 독일은 알자스 지방 수도인 스트라스부르를 놓고 많은 전쟁을 벌였기 때문이다. 본래 이 지방은 독일에 속한 지방이었는데, 루이 16세가 프랑스에 병합했다. 하지만 알자스로렌 지방은 1871년 보불 전쟁 때 다시 독일로 돌아갔고, 제1차 세계 대전이 끝난 뒤 프랑스에 환속됐다.

베르덩, 역사의 도시

유럽인은 역사적 사건을 문서로 남기는 전통이 있다. 아무리 대머리 왕 샤를과 게르만의 루이가 공동 서약을 했어도 문서가 없으면 효력이 없는 법이다. 경건왕 루이 1세의 두 아들이 로테르에게 공동 대응하기 위해 동맹을 체결했다는 소식이 로테르의 귀에도 들어갔다. 그는 동생들의 군사 동맹을 와해시킬 수 없다고 판단하고 협상하기로 결정한다. 마침내 3년간의 내전이 종식되는 국면에 접어들었다.

서기 843년 프랑크 왕국의 북부 지방에 위치한 베르덩에서 만난 세 명의 군주는 내전을 종식하는 조약을 체결한다. 이때 체결된 베르덩 조약의 내용은 다음과 같다.

로테르(로테르 1세)는 제국의 중앙 부분을 차지한다. 로타링기아, 알자스, 부르군트(부르고뉴), 프로방스, 이탈리아 왕국(이탈리아반도의 북쪽 절반에 해당) 지방을 통합해 중프랑크 왕국으로 부른다. 로테르는 신성 로마 제국 황제의 직함을 유지하지만, 형

_______ 샤를마뉴의 손자들은 베르덩에 모여 왕국을 셋으로 나눠 통치하기로 약속한다. 장남 로테르의 중프랑크 왕국은 남북으로 지나치게 길게 뻗어 있는 관계로 오래 지속되지 못했다.

제들의 왕국은 오직 명목상으로 지배할 뿐이다.

게르만의 루이왕은 제국의 동쪽 지역을 차지한다. 루이는 라인강 동쪽에서 이탈리아 북동쪽에 이르는 게르만 지역의 왕위를 가지며, 이를 동프랑크 왕국으로 칭한다.

대머리왕 샤를은 제국의 서쪽 지역(론강, 손강, 셸트강 서쪽)을 차지한다. 이 지역은 서프랑크 왕국으로 칭한다.

베르덩 조약으로 지금의 프랑스와 독일, 이탈리아의 영역이 분명하게 구분됐다. 이후 두 왕국(중프랑크와 동프랑크 왕국)은 여전히 독일어를 사용하는 지역으로 남았지만, 서프랑크 왕국에서는 프랑스어가 왕국 공용어로 자리 잡게 되었다.

경건왕 루이의 장남 로테르의 왕국은 세 왕국 중 가장 먼저 역사에서 사라졌다. 로테르의 왕국은 지정학적인 면에서 위치가 썩 좋지 않았다. 프랑크 왕국 수도인 아헨과 로마가 중프랑크 왕국에 있었지만, 왕국은 남북으로 지나치게 길고 폭이 좁았다. 오늘날 남미의 칠레가 유럽 중부에 있다고 생각하면 된다. 결국 중프랑크 왕국은 서프랑크 왕국과 동프랑크 왕국이 프랑스와 독일로 발전하는 과정에서 사라지고 만다. 설상가상으로 경건왕 루이의 죽음으로 분열해 탄생한 중프랑크 왕국은 로테르 1세의 죽음으로 또다시 셋으로 분열한다. 장남 루트비히 2세는 황제 호칭을 물려받고 이탈리아 왕국을 받았다. 둘째 로테르 2세는 알프스 북쪽의 영지를, 막내 샤를은 프랑스 남동쪽의 부르군트와 프로방스를 물려받았다. 하지만 이 세 왕국은 곧바로 서유럽 무대에서 사라진다. 로테르의 중프랑크 왕국은 이렇게 역사에서 모습을 감춘다.

역사는 되풀이되는 특성이 있다. 스트라스부르의 귀속권을 놓고 훗날 프랑스와 독일이 많은 전쟁을 벌였다고 했는데, 이번에는 베르덩이 역사의 수면 위로 올라온 것이다. 무려 1,200년이 지난 뒤의 일이다. 서기 1916년 2월 21일, 이해는 프랑크 왕국의 왕들이 제국을 나누어 갖기 위해 베르덩 조약을 체결한 지 1,074년이 되던 해였다. 바로 이곳에서 제1차 세계 대전 중 가장 치열한 전투가 벌어진다. 대머리왕 샤를의 후손과 게르만의 루이왕 후손들이 국가의 명운을 걸고 베르덩에서 전면 대치에 들어간다. 6개월간 지속한 이 전투에서 독일 제국 33만 명, 프랑스 37만 명이라는 어마어마한 사상자가 발생한다. 같은 조상을 가졌던 프랑크 왕국의 후손들이 어떤 명분을 위해 이렇게 많이 죽어 갔을까? 역사가 에드워드 기번에 따르면 경건왕 루이의 세 아들이 왕국을 차지하려고 내전을 벌이는 동안 프랑크 왕국의 남자 10만 명이 죽었다고 한다. 천 년이 지난 현대에도 프랑스와 독일의 역사는 되풀이됐으니, 곧 프랑스와 독일은 숙명의 라이벌이었던 것이다.

샤를마뉴의 후손들

유럽은 게르만족, 켈트족, 라틴족 그리고 슬라브족과 같은 민족으로 이루어져 있다. 그중에서도 게르만족의 후손들은 북유럽과 독일, 영국과 프랑스에 걸쳐 살고 있으며, 이들이 건설한 나라들이 현재 전 세계를 지배하고 있다고 해도 과언이 아니다.

영국 역사를 전공하는 일부 학자들은 많은 영국인이 백년 전쟁을 일으킨 에드워드 3세의 후손이라고 말하고, 프랑스인을 루이 9세(성왕 루이)의 후손이라고 말한다. 흥미로운 데이터에 의하면, 역대 미국 대통령이 45명인데 그중 24명이 성왕 루이의 후손이라고 한다. 왜 미국 대통령이 프랑스 국왕의 후손일까? 그 이유는 이렇다. 백년 전쟁을 일으킨 에드워드 3세는 루이 9세의 외고손자(외가의 5대 손자)이다. 에드워드 3세는 랭커스터 왕조와 요크 왕조의 시조이므로, 현재의 엘리자베스 여왕을 포함한 수많은 영국인이 에드워드 3세의 후손인 것이다. 그러므로 영국인의 후손인 미국 대통령도 멀리 올라가면 성왕 루이의 후손이 된다는 말이다. 현재 프랑스에 살고 있는 성왕

* 연도는 재위 기간

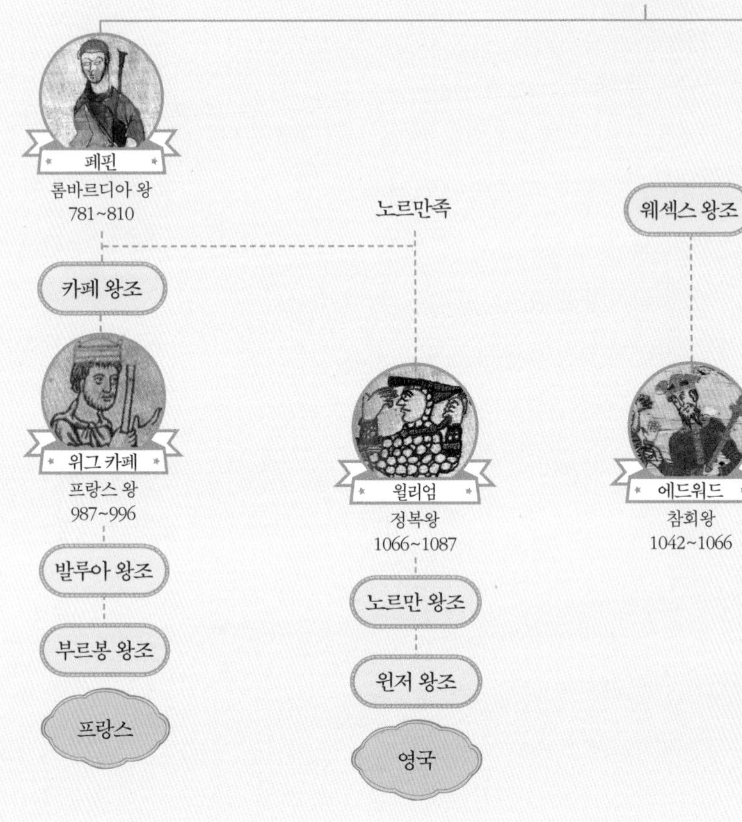

샤를마뉴 대제
프랑크 왕
768~814
황제 800~814
페핀
롬바르디아 왕
781~810
노르만족
웨섹스 왕조
카페 왕조
위그 카페
프랑스 왕
987~996
윌리엄
정복왕
1066~1087
에드워드
참회왕
1042~1066
발루아 왕조
노르만 왕조
부르봉 왕조
윈저 왕조
프랑스
영국

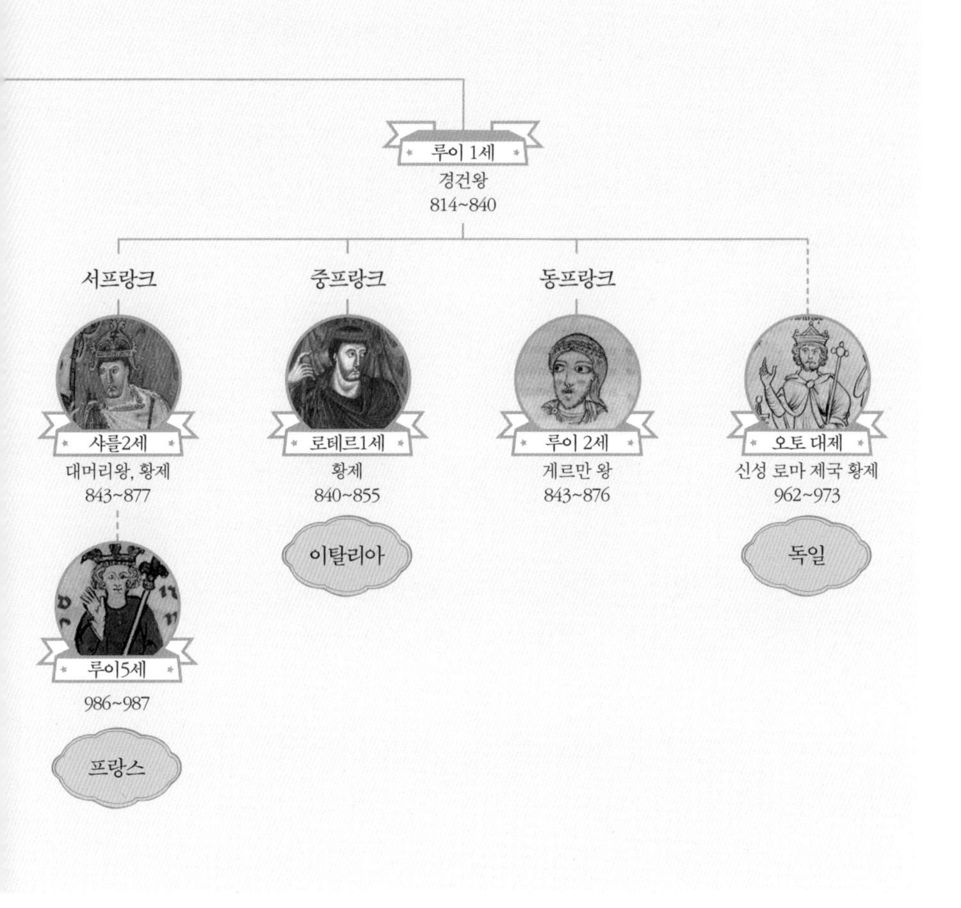

가계도 맨 아래에는 정복왕 윌리엄 1세가 있고, 윌리엄 1세의 조상을 따라가면 그 정점에는 샤를마뉴 대제가 있다.

루이의 후손은 32대손이라고 한다.

그런데 지금 언급한 영국과 프랑스, 독일 왕들(그들은 중세에 황제로 불렸다)의 조상을 따라가다 보면 정점에 한 사람이 나타난다. 바로 샤를마뉴 대제이다. 프랑스인과 독일인은 경건왕 루이 1세의 후손들이다. 프랑스는 샤를마뉴의 손자인 대머리왕 샤를과 롬바르디아 왕 페핀의 후손들이 많은 왕조, 즉 카페 왕조, 발루아 왕조 그리고 부르봉 왕조가 그 계보를 이었다. 독일도 마찬가지다. 샤를마뉴의 손자인 게르만 왕 루이 2세가 후손을 퍼트려서 현재 독일인의 조상이 되었다. 그렇다면 바다 건너 영국인의 조상은 샤를마뉴와 관계가 없을까? 그렇지 않다. 영국의 앵글로색슨 왕조는 1006년 노르망디의 윌리엄 공이 잉글랜드를 정복한 이후에 역사에서 사라졌다. 하지만 윌리엄이 개창한 노르만 왕조는 이후 플랜태저넷 왕조, 튜더 왕조, 스튜어트 왕조 그리고 지금의 윈저 왕조까지 면면히 이어지고 있다. 그런데 윌리엄도 조상을 따라 올라가면 샤를마뉴에 닿아 있다.

샤를마뉴 대제의 후손이 프랑스와 독일 왕조에 연결되어 있음은 가계도로 확인할 수 있다. 그런데 영국에는 두 왕조가 내려오고 있다. 웨섹스 왕조에는 유명한 알프레드 대왕이 있고, 웨섹스 왕조의 마지막 왕은 참회왕 에드워드(재위 1042~1066)의 처남 해럴드 2세(재위 1066)이다. 이후 잉글랜드의 앵글로색슨 왕조는 맥이 끊어지고, 프랑스 계통의 노르만 왕조가 지금의 윈저 왕조까지 이어진다. 가계도에서 덴마크 바이킹 출신인 정복왕 윌리엄의 조상을 따라가 보자. 윌리엄의 조모는 브르타뉴 공녀(公女)이고, 그녀의 조상은 다시 롬바르디아 왕국에 이어지고, 그 위에서 샤를마뉴 대제와 연결된다. 결국 샤를마뉴 대제는 노르만 왕조의 조상인 것을 알 수 있다. 결론적으로, 프랑스인과 독일인 그리고 영국인의 공통 조상은 샤를마뉴 대제라고 말할 수 있다. 프랑스의 일부 역사학자들은 프랑스인 10명 중 9명이 샤를마뉴 대제의 후손이라고 주장한다. 샤를마뉴 황제가 퍼트린 자식들이 그렇게 많다는 뜻이다.

독일 서부 아헨에 있는 대성당. 샤를마뉴 대제가 이곳에 묻혀 있다. 그는 프랑스인과 독일인의 공통 조상이다.

영어와 프랑스어에 남은 샤를마뉴의 언어

샤를마뉴는 프랑크족의 후손이다. 로마 제국이 멸망하고 제국으로 들어온 게르만족은 많은 부족으로 이루어졌는데, 그중 프랑크족은 독일 서북부와 벨기에, 프랑스 북부 지방에 정주(定住)해 자신들만의 왕국을 세웠다. 샤를마뉴가 사용했을 고대 프랑크어는 지역적으로 저지대 독일 지방, 즉 독일 북서부와 벨기에, 네덜란드에서 사용하던 언어였다. 고대 프랑크어는 지금은 사어(死語)가 되었지만, 네덜란드어가 그 모습을 아직도 잘 보존하고 있다. 고대 프랑크어는 라틴어가 몸통인 중세 프랑스어에도 상당한 영향을 주었고, 그 흔적은 현대 프랑스어에 잘 남아 있다. 중세 프랑스어에 들어온 고대 프랑크어는 다시 영어에 유입됐다. 윌리엄 공이 잉글랜드를 정복한 1066년 이후 프랑스어가 중세 영어에 밀물처럼 들어갔기 때문이다. 그러므로 영어 속에 들어간 프랑스어를 통해 고대 프랑크어의 모습을 확인할 수 있다. 정리하면 고대 프랑크어가 중세 프랑스어에 들어갔고, 이 말들은 다시 프랑스어를 통해 영어에 차용됐다. 표를 보면 맨 왼쪽에는

:: 샤를마뉴의 언어인 고대 프랑크어는 프랑스어를 거쳐 영어에도 많이 들어갔다.

현대 영어	중세 프랑스어	고대 프랑크어 (샤를마뉴의 언어)	친족 언어의 예
blue(파란)	blou(창백한)	*blāo(파란)	blau(독일어)
band(띠)	bande	*banda(관계)	Band(독일어)
board(판자)	bord(가장자리)	*bord(배의 갑판)	
danse(춤)	dancier	*dansōn(당기다, 끌다)	
garden(정원)	gardin	*gardo(울타리)	Garten(독일어)
frank(솔직한)	franc	*Frank(프랑크족)	franc(고대 영어, '자유인')
guarantee(보증)	garant	*warian (보증인으로 행세하다)	wārant(네덜란드어) warranty(중세 프랑스어에서 차용한 영어)
hard(굳센)	hardi(무모한)	*hardian (단단하게 만들다)	hart(독일어)
helmet(투구)	helmet	*haim (집, 가정, 작은 마을)	Heim(독일어)
marshal(원수)	mareschal (군대의 사령관)	*marhskalk (마구간 책임자)	maarschalk (네덜란드어, 군대 계급)
screen(스크린)	escren	*skrank(장벽)	Schranke(독일어, 장벽)
soup(수프)	soupe(수프)	*soppa(수프에 적신 빵)	sopfe(독일어)
war(전쟁)	were	*werra	werra(고대 독일어)

현대 영어, 그 오른쪽에는 영어에 단어를 제공한 중세 프랑스어, 프랑스어에 단어를 제공한 고대 프랑크어가 순서대로 정렬되어 있다. 고대 프랑크어 단어형에 별표(*)가 붙어 있는 것은 이 언어가 사어(死語)이므로 샤를마뉴 시대에는 이런 모습이었을 것이라고 재구성했기

때문이다.

샤를마뉴의 언어 중에서 중세 프랑스어에 들어간 단어들은 대개 전쟁과 무기, 군대, 프랑크족의 성향 등과 관련된 것들이다. 반면 문화, 예술과 관련된 어휘들은 찾아보기 힘들다. 프랑크족이 세운 프랑크 왕국, 특히 서프랑크 왕국은 오랫동안 로마 문명의 수혜를 받았기 때문에 문화적으로 열등한 게르만족의 언어가 들어올 틈이 없었기 때문이다.

프랑스를 통해 영어에 들어간 단어인 frank(솔직한)는 의미 변천 과정이 흥미롭다. 본래 frank는 프랑크족을 가리키는 말이었다가 6세기 이후 '자유로운'이라는 의미가 생겨난다. 프랑크족은 로마인에 이어 새로운 지배자가 되었으니, 그들을 자유민이라고 지칭하는 것은 당연했다. 11세기에는 '귀족다운'이라는 의미가 더해졌고, 나중에는 '분명한', '주저하지 않는' 즉 '솔직한'이라는 의미가 생겨났다. 솔직하고 대담한 게르만족의 성격을 잘 보여 주는 말이 된 것이다. 참고로 여기에서 나온 '프랜차이즈franchise'라는 말도 '특권을 부여하다'라는 말에서 생겼다. 프랑크족은 특권을 가진 귀족이었으므로, 프랜차이즈 사업이란 면허를 가진 사람들만이 할 수 있는 사업을 말한다.

영어에는 '보증'을 의미하는 단어가 두 개 있는데, 하나는 warranty이고 또 하나는 guarantee이다. 두 단어에는 차이가 있어서 warranty는 특정 부품의 '품질 보장'이라는 뜻이지만, guarantee는 상품 성능이 소비자의 기대에 못 미칠 경우 환불이나 교환 같은 것을 '보장'한다는 의미로 구분할 수 있다. 그런데 영어에 이렇게 유사한 단어가 존재하는 이유는 영어가 시차를 두고 프랑스어를 수입했기 때문이다. 즉 warranty는 중세 노르만 방언에서 영어에 들어간 말이고, guarantee는 그 후에 파리 지방 말에서 영어로 들어간 말이다. 그런데 노르만 방언의 수입이 파리 지방의 프랑스어 유입보다 더 일찍 이루어졌으므로 warranty가 guarantee보다 더 오래된 말이다.

샤를마뉴의 언어, 즉 고대 프랑크어는 샤를마뉴의 손자 대(代)에 가서 중세 프랑어의 형성에 영향을 주었고(서프랑크), 독일어의 모태가 된다(동프랑크). 본래 프랑크 왕국이 게르만족이 살던 독일 지방과 일찍이 로마 문화가 뿌리를 내렸던 서프랑크 왕국을 포함하고 있었기에 당연한 귀결이었다. 이후 유럽 왕실은 독일어권과 프랑스어권으로 양분되었고, 잉글랜드에서는 작센 지방에서 건너간 또 다른 게르만족(앵글로색슨족)의 언어가 영어로 발전한다. 이제 이 세 언어를 사용한 왕들의 이야기를 본격적으로 하기 위해 중세 유럽으로 가 보자.

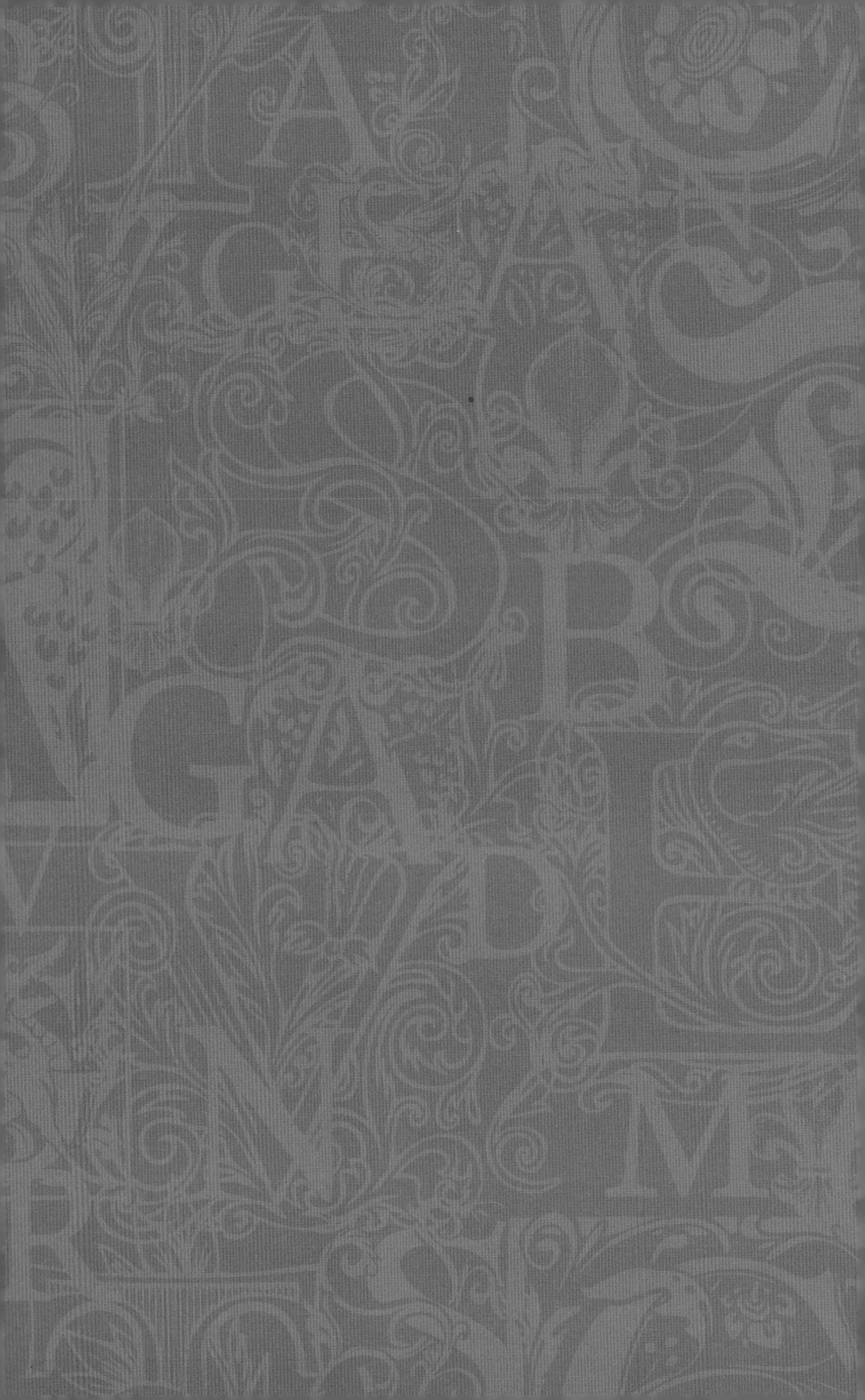

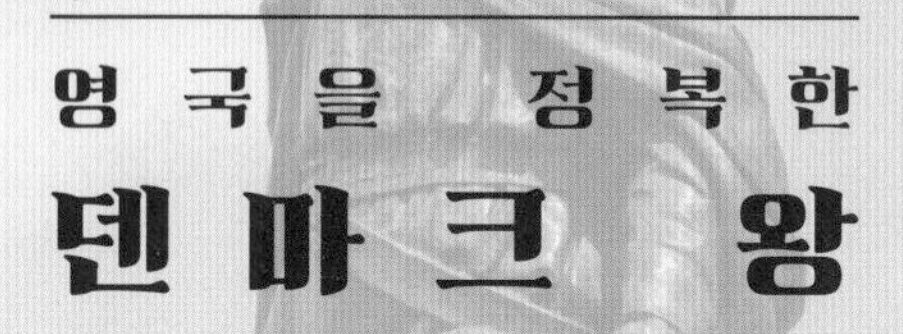

영국을 정복한 덴마크 왕

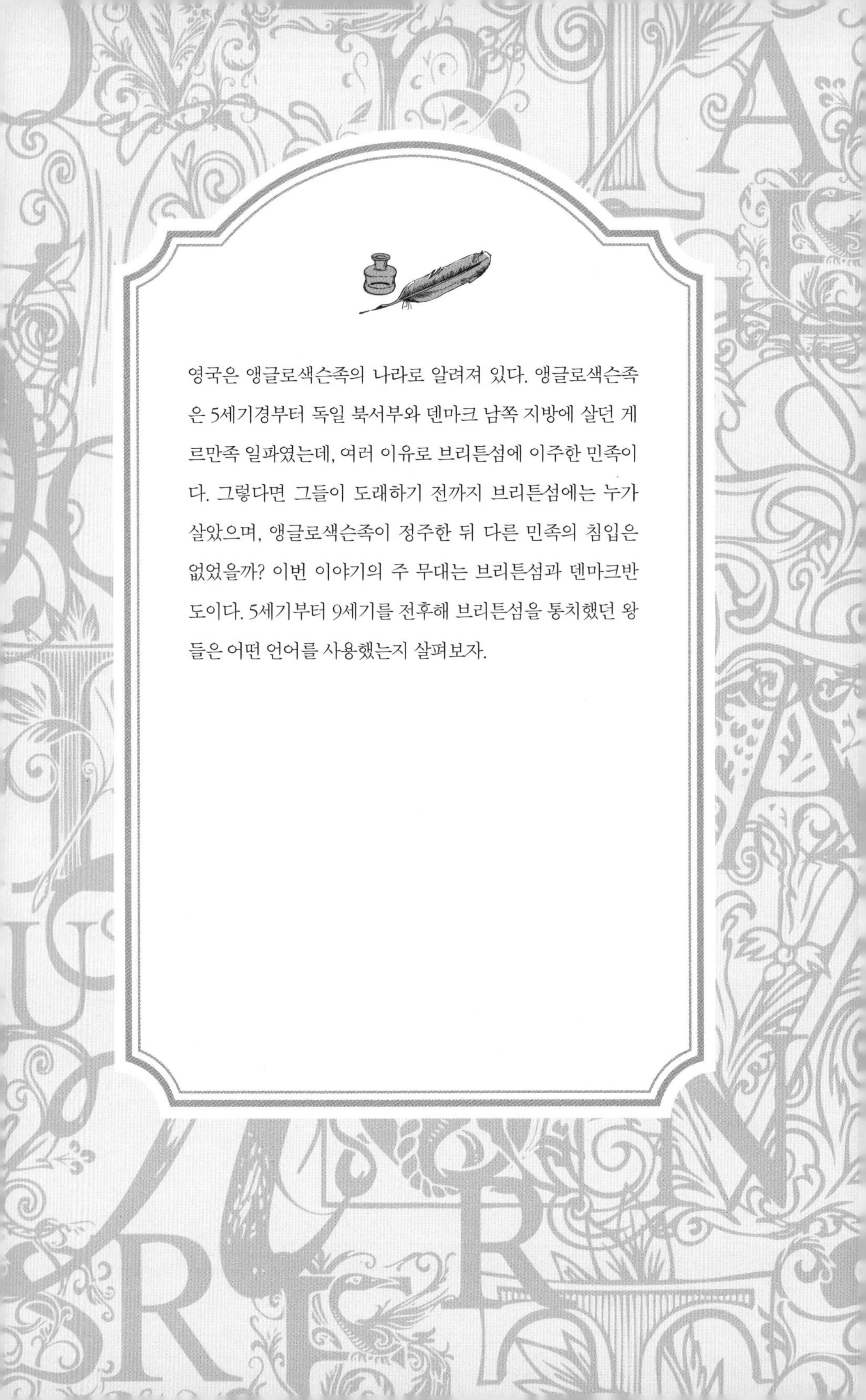

영국은 앵글로색슨족의 나라로 알려져 있다. 앵글로색슨족은 5세기경부터 독일 북서부와 덴마크 남쪽 지방에 살던 게르만족 일파였는데, 여러 이유로 브리튼섬에 이주한 민족이다. 그렇다면 그들이 도래하기 전까지 브리튼섬에는 누가 살았으며, 앵글로색슨족이 정주한 뒤 다른 민족의 침입은 없었을까? 이번 이야기의 주 무대는 브리튼섬과 덴마크반도이다. 5세기부터 9세기를 전후해 브리튼섬을 통치했던 왕들은 어떤 언어를 사용했는지 살펴보자.

굴러온 돌, 앵글로색슨족

브리튼섬에 선사 시대의 인류가 정착한 시기는 기원전 2500년에서 2000년경이다. 이때 유적이 바로 저 유명한 선사 시대의 거석 기념물인 스톤헨지Stonehenge 유적이다. 기원전 5세기를 전후로 켈트족이 바다를 건너 브리튼섬으로 이주했고, 오랜 세월 이 섬에서 원주민으로 살았다. 우리는 그들을 브리튼족이라고 부른다. 이후에 브리튼섬을 침공한 이민족은 로마인이다. 클라우디우스 황제가 서기 43년에 브리튼섬을 브리타니아 속주로 삼았고, 시간이 흘러 로마 제국이 혼란에 빠지자 서기 410년 로마 군단은 브리튼섬을 포기하고 본국으로 철수한다. 브리튼섬이 무주공산이 된 것이다.

로마인이 브리튼섬을 떠나자 원주민인 켈트족의 내란이 시작되었다. 동족 간 내란이 격해지자 브리튼족은 바다 건너에 살던 게르만족을 불러들인다. 말하자면 내란에 외세를 끌어들인 셈이었다. 이렇게 해서 브리튼섬에 들어온 민족이 유트족(덴마크), 앵글르족(덴마크), 색슨족(독일)이었다. 지리적으로 보면 유트족은 덴마크의 가장 북쪽 지

8세기경 브리튼섬에 들어선 7왕국

방에 살던 부족이었고, 색슨족은 덴마크 남쪽에 살던 부족이었다. 현재 독일 작센 지방이 색슨족의 고향이다. 이들이 고향을 버리고 브리튼섬까지 이주한 데는 나름의 이유가 있었다. 서기 250년까지 앵글로색슨족이 살던 지방은 해류가 온화하고 기후도 살기에 쾌적한 지방이었다. 하지만 이들이 살던 지방의 기후가 점차 혹독해지자 앵글로색슨족은 조금 더 따뜻한 지방을 찾아 새로운 땅을 찾아 나섰는데, 그 땅이 바로 브리튼섬이었다. 게다가 원주민인 브리튼족이 원군을 청하니 얼마나 좋은 기회란 말인가?

5세기부터 잉글랜드에 정착하기 시작한 앵글로색슨족은 잉글랜드에 일곱 개의 왕국을 건설한다. 노섬브리아(북부), 머시아(중부), 이스트앵글리아(동부), 에식스(동부), 웨섹스(서부), 켄트(동남부), 서식스(남부) 왕국이 브리튼섬에 들어섰다. 왕국의 이름은 색슨Saxon족을 의미하는 '섹스Sex'가 영어 방위 뒤에 붙어 만들어졌다. 예를 들어 서식스Sussex는 '사우스 섹스South Sex'라는 뜻이고, 에식스Essex는 '동쪽에 있는 색슨족 왕국'이라는 뜻이다. 이들은 독일과 덴마크에서 건너온 게르만족이었으므로, 언어 역시 게르만어에 속한 언어, 즉 앵글로색슨어를 사용하고 있었다. 하지만 그들의 언어는 원주민인 브리튼족의 언어인 켈트어와는 다른 언어였다. 이후 앵글로색슨어, 즉 고대 영어는 브리튼섬에서 정복자의 언어로 자리 잡았다.

아래에 소개하는 영국인 이름에는 순수한 앵글로색슨족의 이름과 프랑스인의 이름이 섞여 있다. 어떤 이름이 순수한 영어식 이름일까?

앨프리치Aelfric 둔스탄Dunstan 울프스탄Wulfstan 리처드Richard

로버트Robert 울프리치Wulfric 스티븐Stephen 존John

많은 독자가 리처드, 로버트, 스티븐 그리고 존이 앵글로색슨족의 이름이라고 생각할지 모른다. 하지만 결과는 그와 정반대이다. 지금 고른 이름들은 모두 중세 프랑스인의 이름이다. 그 이유는 1066년에 노르망디공 윌리엄이 잉글랜드를 정복하자 프랑스어가 영어에 밀물처럼 들어갔기 때문인데, 인명(人名)도 예외는 아니었다. 고대 앵글로색슨어에서 'Aelf'는 '정령'을 뜻하고 'ric'는 '통치자'를 의미하며, Dunstan도 '어둠'과 '갈색'을 의미하는 'Dun'과 '돌'을 의미하는 'stan'이 합쳐져서 만들어진 이름이다. 그리고 나머지 이름에 보이는 'Wulf'는 '늑대'를 의미한다. 왕들의 이름도 마찬가지다. 우리에게 잘 알려진 헨리, 리처드, 윌리엄 같은 이름은 모두 프랑스인의 이름이고, 앵글로색슨 왕의 이름은 낯설기만 하다. 앵글로색슨 왕의 이름을 통해 그들의 언어를 살펴보자.

에셀레드 2세Æthelred II of Northumbria, 노섬브리아 국왕(854~862)

에셀레드 2세Æthelred II of East Anglia, 이스트앵글리아 국왕(870년대)

에셀레드Æthelred of Wessex, 웨섹스 국왕(865~871)

알프레드 대왕Alfred the Great, 웨섹스와 앵글로색슨 왕(871~899)

우유부단 에셀레드Æthelred the Unready, 잉글랜드 왕(978~1016)

앵글로색슨 왕국에서 자주 등장하는 왕의 이름은 에셀레드Æthelred라는 호칭이다. 고대 영어 '에셀레æþele'와 '레드ræd'가 합쳐진 이 호칭은 '고귀한 조언자'라는 뜻이다. 웨섹스의 위대한 알프레드Alfred 대왕 역시 '요정' 혹은 '정령'을 의미하는 '엘프Ælf'에 '레드ræd'가 합쳐졌으므로, 그 뜻은 '요정 같은 조언자' 정도가 될 것이다.

앵글로색슨 왕국들은 큰 외침 없이 서기 9세기 초반까지 번영을 누렸다. 특히 알프레드 대왕의 문예 부흥은 중세 서유럽에서 그 유례를 찾아보기 어려울 정도로 찬란한 르네상스였다. 이 시기의 앵글로색슨 왕국들은 알프레드 대왕의 웨섹스를 중심으로 안정된 시기를 보내고 있었다. 하지만 브리튼섬에 새로운 침입자가 나타난다. 이번에 침략을 한 이민족은 앵글로색슨 왕국의 존립을 위협하는 강력한 집단이었다. 9세기경 잉글랜드 역사의 후반부는 이렇게 전환점을 맞고 있었다.

공포의 북방인

8세기부터 잉글랜드의 교회에서는 새로운 기도가 울려 퍼졌다.

"주여, 북쪽 사나이들의 분노로부터 우리를 지켜 주소서!"

그러나 그 기도는 이루어지지 않았다. 중세 유럽사의 흐름을 송두리째 바꿔놓은 바이킹은 이렇게 서유럽 무대에 등장한다. 우리가 바이킹에게 가진 선입견들은 해적, 인신 공양, 야만족 등과 같이 부정적인 이미지들로 가득 차 있다. 하지만 북방인의 실체는 정말 그러했을까? 그리고 그들은 왜 해적이 되었을까?

중세 서유럽에 나타난 북방인, 즉 스칸디나비아인을 지칭하는 말로는 '바이킹'과 '바레그Varègues'라는 명칭이 있었다. 특히 바레그는 스웨덴에서 동유럽으로 이주한 스칸디나비아인을 가리켰다. 그들은 지금의 러시아와 우크라이나를 지나 비잔틴 제국으로 들어갔는데, 그리스인은 그들을 '로스Rhos'라고 불렀고, 슬라브족은 '루스Rus'라고 불렀다. 이후 루스란 명칭은 '러시아'가 되었다. 역사가들은 '바레그'란 말이 러시아의 제후나 비잔틴 제국의 황제에게 고용된 스칸디나비아 용병을 가리킨다고 말한다. 물론 바레그도 스칸디나비아인 역사에서 중요한 부분을 차지하지만, 이 책에서는 바레그와 이주 경로가 달랐던 바이킹에 대해서 살펴보기로 하자.

바이킹이란 용어는 19세기부터 통용되기 시작했다. 어원은 분명하지 않지만 아마도 고대 노르드어♦ '비크vik(해안의 만)' 혹은 라틴어의 '비쿠스vicus(집단 거주지)'에서 유래한 것으로 보인다. 바이킹이란 말은 7세기에 기록된 앵글로색슨 문헌에 처음으로 나타나는데, 해상 교역이나 해적과 관련된 기록에서 보인다. 프랑스어에서 바이킹의 의미가 일반화된 것은 상당한 시간이 흐른 뒤였다. 바이킹의 의미 변화를 살펴보면, 먼저 바이킹은 해적을 의미했다. 그리고 8세기에서 9세기에는 서유럽으로 탐험을 감행한 스칸디나비아인이라는 의미가 첨가되었다.

프랑스 노르망디 지방 캉Caen 대학에서 바이킹에 관한 저술을 많이 펴낸 느뵈Neveux 교수의 《노르만족의 모험》을 읽어 보면, 바이킹이 왜 해적이 되었는지 알 수 있다. 느뵈 교수는 이 책에서 본래 바이킹에 대해 다음과 같이 설명하고 있다.

스칸디나비아의 경제는 목축과 일부 지방의 경작에 그 근거를 두고 있었는데, 어로와 사냥도 보조적인 경제 활동이었다.

♦ 9세기에서 13세기에 걸쳐 스칸디나비아와 바이킹의 해상 거주지에서 사용된 언어.

그들에게 바다는 주요 활동 무대였고, 많은 스칸디나비아인은 타고난 뱃사람이었다. 그들은 뛰어난 경제 능력으로 프랑크 왕국뿐만 아니라 러시아까지 들어가 교역했다. 교역하던 바이킹 상인들은 고향으로 돌아와 어떤 지방이 부유하고, 어떤 지방의 방어가 허술한지 주변 사람에게 알려 주었다. 그 결과 그들의 주요한 경제 활동은 교역에서 약탈로 옮겨가게 되었다. 이렇게 9세기 초반에 중세에서 가장 뛰어난 민족의 탐험이 시작되었다. 바이킹의 이동이 시작된 것이다.◆

우리에게는 바이킹의 '이동'보다 '침략' 혹은 '약탈'이라는 말이 익숙하다. 하지만 이런 차이는 당시 큰 피해를 입었던 잉글랜드나 아일랜드 그리고 프랑스의 입장에서 비롯된 것이다. 바이킹 입장에서 보면 스칸디나비아반도에서 잉글랜드와 러시아로 이주할 수밖에 없었던 분명한 이유가 있었다. 그 이유를 몇 가지로 추리면 다음과 같다.

서기 9세기가 되자 바이킹이 살던 고향에 인구가 급증하기 시작했다. 바이킹 사회에서 한 집안의 재산은 장자(長子)에게 상속되는 것이 관례였다. 게다가 스칸디나비아 지방의 자연환경은 척박하기로 유명했다. 이런 사회적 여건들이 해양 민족인 바이킹족을 바다로 나아가게 만들었다. 특히 서유럽의 재화(財貨)가 어디에 있는지 소상

◆ François Neveux, *L'aventure des Normand VIIIe-XIIIe siècle*, tempus, Perrin, Paris, 2006

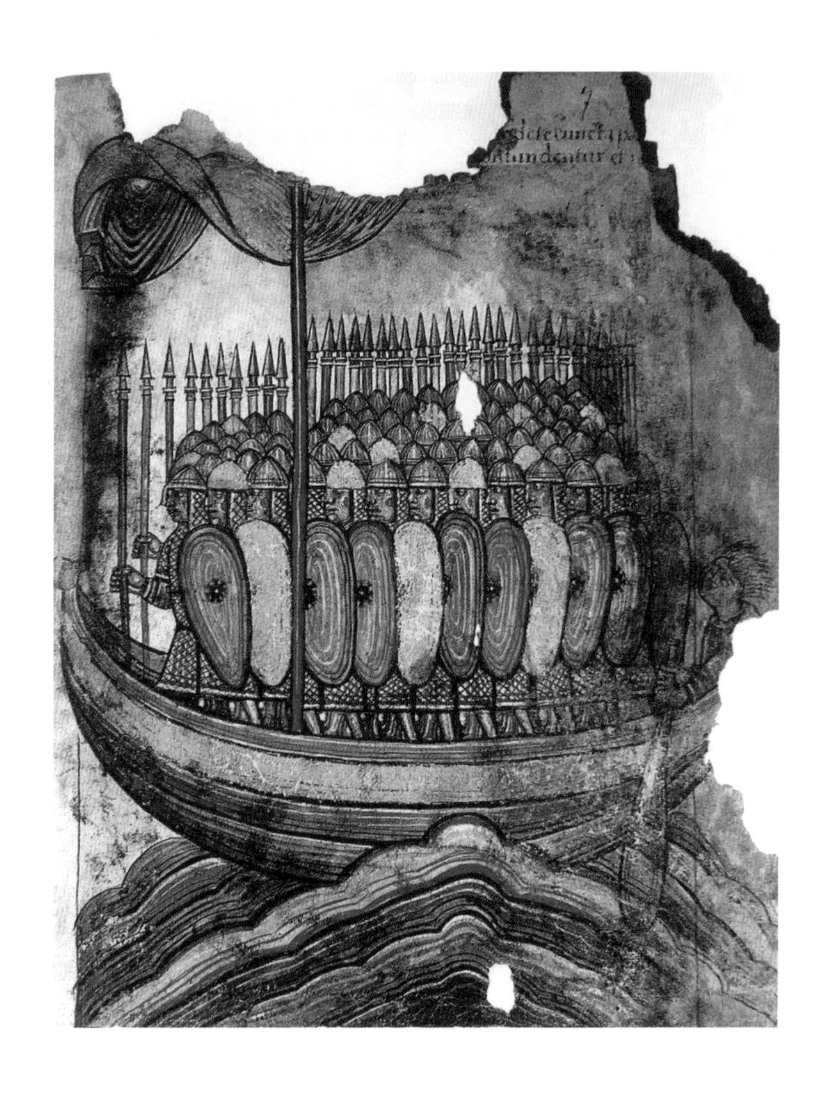

1100년 프랑스 앙주 지방 생토뱅 수도원에서 나온 바이킹 삽화. 8세기 말부터 유럽을 공포로 몰아넣었던 바이킹의 침략은 서유럽 역사를 바꾸어 놓았다.

히 알고 있었던 바이킹에게 농업의 효율성은 약탈과 비교되지 않았다. 그런 이유에서 9세기에 접어들자 농업과 무역을 버리고 본격적인 약탈의 길로 나선다. 바이킹은 자신들의 행동이 훗날 유럽 역사의 방향을 송두리째 바꾸어 놓을 것이라고는 꿈에서도 상상하지 못했을 것이다.

서기 793년 6월 8일 새벽, 바이킹 무리가 세 척의 배를 타고 영국 북서 지방에 있는 린디스판Lindisfarne 수도원 앞바다에 당도했다. 도끼와 칼로 무장한 바이킹은 수도원을 파괴하고 약탈했고, 수도사들을 죽이거나 노예로 끌고 갔다. 이 약탈은 바이킹에 의한 서유럽 침탈의 신호탄이었다. 이후 서유럽은 300년 동안 바이킹의 약탈과 침공에 시달린다.

우리는 바이킹의 이동을 침탈과 약탈이라는 표현으로 규정한다. 그렇지만 역사의 기록은 상대적이다. 피해자인 잉글랜드와 프랑스 수도사들은 북방에서 수시로 내려오는 야만족을 이교도 무리로 묘사했다. 당시 기독교도들은 이교도를 자신들과 같은 인간이 아니라고 생각하고 있었다. 그런데 한 가지 흥미로운 사실은 바이킹의 서유럽 침탈이 본격화되던 9세기 초반은 서유럽의 프랑크 왕국이 본격적으로 기독교화되던 시기와 일치한다는 것이다. 이 말은 바이킹의 습격이 팽창하려는 기독교 세계에 대한 적극적인 저항이라고 볼 수도 있다는 말이다.

데인로

린디스판 약탈 이후, 서기 871년에 덴마크 출신 바이킹인 데인Dane족이 잉글랜드 동부 해안 지방을 쑥대밭으로 만들었다. 이해는 바이킹족이 본격적으로 배를 타고 주변국을 약탈하기 시작한 해로 역사에 기록됐다. 본래 바이킹은 러시아와 동유럽 지방까지 들어가 현지인의 재화를 강탈했지만, 동유럽보다 상대적으로 더 부유한 서유럽으로 눈을 돌리기 시작한다. 그 첫 번째 대상이 스칸디나비아반도 서쪽에 위치한 브리튼섬이었다.

당시 잉글랜드에는 일곱 개의 기독교 왕국이 들어서 있었고, 경제와 문화의 번영을 누리고 있었다. 데인족 바이킹은 잉글랜드 동북부 지방을 초토화시키며 앵글로색슨 왕국들을 위협하고 있었다. 이때 웨섹스 왕국의 알프레드 대왕(871~899)이 나타나 애시다운Ashdown에서 데인족을 물리치고 앵글로색슨 왕국을 지킬 수 있었다. 하지만 브리튼섬 동북부 지방은 데인족의 수중에 넘어가고 말았다. 이제 바이킹들은 간헐적으로 상륙해 잉글랜드를 쑥대밭으로 만드는 침략자들이 아니라 아예 대규모로 이주해 잉글랜드의 새로운 정착민이 되었다. 그리고 자신들이 정착한 지방에 바이킹의 법이 통하게 했는데, 이 법을 '덴마크식 법', 즉 '데인로Danelaw'라고 불렀다. 브리튼섬에는 앵글로색슨 법이 통용되는 왕국과 데인로가 적용되는 지방이 양립하게 된 것이다.

잉글랜드에 정착한 데인로 지역은 어떤 모습이었을까? 데인로에 정착한 바이킹은 본국의 사회를 그대로 옮겨왔을 것이다. 스칸디나비아 사회의 구성원들은 대부분 본디bondi(복수는 뵌드르boendr)였는데 그 뜻은 '자유민'이었다. 그들은 정치적, 사회적 권리를 소유한 계층이었으며, 주거지와 약간의 경작지도 가지고 있었다. 그들은 공적인 송사에 참여했으며 바이킹의 회의인 팅Thing에도 참석했다. 재판에 참석한 본디는 송사를 판결하거나, 사건에 관해 증언하는 역할을 맡았다. 일반적으로 그들은 팅에서 오가는 모든 질문에 답변할 권리가 있었고, 법률 제정에도 관여했다. 만약 본디가 다른 사람으로부터 공격을 받으면 그와 가족들은 최대한 보상받을 수 있었다. 본디는 평소에도 무기를 소지하고 다녔는데, 말 그대로 전사와 다를 바가 없었다. 바이킹은 대규모 원정이 있을 때면 본디로 군대를 조직했다. 왜냐하면 바이킹 사회에는 직업 군인이 없었기 때문이다. 데인로에 정착한 바이킹은 자유민이 주를 이루었다. 그들은 서유럽에 정착한 봉건 제도에는 익숙하지 않은 농민이었으며, 재판도 영주의 중재가 필요하지 않고 당사자들이 진행했다. 이렇듯 당시 데인로 지역은 자유민의 자치 지역이었다.

서기 9세기 잉글랜드 북동부에 자리 잡은 데인로 지방 지도는 정

서기 9세기 브리튼섬의 왕국과 데인로 지역(위). 데인로 마을의 분포 지도(아래).

착한 마을의 지역 분포를 보여 준다.◆ 잉글랜드 왕국 중에서 북부 지방의 노섬브리아(요크, 링컨), 중부 지방의 머시아(레스터, 스탬퍼드, 더비), 동부 지방의 이스트앵글리아가 데인로 지방으로 흡수되어 사라졌다. 그리고 요크와 링컨 같은 잉글랜드 주요 도시들이 데인로 지방에 편입됐다. 여기에 켈트족 나라인 웨일스와 스코틀랜드를 포함하면 서기 871년 브리튼섬에는 세 개의 민족(켈트족, 앵글로색슨족, 바이킹족)이 마치 우리의 삼국 시대처럼 정립(鼎立)되어 있는 형국이었다. 이렇듯 브리튼섬은 중세 초반부터 많은 민족이 탐내는 땅이었던 것이다.

당시 데인로에 정착한 덴마크 바이킹은 단순한 해적 무리였을까? 아니면 군대를 가진 국왕이 통치하는 침략자들이었을까? 이 문제에 대해 조금 더 깊이 들어가 보자. 원주민이었던 앵글로색슨족은 이미 군소 왕국을 건설했고, 특히 알프레드 대왕의 웨섹스 왕국을 중심으로 통합 왕국의 위상을 확보하고 있었다. 그렇다면 침략자들인 덴마크 바이킹의 우두머리는 누구였을까? 당시 잉글랜드의 맹주(盟主)는 알프레드 대왕의 웨섹스 왕국이었고, 덴마크 바이킹족의 왕은 구스럼Guthrum이었다. 이제 자신의 왕국을 지키려는 군주와 브리튼섬의 새로운 지배자가 되길 원하는 두 군주의 대결은 필연적이었다. 두 민족은 양립(兩立)하느냐 아니면 한 민족이 다른 민족에게 복속당하느냐의 갈림길에 서 있었다.

◆ Alfred P. Smyth, Scandinavian York and Dublin, I-II, 1975, New Jersey/Dublin, in *The Archaeology of the Danelaw : an introduction*, James Graham-Campbell.

바이킹 왕 구스럼 VS. 웨섹스 왕 알프레드

역사는 반복된다. 앵글로색슨족이 브리튼족의 내란을 빌미로 브리튼섬에 정착하고, 원주민인 켈트족을 웨일스와 스코틀랜드로 몰아냈던 것처럼 이번에는 자신들이 켈트족과 같은 신세가 된 것이다. 잉글랜드를 수시로 침탈하던 덴마크 바이킹들이 앵글로색슨 왕국의 상당 부분을 점령한 것이다. 게다가 그들은 여름이 돌아와도 고향으로 돌아갈 생각을 하지 않고 아예 브리튼섬에 정착했다. 그리고 자신들이 점령한 땅에 덴마크 법만 적용했다. 그들의 우두머리는 구스럼이었다.

구스럼은 대규모 병력을 동원하여 잉글랜드의 노섬브리아 동부에 상륙해 공격하기 시작했다. 과거의 약탈 수준이 아니라 이번에는 침공이었다. 구스럼이 영국 연대기에 처음으로 언급된 해는 서기 874년이다. 연대기에 의하면 구스럼은 그해 1년 동안 케임브리지(머시아 지방)를 점령했다고 한다. 이듬해인 875년 구스럼은 처음으로 웨섹스 왕국을 공격하고 웨어햄을 수중에 넣었다. 이제 잉글랜드의 7왕국

중에서 마지막까지 바이킹에 저항하던 웨섹스마저 풍전등화의 위기에 놓인 것이다. 게다가 훗날 대왕으로 칭송받는 알프레드는 878년 귀족들의 반란 조짐으로 국왕 자리가 위태로운 상태였다. 이 무렵 알프레드는 인생의 최대 위기를 맞이한다. 대규모 군대를 이끌고 남진하는 구스럼이 치펜햄으로 쳐들어온다는 소식에 알프레드가 웨섹스를 구스럼에게 넘겨주고 도주했다는 소문이 주변에 파다했다. 그렇다면 훗날 잉글랜드 왕 중에서 유일하게 대왕으로 칭송받는 군주가 적의 침입에 맞서지 않고 도주했다는 기록은 사실일까? 이 문제의 진위를 알아보려면 878년 1월 6일(주현절)의 치펜햄으로 돌아가야 한다.

이날 치펜햄의 왕실 회의에는 왕국 실력자들이 모두 모여 있었다. 왕이 인척과 가솔, 지방 장관에게 둘러싸여 국사를 돌보고, 그들에게 선물도 하사하는 자리였다. 그런데 상황이 좋지 않았다. 왕이 신하들에게 선물을 나누어 주고 있는데 구스럼의 군대가 치펜햄 목전에 당도한 것이다. 일부 연대기는 알프레드가 가신들을 팽개치고 도주를 했다고 적고 있다. 하지만 이런 행동은 알프레드의 방식이 아니었다. 평소의 알프레드라면 바이킹의 침략에 맞서 퍼드fyrd(부족 단위로 구성된 민병대)를 소집했어야 했다. 그런데 퍼드를 소집하지도 않고 도주했다는 것은 앞뒤가 맞지 않았다. 진실은 왕실 내부에 있었다. 귀족 회의인 위탄Witan이 알프레드에 대한 쿠데타를 일으킨 것이다. 이날 위탄의 귀족들은 알프레드에 대한 지지를 표명하기 위해 모인 것이 아니라, 지지를 철회하기 위해 모인 것이다. 이미 구스럼의 군대와는 사

웨섹스 왕국의 수도 윈체스터에 있는 알프레드 대왕 동상

전에 협의가 이루어진 터였다. 즉 구스럼이 웨섹스 왕국을 차지한다고 해도, 귀족들의 기득권은 유지해 주기로 약속한 것이다. 바이킹은 이런 말로 웨섹스의 귀족을 유혹했다.

"당신들이 알고 있는 악마가 더 나은 경우가 될 수 있다……."

다시 말해 구스럼 왕에게 복종하고 돈을 바치는 것이 웨섹스의 평화를 보장해 준다는 것이었다.

이후 알프레드 대왕은 절치부심한 끝에 군대를 다시 일으키고 구스럼의 침략을 격퇴했다. 그리고 구스럼과의 협상을 통해 해가 바뀌기 전에 고향으로 돌아갈 것이라는 서약을 받아낸다. 하지만 구스럼의 언약은 거짓이었고, 이듬해에도 머시아 지방으로 퇴각하면서 웨섹스 왕국에 대한 공격을 멈추지 않았다.

서기 878년에도 구스럼의 웨섹스 공격이 계속되었다. 하지만 구스럼은 에딩턴에서 알프레드 대왕 군대에 패한 뒤 알프레드에게 복종할 것을 서약한다. 기독교 세례를 받고, 이름도 에셀스탄Æthelstan(고귀한 돌)으로 바꾸었으니, 바이킹의 이름을 버리고 앵글로색슨 이름으로 바꾼 것이다. 구스럼의 세례식에서 알프레드가 대부(代父)를 맡았다고 하니 두 군주의 화해 정도를 짐작하고도 남는다. 이후 구스럼은 더는 웨섹스 왕국을 공격하지 않고 자신의 점령지인 데인로 지방으로 군대를 철수했다. 그리고 그가 사망하는 서기 890년까지 두 왕국은 평화를 유지한다. 알프레드가 데인족 바이킹들을 잉글랜드에서 완전히 쫓아내지 않은 이유는 막강한 바이킹을 내쫓으려면 시간이 더 필요했기 때문이다.

알프레드는 이후 데인로 지방을 제외한 잉글랜드 전역에서 진정한 군주로 인정을 받는다. 그는 요새를 보강하고 군대를 재편하는 등 국가 정비도 게을리하지 않았다. 또한 법령을 제정해 영국 관습법의 효시를 만들었다. 백성들이 부당한 판관에 의해 억울한 재판을 받지 않게 하는 것이 알프레드 대왕의 목표였다. 학문적 소양이 깊었던 알프레드는 라틴어 원서를 영어를 번역하는 등 문화 진흥 사업에도 열정을 바쳤다.

구스럼의 언어,
알프레드의 언어를 바꾸다

구스럼은 덴마크 바이킹의 왕이었다. 그렇다면 그가 사용하던 언어는 바이킹의 언어였을 텐데, 이 시기 바이킹의 언어를 고대 노르드Old Norse어(語)라고 부른다. 중세 스칸디나비아반도의 바이킹 공동체에서 사용한 고대 노르드어는 지금의 노르웨이, 스웨덴, 덴마크에서 사용했던 바이킹의 언어였다. 잉글랜드 데인로 지방에서 사용하던 언어 역시 고대 노르드어였을 것이다. 12세기 아이슬란드 문헌에 스칸디나비아반도 3국(노르웨이, 덴마크, 스웨덴) 사람들이 모두 같은 언어를 사용했다는 기록이 있는 것으로 보아 고대 노르드어는 스칸니다비아반도 전역에서 쓰던 공통어였을 것이다.

9세기 브리튼섬 언어 지도의 구성은 이러했다. 먼저 구스럼이 통치자였던 데인로 지방에서는 고대 노르드어가 통용되고 있었고, 알프레드 대왕이 통치하는 웨섹스 왕국에서는 앵글로색슨어, 즉 고대 영어가 사용되고 있었다. 이 두 언어는 명목상 다른 언어이지만, 계통상으로 보면 모두 게르만어에 속하는 말들이다. 그러므로 바이킹

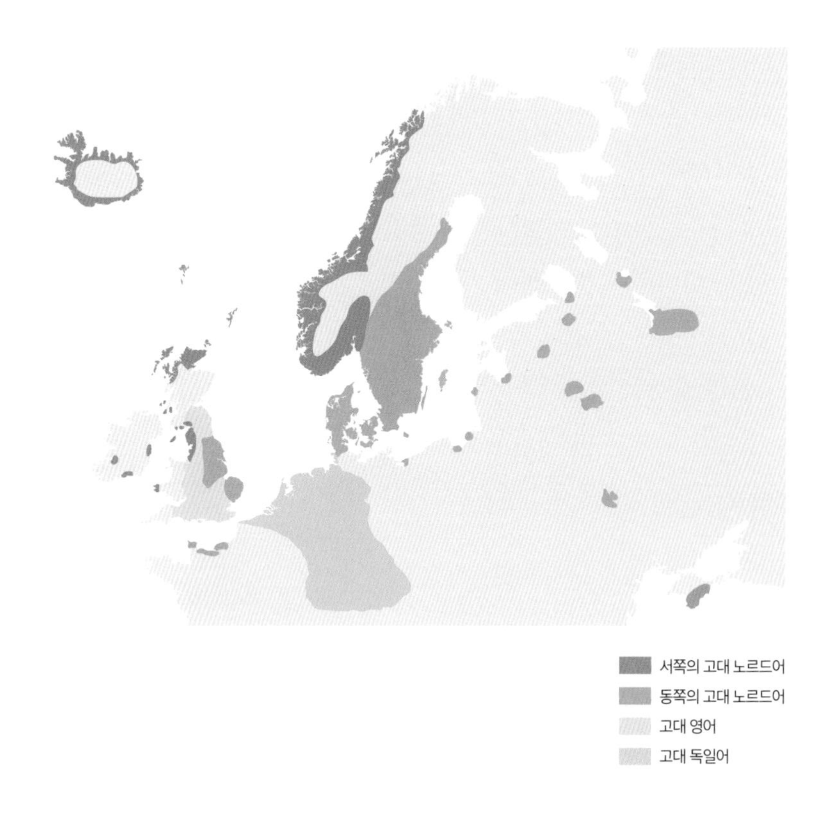

_______ 서기 10세기 게르만 언어의 분포도. 유럽의 변방이었던 게르만족은 잉글랜드를 침공하고, 프랑스에 노르만 공국을 세웠으며, 시칠리아에도 왕국을 세웠다. 스웨덴 바이킹들은 내륙으로 들어가 러시아 공국을 세웠다. 가히 유럽 세계를 재편했다고 말해도 과언이 아니다.

과 앵글로색슨족은 인종상 동일한 민족이었기에, 지리적 경계에도 불구하고 문화적인 교류가 빈번했을 것으로 추정할 수 있다.

먼저 데인로 지방에서 사용되던 고대 노르드어는 잉글랜드 동부 지방을 중심으로 많은 도시에 그 흔적을 남겼다. 이러한 현상은 프랑스 노르망디에 정착한 바이킹이 자기 언어를 여러 지명으로 남긴 것과 마찬가지다. 1066년 노르망디의 윌리엄 공이 잉글랜드를 정복하고 왕국의 모든 물적, 인적 자원을 기록한 《둠스데이 북》에는 고대 노르드어 어원의 많은 지명을 기록해 놓았다. 그 유형은 세 가지로 구분할 수 있다.

바이킹의 인명+고대 영어

고대 영어에서 '마을'을 의미하는 'tūn'이 바이킹 인명 뒤에 붙어 생겨난 마을

그림스톤Grimston, 박스톤Barkston, 서바스톤Thurvaston

순수한 바이킹의 말이 접미사로 붙은 지명

바이킹어로 마을을 의미하는 'by'가 붙은 지명. 데인로 지방에 약 800개의 지명이 있고, 그중에서 200개는 링컨셔Linconshire주에 있다.

애플비Appleby, 더비Derby, 셀비Selby, 댄비Danby, 소스비Thoresby 등

한적한 마을을 의미하는 'thrope'가 붙은 지명

스컨소프Scunthorpe, 스웨인소프Swainthorpe, 위브소프Weavethorpe

데인로 지방 영역은 잉글랜드의 상당 부분을 차지하고 있었다. 따라서 데인로 지방에 정착한 바이킹 인구도 많았을 것으로 추론할 수 있다. 그래서 학자들은 현재 이 지방에 거주하고 있는 영국인의 유전자를 분석해 보았다. 2000년 영국 BBC는 브리튼섬에 사는 영국인 2천 명을 표본으로 정한 다음, 그들의 혈청 유전자를 스칸디나비아인의 유전자와 비교, 분석했다. 그중 덴마크인의 유전자는 비교에서 제외되었다. 왜냐하면 데인로에 정착한 덴마크 바이킹의 고향(유틀랜드반도에서 벨기에까지의 지역)이 앵글로색슨족의 원주지와 중첩되기 때문이다. 즉 데인로 바이킹의 유전자와 앵글로색슨족의 유전자는 유사할 수밖에 없다. 이 실험을 통해 밝혀진 사실은 영국인 2천 명의 유전자에는 노르웨이인의 유전자가 가장 많이 들어 있다는 사실이다. 특히 컴브리아 지방 펜리스 같은 도시에서 그 수치가 상대적으로 더 높았다. 이 실험은 영국인 핏속에 바이킹의 피가 많이 흐르고 있다는 사실을 보여 준다. 또 다른 연구에 따르면 잉글랜드에 정착한 바이킹은 자신들만의 거주지를 형성하고 살았다고 한다. 바이킹은 원주민과 동거나 통혼(通婚)하지 않고 공동체를 유지하고 있었고, 그 후손들의 유전자가 현재 영국인 안에서 많이 발견되고 있다. 쉽게 말해 지금의 영국인 중에는 바이킹을 조상으로 둔 사람들이 많다는 말이다.

이번에는 데인로에 정착한 바이킹의 언어가 영어에 끼친 영향에 대해 말해 보자. 먼저 고대 노르드어와 고대 영어는 계통상 같은 어족에 속하는 언어이다. 이 말은 인종적으로 두 민족의 조상이 친척 간이라는 말이다. 그런 이유에서 두 집단은 비록 다른 사법권의 세계에서 살고 있었지만, 언어의 교류는 자연스럽게 이루어졌을 것으로 추론할 수 있다. 예를 들어 교역은 두 집단의 언어적 교류를 활성화하는 데 일조했을 것이다. 그 결과 영어에는 고대 노르드어가 상당히 많이 들어가 있다. 그중에는 노르드어의 의미가 다소 변해 현대 영어에 정착한 예도 많다.

고대 노르드어가 영어에 미친 영향은 생각보다 크다. Be 동사 are와 대명사 they, them, their 같은 말들이 고대 노르드에서 왔다. 본래 고대 영어에서 '그들'은 he의 복수인 hie, '그들의'는 hiera, '그녀들의'는 hiere였다. 그런데 고대 노르드어의 they와 them이 고대 영어를 밀어내고 자리 잡았다. 영어는 대명사 같은 기본 어휘들이 외국어의 영향을 받은 것이다.

고대 영어를 밀어내고 영어에 자리 잡은 말은 또 있다. 고대 노르드어의 동사 take는 고대 영어 nīman을 밀어내고 영어에 정착했고, cut는 유사한 의미의 고대 영어들을 대체하고 자리 잡았다. 이때 밀려난 단어들은 현대 영어에 남았는데, shear(양의 털을 깎다), carve(깎아서 만들다), hew(도구를 써서 자르다) 같은 말들이다. 한편 바이킹의 말 die는 고대 영어 steorfan을 대체했고, 그 흔적은 현대 영어 starve(굶주리다)에 남아 있다. 이 밖에도 사람의 피부를 의미하는 skin은 고대 노르드어에서는 '짐승 가죽'을 의미하는 단어였고, 고대 영어에서 '사람 피부'를 의미하는 hide는 현대 영어에서 '짐승의 가죽'으로 사용된다.

:: 현대 영어에는 고대 노르드어에서 온 말이 상당수 있다지만, 의미가 다소 변한 것을 알 수 있다. 언어의 의미는 이렇게 변한다.

현대 영어	고대 노르드어	현대 영어	고대 노르드어
anger(분노)	angr(골칫거리, 고통)	kid(아이)	kið(어린 염소)
die(죽다)	deyja(사라지다)	skate(스케이트, 홍어)	skata(물고기)
dirt(먼지, 때)	drit(똥, 배설물)	skin(피부)	skinn(짐승의 가죽)
fog(안개)	fok(물보라, 소나기)	skirt(치마)	skyrta(셔츠)
gift(선물)	gift(지참금)	steak(스테이크)	steik(튀기다)
glove(장갑)	lofi(가운데 손가락, 장지)	mistake(실수하다)	mistaka(유산하다)
gun(총)	gunn+hildr(전쟁, 전투)	ugly(못생긴)	uggligr(꿈 많은, 역겨운)
happy(행복한)	happ(운, 행운, 운명)	want(원하다)	vanta(부족하다)
husband(남편)	hus+bondi(가장)	window(창문)	vind(바람)+auga(눈)
ill(아픈)	ill(나쁜)		

한 연구♦에 의하면 데인로 지역에 남아 있는 고대 노르드어 지명은 수없이 많은데, 혹자는 바이킹이 원주민인 앵글로색슨족을 쫓아내고 정착한 지명이라고 주장한다. 하지만 다른 연구에 따르면 바이킹 지명은 원주민을 내쫓고 새로 만든 거주지가 아니라, 사람이 살지 않던 지역에 들어선 거주지라는 사실이 밝혀졌다. 그러므로 영국 동북부 해안에 있는 지명들은 바이킹의 말이고, 내륙에 있는 지명들은

♦ 19세기의 덴마크 학자인 보르사(Worsaae, 1851)가 주장했다(박영배, 《바이킹족과 스칸디나비아어》).

링컨셔 지방에 있는 앵글로색슨 지명과 스칸디나비아 지명

앵글로색슨 지명은 밑줄이 없고
스칸디나비아 지명은 밑줄이 있다.

앨빈햄 Alvinham
트레들소프 Treddlethorpe
메이블소프 Mablethorpe
트러스소프 Trusthorpe
위선 Withern
북해
앨포드 Alford
허토프트 Huttoft
멈비 Mumby
허그소프 Hogthorpe
버르마슈 Burgh-Le-Marsh

________ 영국 북동부 지방의 지명을 보면 해안가에는 고대 노르드어로 '마을'을 의미하는 '-thrope'가 붙은 지명이 많고(지도에서 밑줄친 지명들), 내륙에는 앨빈햄, 앨포드처럼 순수 영어 지명들이 많이 보인다.

앵글로색슨족의 언어라는 사실이 이러한 주장을 반박하고 있다. 하지만 바이킹 지명 마을들이 해안가에 몰려 있고, 영어 지명이 내륙에 분포한다는 사실은 앵글로색슨족이 바이킹의 침략을 피해 내륙으로 들어갔다는 근거는 아닐까?

잉글랜드 북부 지방에서 두 민족은 오랜 기간 공생하며 서로 문화를 주고받았을 것이다. 이러한 추론은 영어에 들어가 있는 덴마크 바이킹 언어를 통해 확인할 수 있다. 일반적으로 한 언어의 근간을 이루는 구조어(접속사, 전치사, 인칭대명사)는 세월이 지나도 잘 변하지 않는다. 그런데 영어에 들어가 있는 고대 노르드어에서는 they, them, from, first, tree 같은 기본어도 많이 볼 수 있다. 이런 말들이 영어로 들어갔다는 사실은 두 민족, 즉 바이킹과 앵글로색슨족의 언어가 그만큼 가까웠다는 것과 그들의 관계가 그만큼 밀접했다는 사실을 뒷받침해 준다.

잉글랜드, 크누트 제국에 편입되다

9세기 말에 데인족으로 통치권이 넘어간 잉글랜드 북동부 지방은 언어와 사법권 차원에서 보면 덴마크와 동일했다. 데인로 지방에는 과거 잉글랜드의 주요 성읍들이 포함되어 있었다. 그중에는 더비Derby, 레스터Lester, 링컨Lincoln, 노팅엄Nottingham, 스탬퍼드Stamford 같은 성읍들이 요새화돼 데인로 지방을 방어하고 있었다.

하지만 달이 차면 기우는 법이다. 서유럽을 공포에 떨게 하던 바이킹 세력도 약해지고 있었다. 프랑크 왕국은 857년에 센강에서 바이킹을 몰아냈으며, 프랑크 전사들은 891년 벨기에 루뱅에서 벌어진 전투에서 바이킹 군대를 궤멸시켰다. 영국에서도 상황은 마찬가지였다. 아일랜드의 바이킹들은 서기 902년에 축출됐으며, 데인로 지방의 바이킹도 잦은 외침에 시달렸다. 노르웨이인도 데인로 북부 지방을 공격했고, 남부 지방에서는 잉글랜드의 에드워드 왕이 끈질기게 데인족을 괴롭혔다. 한편 서기 919년 알프레드 대왕의 아들인 에드워드 왕(재위 899~924)이 데인로의 요새인 요크를 되찾았고,

954년에는 마침내 데인로 왕국이 붕괴됐다. 하지만 991년 에식스 지방 몰던 전투에서 앵글로색슨인이 데인족에게 패하자 다시 데인족의 세력이 살아나는 조짐이 보이기도 했다. 그런데 그 무렵 영국 역사에 큰 획을 그은 사건이 일어난다. 1002년 11월 13일, 잉글랜드의 왕 에셀레드가 잉글랜드에 있는 모든 데인족을 죽이라는 왕명을 내린 것이다. 이 학살에 분노한 덴마크 왕 스벤이 잉글랜드로 쳐들어왔고, 스벤은 잉글랜드 지배자가 되었다. 그리고 스벤의 아들인 크누트가 웨섹스 왕국의 마지막 저항을 제압하고 1016년 잉글랜드 왕위에 오른다. 데인족 출신으로는 최초의 잉글랜드 왕이 탄생한 것이다. 이후 덴마크 왕국은 크누트의 형인 하랄드 스벤이 차지하고, 잉글랜드 왕국은 크누트의 손에 들어갔다. 잉글랜드와 덴마크를 아우르는 11세기의 북해 제국은 이렇게 탄생했다.

하지만 앵글로색슨인은 이 이방인을 자신들의 왕으로 인정하지 않았다. 그들은 선왕(先王)이었던 '준비 미비왕' 에셀레드가 능력이 없고 우유부단했음에도 자신들의 왕으로 인정했던 민족이 아닌가? 앵글로색슨인은 아무리 무능해도 이방인보다는 자신과 피를 나눈 동족을 선호한 것이다. 그런 점에서 크누트는 토착 세력을 포용하는 정책을 실행에 옮겼다. 준비 미비왕 에셀레드의 왕비인 엠마를 왕비로 맞이한 것이다. 하지만 크누트는 자신의 통치에 반대하는 자들을 잔인한 방법으로 숙청했고, 앵글로색슨족의 군대를 해산하여 혹시라도 있을지 모를 반란의 싹을 제거했다.

2년 뒤 덴마크로부터 희소식이 날아왔다. 크누트의 형이자 덴마크 왕인 하랄드 스벤이 죽었다는 소식이었다. 크누트는 공석이 된 덴마크 왕위를 차지하고자 시급히 출정에 나서야 했다. 하지만 그가 동원할 수 있는 병력은 얼마 되지 않았다. 할 수 없이 그는 바이킹을 동원해 덴마크 원정에 나섰다. 이런 경우를 역사의 아이러니라고 불러야 하지 않을까. 덴마크 출신 잉글랜드 왕이 자신의 조국인 덴마크를 정벌하러 나선 것이다. 크누트는 잉글랜드 귀족을 대동하고 덴마크 왕국의 수도인 옐링까지 진격하면서 약탈을 계속했다. 중세의 전형적인 군사 원정 모습이었다. 이제 크누트는 잉글랜드 왕에 이어 덴마크 왕으로도 인정을 받게 되었다. 크누트는 원정을 마치고 다시 잉글랜드로 돌아왔다. 그리고 스코틀랜드 왕 세 명과 아일랜드를 통치하던 바이킹으로부터 항복을 받아냈다. 스코틀랜드 왕 중에는 셰익스피어 작품에 등장하는 맥베스도 포함되어 있었다. 이후 크누트는 1028년에 노르웨이 왕국마저 복속시킨다. 이제 그는 잉글랜드와 덴마크 그리고 노르웨이를 포함하는 제국의 통치자가 된 것이다. 역사가들은 이 무렵의 크누트를 '대왕'이라는 호칭으로 부른다.

크누트는 자신의 선조인 바이킹처럼 정복자로서 왕국을 통치하려고 하지 않았다. 잉글랜드와 덴마크로 이루어진 통합 왕국의 군주로서 통치하고 싶었던 것이다. 그는 런던과 코펜하겐에서 통용될 수 있는 주화를 주조했고, 도량형 단위도 콘스탄티노플에서 사용하는 단위로 고쳤다. 이제 자신의 제국이 유럽 변방에 있는 야만족의 왕국이 아니라는 사실을 대외적으로 널리 알리고자 했다.

크누트가 유럽의 막강한 군주라는 사실을 일깨워 준 사람은 당시

——— 11세기 초 크누트 대왕의 북유럽 제국에는 노르웨이, 덴마크 외에도 잉글랜드가 포함되어 있었다.

크누트와 웨섹스 에드먼드의 전투

로마의 교황이었다. 교황은 신성 로마 제국 황제인 콘라트 2세의 대관식에 크누트가 친히 참석해 줄 것을 요청했다. 이렇게 크누트의 제국은 당시 유럽에서 가장 강력한 왕국으로 확실하게 자리 잡았고, 크누트는 명실상부한 잉글랜드 왕으로 군림했다. 실제로 크누트 대왕이 사망하자 잉글랜드인은 국왕의 죽음을 진실로 슬퍼했다고 한다. 지금 그는 당시 잉글랜드 왕국의 수도인 윈체스터에 묻혀 있다.

1035년 크누트 대왕이 세상을 떠나고 그의 아들들이 왕권 쟁탈전을 벌이자 북해 제국도 몰락의 길로 접어든다. 이렇게 9세기 말부터 유럽을 휩쓸었던 덴마크의 세력이 서서히 종말을 고하고 있었다. 1066년에 잉글랜드를 정복한 정복왕 윌리엄의 군대가 1069년 덴마크의 마지막 거점인 요크를 함락하면서 덴마크의 잉글랜드 지배는 종말을 고한다.

이렇게 브리튼섬은 켈트족의 나라에서 앵글로색슨족의 나라, 이어서 덴마크 바이킹의 시대를 지나 새로운 침입자인 노르만족의 지배를 받기에 이른다. 이후 영국은 다시는 이민족의 침략을 받지 않는다. 잉글랜드는 더 이상 스칸디나비아인의 먹잇감이 되지 않았고, 중세 유럽 역사의 전면에 등장한다.

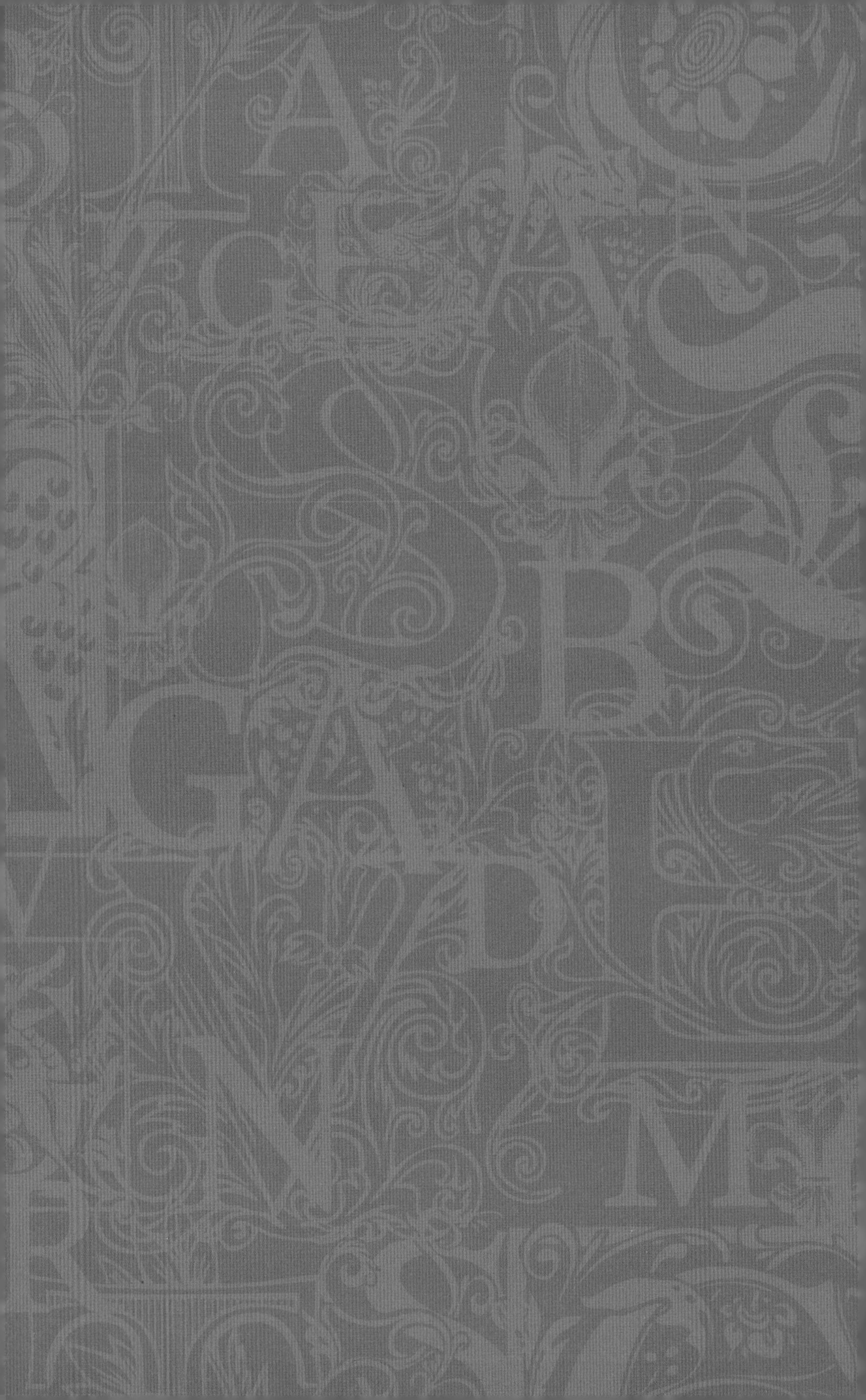

정복왕 윌리엄

영국을 북해 제국에서 떼어 놓다

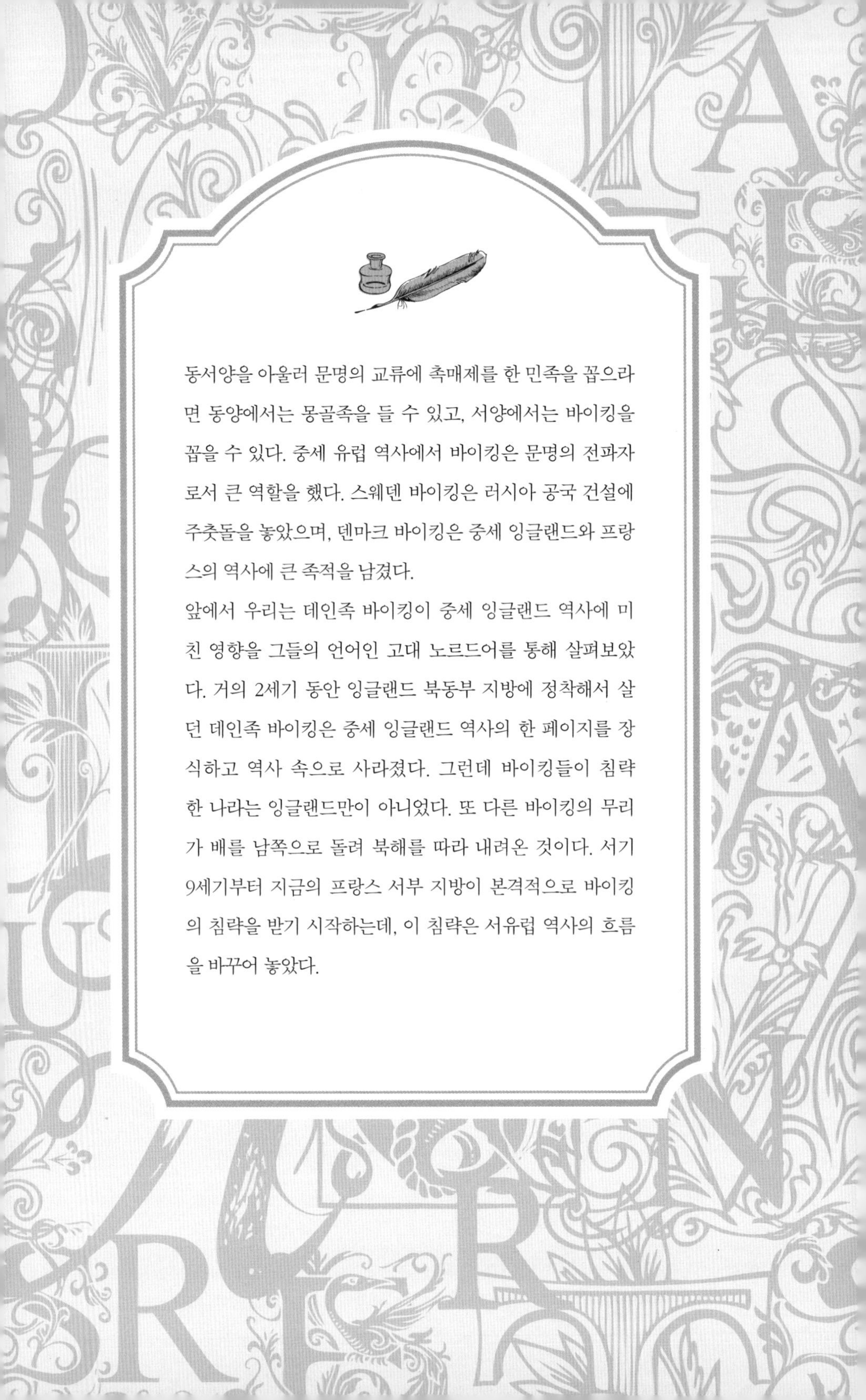

동서양을 아울러 문명의 교류에 촉매제를 한 민족을 꼽으라면 동양에서는 몽골족을 들 수 있고, 서양에서는 바이킹을 꼽을 수 있다. 중세 유럽 역사에서 바이킹은 문명의 전파자로서 큰 역할을 했다. 스웨덴 바이킹은 러시아 공국 건설에 주춧돌을 놓았으며, 덴마크 바이킹은 중세 잉글랜드와 프랑스의 역사에 큰 족적을 남겼다.

앞에서 우리는 데인족 바이킹이 중세 잉글랜드 역사에 미친 영향을 그들의 언어인 고대 노르드어를 통해 살펴보았다. 거의 2세기 동안 잉글랜드 북동부 지방에 정착해서 살던 데인족 바이킹은 중세 잉글랜드 역사의 한 페이지를 장식하고 역사 속으로 사라졌다. 그런데 바이킹들이 침략한 나라는 잉글랜드만이 아니었다. 또 다른 바이킹의 무리가 배를 남쪽으로 돌려 북해를 따라 내려온 것이다. 서기 9세기부터 지금의 프랑스 서부 지방이 본격적으로 바이킹의 침략을 받기 시작하는데, 이 침략은 서유럽 역사의 흐름을 바꾸어 놓았다.

데인족 바이킹의 침략으로 중세 잉글랜드 역사는 북유럽 제국의 영향권에 편입됐다. 그 시기는 서기 8세기부터 크누트 제국이 잉글랜드에서 몰락한 11세기 초반까지를 포함한다. 처음에는 단순한 노략질로 시작한 바이킹의 약탈은 규모가 점점 더 커졌고, 나중에는 대규모 정규군을 동원해 주변국을 침공하는 수준으로 발전했다.

데인족 바이킹의 서유럽 침탈은 그 시기와 지역을 나누어 볼 때 시차를 보인다. 먼저 잉글랜드에 데인로를 건설한 데인족은 9세기에 이미 정착을 마무리했다. 그런데 그들보다 조금 뒤에 프랑스 서해안 지방에 정착한 데인족 바이킹도 있었다. 이들은 9세기 중반부터 프랑스의 서부 지방인 노르망디 지방을 집중적으로 약탈했다.

841년과 845년에 노르망디 루앙 지역은 라그나르 로드브로그Ragnard Lodbrog가 이끄는 데인족 바이킹 무리에게 약탈당했고, 이후 이 지역은 876년부터 영불 해협을 통과하는 바이킹에게 정기적인 기항지가 되었다.◆ 본래 바이킹은 일 년 중 반을 바다에서 생활했는데, 그들 중

일부가 노르망디 주변에 정착하기 시작했다. 프랑스 북서부 지방에 바이킹의 본격적인 침탈이 시작된 것이다.

서기 893년 루앙 지역에 정착한 바이킹 수장 롤프르Rolfr(고대 프랑스어로는 루Rou, 지금은 롤롱Rollon이라고 부른다)가 노르망디의 고도(古都) 바이외를 공격해 백작을 죽이고 그의 딸 포파Poppa를 납치한다. 포파가 결혼 적령기에 이르자 롤롱은 그녀를 동거녀로 맞이한다. 포파는 롤롱에게 아들과 딸을 한 명씩 낳아 주었는데, 노르망디 공작령의 2대 공작 '장검공' 윌리엄Guillaume Longue-Épée이 그녀의 아들이다. 토착 세력과 혼인을 통한 결합은 센강 하구에 정착한 사나운 바이킹족의 성향을 누그러뜨리는 결과를 가져왔다. 하지만 바이킹의 공격은 그 기세가 수그러들지 않았다. 서기 910년에는 파리에서, 911년에는 샤르트르에서 프랑스군은 롤롱이 이끄는 소규모 군대를 저지했는데, 그 군대는 북해를 따라 내려오던 바이킹 무리였다. 그중에는 앵글로색슨족과 프리슬란트인(지금의 네덜란드인)도 섞여 있었다. 이때부터 프랑크왕은 왕국의 안보를 생각하게 되었다. 하지만 프랑크 왕이 '바이킹 해적'을 격퇴할 힘이 없자 랭스 대주교는 '단순왕' 샤를Charles le Simple(샤를 3세, 재위 898~923)과 바이킹 수장의 만남을 주선했다. 이 만남은 911년◆◆에 생클레르쉬르엡트에서 이루어졌다. 샤를 3세는 그들이 내려온 고향이 북방이므로 자신이 하사한 영지에 '북방인의 땅'이라는 이름의 노르망디Normandie라는 이름을 지어 주었고, 롤롱은 제1대 노르망디 공작에 봉해진다. 이제부터 노르망디에 정착한 데인족 바이킹을 노르만족으로 부르자.

911년에 성립된 노르망디 공국은 이후 서유럽에서 강력한 제후국으로 자리 잡는다. 노르만족은 정열적이고 실용적이며 동시에 치밀하고 성실한 사람들이었다. 그들은 좋은 것에 애착심이 있었고, 자신들의 자질이 부족하면 끈질기게 그것을 얻으려고 폭력, 불신, 탐욕, 폭식 등도 마다하지 않았다. 초기에 정착한 노르만족은 개인의 권리를 존중했지만, 규율을 등한시했다. 서유럽인에게 노르만족의 용맹성은 공포 그 자체였다. 거칠기 짝이 없는 성격임에도 노르만 제후들은 봉신 및 농민과 긴밀히 연결되어 있었다. 때로는 경작지에서 끊임없이 노동하여 남들보다 뛰어난 건강을 망치기도 했다. 하지만 굳건한 가족 전통이 체력의 남용을 막아 주었다.◆◆◆

노르만족은 전통적으로 다산의 민족이었다. 그들의 영토 팽창이 급속히 이루어진 데는 영아 사망률이 다른 민족에 비해 낮았다는 원인도 있었다. 바이킹은 혈기가 왕성하고 건강한 민족이었던 것이다. 이탈리아 출신의 노르만 사람인 연대기 작가 로베르 기스카르Robert Guiscard는 "노르만족은 땅에 무릎을 꿇고 신에게 아들을 간청하지 않고서는 결코 부부간에 육체적 관계를 하지 않았다."라고 적고 있다. 이 말은 바이킹의 의식 구조를 잘 보여 준다. 노르망디 코탕탱과 오주 지방에 정착한 궁핍한 노르만족은 인구가 넘쳐났다. 그들의 검소한

◆ 폴 쥠토르 지음, 김동섭 옮김, 《정복왕 윌리엄》, 글항아리, 2020

◆◆ 연도는 정확하지 않지만 분명한 것은 서기 923년 전에 조약이 체결되었다는 사실이다.

◆◆◆ 폴 쥠토르, 같은 책.

감정이 극단적인 신앙심에 포장되어 그들의 과거 본성(그들은 전사였다)을 일깨웠을 것이다. 이탈리아에서 바이킹을 관찰한 조프루아 말라테라Geoffroi Malaterra(11세기 베네딕트 수도사)의 기록을 보자.

그들은 영민한 민족이며 복수심이 강했고, 전리품에 대한 욕심도 대단했다. 이익의 추구와 타인을 지배하려는 의지는 탐욕스러웠고, 모방과 낭비벽도 대단했다. 노르만족 수장들은 후한 인심이 자신들의 영광을 드높여 준다면 상황에 구애받지 않고 이를 증명하려고 애썼다. 그들은 아첨에도 능했고 언쟁도 즐겼으며, 능숙한 수사학자처럼 부모와 논쟁을 벌이기도 했다. 지독한 고집쟁이였던 노르만족은 사법적 판결에는 순한 양처럼 굴복했다. 그들은 추위와 배고픔에도 굴하지 않는 강인한 인내력의 소유자였고, 사냥, 승마, 무기, 장신구 등에 심취해 있었다.

노르만족의 능수능란한 능력과 발명 정신 등이 새로운 땅에 정착하는 데 결정적인 도움을 주었다. 서기 1천 년경, 노르만족 사회에서는 돈을 벌고자 용병이 되어 멀리 떠나는 용감한 전사를 거의 찾아볼 수 없게 되었다. 풍요가 넘치는 노르망디에 정착한 것이다. 노르만족의 성공은 온 유럽인에게 선망의 대상이 되었다.

데인로 바이킹
VS.
노르망디 바이킹

잉글랜드 데인로에 정착한 바이킹과 시차를 두고 프랑스 노르망디에 정착한 바이킹은 어떤 차이를 보였을까? 이들은 같은 민족이었고 같은 언어(고대 노르드어)를 쓰는 집단이었다. 그러나 이들이 잉글랜드와 프랑스에 끼친 영향은 극명하게 대비된다.

먼저 데인로 바이킹은 웨섹스를 중심으로 연합한 잉글랜드 왕국에 밀리다가 잉글랜드에 복속되고, 이후 덴마크 크누트 제국에 편입된다. 그리고 앵글로색슨 왕국이 다시 발흥하자 데인족은 영국 역사 속으로 사라졌다. 하지만 그들의 언어인 고대 노르드어는 영어에 수많은 어휘를 남겨놓았음을 확인했다. 여기까지는 영국에 정착한 데인족 바이킹의 이야기다. 이제는 노르망디에 정착한 데인족 바이킹, 노르만족을 알아보자.

잉글랜드 북동부 지방에 정착한 데인족 바이킹들은 원주민인 앵글로색슨족과 인종적, 언어적 특징이 유사했다. 다시 말해 그들의 언어인 고대 노르드어는 앵글로색슨어, 즉 고대 영어와 가까운 친척 간이었다는 말이다. 지리적으로 봐도 데인족 바이킹은 지금의 덴마크를 중심으로 살던 민족이었고, 앵글로색슨족은 독일 북서부 지방에 거주했으므로 이들의 거주지는 그리 멀리 떨어져 있지 않았다. 이런 이유에서 두 언어의 상호 교류는 매우 빈번했다. 하지만 노르망디에 정착한 노르만족의 문화적 환경은 데인로 바이킹과 매우 달랐다. 프랑크 왕국에서 사용하던 중세 프랑스어는 라틴어에서 파생된 언어였기 때문에 고대 노르드어와는 공통점이 거의 없었다. 게다가 문화적인 측면에서 볼 때 노르만족은 프랑스 문화에 쉽게 동화되어 있었다. 그들의 언어인 고대 노르드어도 같은 운명이었다. 노르망디 고도(古都)인 바이외에서는 10세기 초반만 하더라도 고대 노르드어를 가르치는 학교가 있었지만, 몇 세대가 지나자 노르망디 공국에서 고대 노르드어는 사라져 버렸다. 즉 롤롱이 노르망디에 정착한 지 1세기도 되지 않아 노르만족은 프랑스 문화에 완전히 동화된 것이다.

하지만 그들의 흔적은 잉글랜드처럼 노르망디 지명(地名)에 지금도 많이 남아 있다. 노르망디의 도시 옹플뢰르Honfleur에서 '-fleur'는 고대 노르드어로 '바다의 만'을 의미하며, 엘뵈프Elbeuf의 '-bœuf'는 '오두막'을 뜻한다. 한 가지 흥미로운 사실은 영국 데인로 지역과 노르망디에 동일한 지명이 존재한다는 사실이다. 물론 지명의 철자와 발음은 다르지만, 그럼에도 몇몇 지명들은 모두 고대 노르드어에서 나온 것들이다. 아래 지명들은 노르망디와 영국의 동일 지명을 보여준다.

:: 노르망디와 영국의 같은 지명

노르망디	잉글랜드
엘뵈프Elbeuf	웰비Welby
크리크뵈프Criquebeuf	커비Kirkby
도뵈프Daubeuf	돌비Dalby
리뵈프Ribeuf	리스비Risby

영어에 많은 고대 노르드어가 들어간 것과는 다르게 노르망디에 정착한 덴마크 바이킹은 프랑스어에 미미한 흔적만을 남겼다. 물론 바이킹의 말이 노르망디 지명(地名)에 많이 남아 있기는 하다. 그 이유는 이렇게 설명할 수 있다. 데인로 바이킹은 영국에서 자신들의 언어를 지켰지만, 노르망디에 정착한 바이킹은 자신들의 언어를 버리고 현지어, 즉 프랑스어에 쉽게 동화되었기 때문이다. 그 결과 1066년 잉글랜드를 정복할 무렵 노르만족의 모국어는 프랑스어였다. 학자들은 영어 어휘 중에서 29%가 프랑스어 어원이라고 말하는데, 영어에 차용된 프랑스 말들은 정부, 종교, 법률, 사냥, 스포츠, 사회관계 및 에티켓, 도덕, 패션 그리고 요리 등을 지칭하는 말이 대부분이다. 이 말들은 지배층인 노르만족의 위상을 잘 보여 주는 말들이다.

한 가지 흥미로운 사실은 데인로 바이킹이 잉글랜드에 수많은 지명(地名)을 남겼지만, 영어에 절대적인 영향을 끼친 노르만족의 프랑스어는 영국 지명에 거의 남아 있지 않다는 사실이다. 이 말은 영국의 농민 계층이 사용하던 일상 언어에 프랑스어가 미친 영향이 거의 없었다는 방증이다. 다시 말해 노르만 정복 이후 잉글랜드의 언어 지도는 지배층이 사용하는 프랑스어와 농민이 사용하는 영어로 분리되어 있었고, 두 언어 간의 교류는 사실상 거의 없었다고 볼 수 있다.

노르망디에 정착한 바이킹도 초기에는 자신들의 언어인 고대 노르드어를 지키려고 노력했을 것이다. 하지만 문화와 언어의 교류는 물처럼 높은 곳에서 낮은 곳으로 흘러간다. 노르만족은 노르망디 공국 언어인 프랑스어, 정확히 말하면 노르만 방언을 자신들의 언어로 받아들였고, 고대 노르드어는 지명과 특정 분야에만 남아 있다. 특히 항해술이 뛰어났던 노르만족은 해양과 선박 그리고 항해와 관련된 많은 어휘를 프랑스어에 물려 주었다. 그리고 재미있는 지명도 보이는데, 노르망디 최대의 항구 도시 르아브르Le Havre는 고대 노르드어로 '항구hafnar'라는 뜻이다. 항구를 의미하는 영어 단어 habor도 그 뿌리가 같다.

영국 왕조의 시조 윌리엄

1027년 노르망디 공국의 수도 팔레즈에서 사내아이가 태어났다. 갓난아이의 아버지는 노르망디 공작 로베르였고, 어머니는 가죽 가공업을 하는 집안의 아를레트였다. 로베르 공은 아이 이름을 증조부와 같은 이름인 윌리엄William으로 지었다. 당시 노르망디에서 가장 흔한 남자아이 이름이었다. 현재 프랑스어에서 윌리엄은 기욤Guillaume이라 부르지만, 11세기 당시 노르망디 방언의 발음은 영어처럼 윌리엄이었다. 윌리엄에 관한 전설은 태어나면서부터 눈덩이처럼 생겨났다. 연대기 작가 바스Wace에 따르면 이제 막 태어난 갓난아이를 짚을 깔아 놓은 바닥에 누이자마자 아이는 손으로 짚을 한 움큼 쥐었다고 한다. 사람들은 이 동작의 징조를 알아차렸다. 이렇게 위대한 정복왕은 태어났다.

아이는 유년 시절의 초기를 아를레트의 고향인 팔레즈에서 보냈다. 틀림없이 어머니가 있는 외가에 맡겨졌을 것이다. 이제 공작이 된 아이의 아버지 로베르 공은 페캉 혹은 루앙에 머무르고 있었다.

그는 손에 검을 들고 시골을 누비며 작은 전투에 시간을 보내고 있었다. 하지만 그는 아를레트와 아들을 버리지 않았다. 그가 자주 아들을 찾았던 것으로 봐서 아들에게서 끈끈한 정을 느꼈던 것 같다. 그 무렵 아를레트는 아엘리스Aélis라는 딸을 출산했다. 한편 로베르 공의 정실(正室)인 에스트리트(덴마트 크누트 대왕의 딸)는 아이를 낳지 못했다. 그런 까닭에 부부의 금슬은 썩 좋지 않았다고 한다.

윌리엄의 조상은 데인족 바이킹이었는데, 그는 외모만 북유럽 바이킹이었을 뿐이고, 실제로는 이미 프랑스인이었다. 그들의 수장들은 일부다처제를 유지했는데, 이 풍습은 한 명의 부인을 정식으로 맞이하고 동시에 동거녀를 거느리는 덴마크식 결혼 전통이었다. 이 전통을 '덴마크식 풍습more danico'이라고 불렀다. 윌리엄의 친모는 비록 하층민 출신이었지만 이 전통 덕분에 윌리엄은 훗날 아버지의 작위를 물려받게 된다.

노르망디공 윌리엄의 조상과 그 친척을 보여 주는 가계도에서 윌리엄은 초대 노르망디공인 롤롱의 6대손임을 확인할 수 있다. 그의 아버지는 로베르 1세인데, 본래 그는 공작에 오를 수 없었다. 그의 형이 리샤르 3세로 아버지를 계승했기 때문이다. 그런데 1027년 리샤르 3세가 공작에 오른 지 몇 달 만에 세상을 떠났다. 동생 로베르의 반란을 제압하고 루앙으로 돌아온 어느 날 아침 식사를 한 뒤 급사하고 만 것이다. 주위에서는 로베르가 형을 독살했을 것이라는 소문이 돌았다. 로베르의 별명에 '악마공'이라는 수식어가 붙은 이유다. 어쨌든 윌리엄은 이런 아버지를 이어 1035년 노르망디 공작에 오른다.

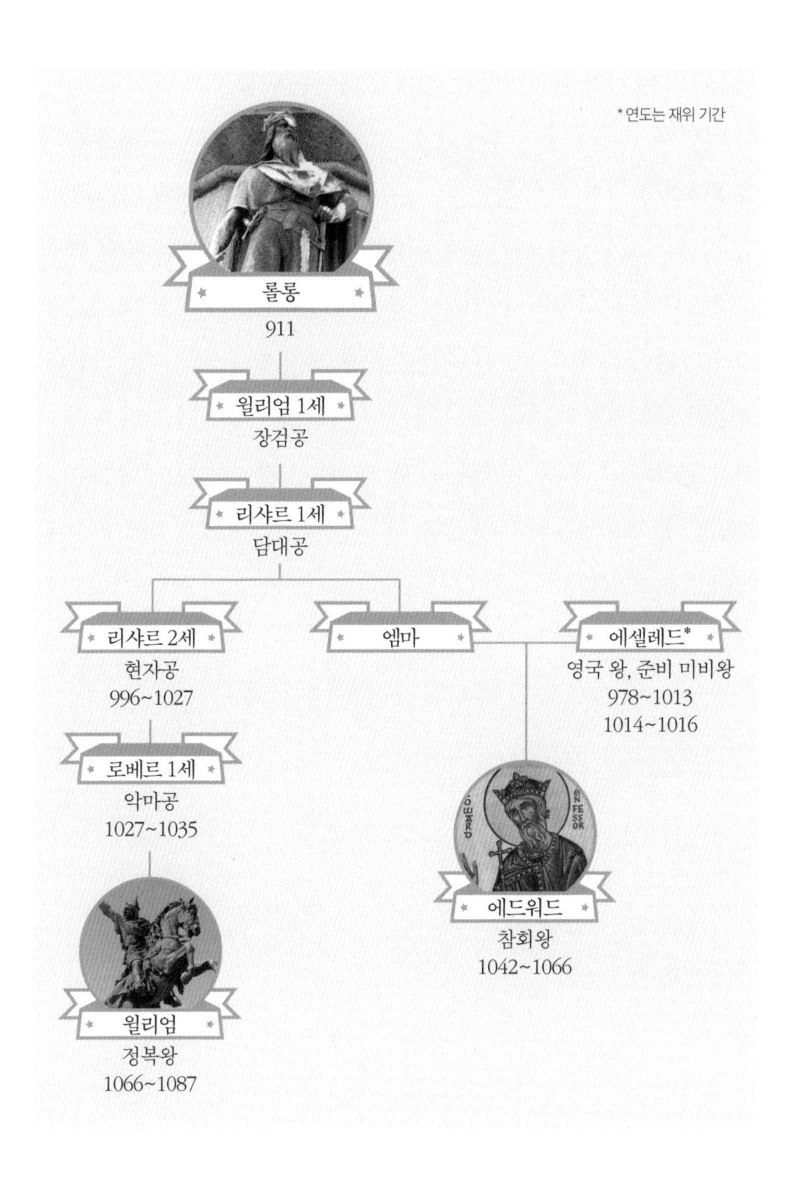

정복왕 윌리엄의 가계도. 그는 노르망디 초대 공작인 롤롱의 6대손이고, 잉글랜드의 참회왕 에드워드는 윌리엄의 5촌 당숙부이다. 이 혈연관계가 잉글랜드 정복에 단초를 제공했다.

윌리엄은 서자 출신이었다. 게다가 나이는 여덟 살에 불과했다. 만약 아버지 로베르 공이 생전에 노르망디에서 윌리엄을 후계자로 지목했다면 공작의 승계 작업은 무난히 마무리됐을 것이다. 그런데 로베르 공은 예루살렘으로 성지 순례를 떠났다가 돌아오는 길에 터키 근방에서 생을 마감하고 만다. 다행히 로베르 공은 성지로 떠나기 전에 윌리엄이 후계자라고 공표했고, 많은 봉신 앞에서 신서를 받았다. 후견인까지 지명하고 떠난 터라 소년 윌리엄은 천신만고 끝에 노르망디 공작에 오를 수 있었다. 하지만 성년이 된 윌리엄의 야망은 노르망디 공작에 머무르지 않았다. 바다 건너 잉글랜드의 정세에 온 관심이 쏠려 있었다.

윌리엄, 잉글랜드 왕위를 주장하다

노르망디공 윌리엄이 잉글랜드 왕위를 주장한 데에는 그만한 이유가 있었다. 이 이야기를 하자면 앞에서 소개한 잉글랜드의 에셀레드 왕까지 거슬러 올라가야 한다. '준비 미비왕'이라고 불렸던 에셀레드Æthered Unready가 누구인가? '에셀레드 언레디'의 고대 영어 표기는 에셀레드 언레드Æthered Unred였다. 알프레드 대왕의 이름에서 보았던 'red'는 '자문'이라는 의미의 고대 영어에서 나왔다. 그렇다면 '에셀레드 언레드'의 의미는 '자문을 못 받은 자'라는 뜻으로 볼 수 있다. 그런데 에셀레드 왕이 실정을 계속하자 'unred'를 'unready'로 해석한 것이다. 에셀레드가 통치한 시기는 978년에서 1013년, 1014년에서 1016년까지의 기간을 포함한다. 이 시기는 데인족과 잉글랜드가 치열한 전쟁을 벌인 시기이다. 그런데 에셀레드는 주위의 현명한 조언을 듣지 않고 실정을 거듭하고 만다. 그는 데인족과 전투하는 대신 자국민으로부터 막대한 세금을 거두어 데인족에게 바쳤다. 당연히 민중의 원성이 하늘을 찔렀다. 이후 데인족의 침략을 무마하기 위해 데인족에게 바친 세금을 데인겔드라고 부르게 되었다.

1002년 데인족에 대해 힘의 우위를 회복했다고 판단한 에셀레드는 잉글랜드에 거주하는 모든 데인족을 학살하라는 왕령을 내린다. 그러자 이에 분노한 덴마크의 스벤이 대군을 이끌고 잉글랜드를 침략한다. 결국 에셀레드는 처가인 노르망디로 망명길에 오른다. 앞에서 소개한 가계도를 보면 에셀레드의 왕비가 노르망디공 리샤르 2세의 누이동생 엠마이다. 노르망디 공국과 잉글랜드 왕국의 복잡한 인연은 이렇게 시작된다.

이후 역사는 다음과 같다. 스벤이 갑자기 죽자 그의 아들 크누트가 잉글랜드를 재차 침공한다. 그리고 마침내 잉글랜드 왕이 된다. 이로써 앞에서도 언급한 덴마크와 잉글랜드의 북해 제국이 탄생했다. 이제 에셀레드의 혈육은 노르망디에 남은 에드워드 왕세자밖에 없었다.

덴마크 왕이자 잉글랜드 왕인 크누트는 노르망디로 망명한 에셀레드의 왕비 엠마를 아내로 맞이했다. 엠마는 남편인 에셀레드를 따라 노르망디로 떠나지 않았었다. 그녀는 첫 번째 남편인 에셀레드와의 사이에서 에드워드를 낳았고, 두 번째 남편인 크누트와의 사이에서는 하르다크누트를 낳았다. 일단 하르다크누트는 단명했다. 짧았던 덴마크 왕조의 대가 끊어진 것이다. 그러자 잉글랜드 귀족들은 바다 건너 노르망디에 있는 에드워드를 새 왕으로 추대했다. 다시 앵글로색슨 왕조가 부활한 것이다(1042~1066). 그러나 에드워드의 처남 해럴드 2세를 마지막으로 앵글로색슨 왕조는 다시 끊어지고 만다. 노르망디공 윌리엄이 잉글랜드를 정복하고 1066년 노르만 왕조를 개창했기 때문이다.

준비 미비왕 에셀레드가 노르망디의 엠마와 결혼한 것은 훌륭한 외교적 선택이었다. 노르망디 같은 강력한 공국을 동맹국으로 묶어 둘 수 있었기 때문이다. 하지만 모든 일에는 대가가 따르기 마련이다. 망명처를 제공한 노르망디의 리샤르 2세와 로베르 1세는 잉글랜드 왕이 자신들에게 빚을 지고 있다고 생각했다. 에셀레드와 에드워드는 부전자전이었다. 주변의 현명한 조언을 듣지 않아 실정을 거듭했던 선왕처럼 에드워드의 성격도 우유부단했다. 게다가 에드워드는 잉글랜드의 현인회인 위탄에서 추인을 받아 왕이 되었던 선왕 에셀레드의 선례를 까맣게 잊고 있었다. 떡 줄 사람은 생각도 안하는데 에드워드는 노르망디에서 윌리엄에게 선심을 쓰고 있었던 것이다. 물론 영국 왕위를 물려주겠다는 약속을 하지 않고서는 편안하게 지낼 수 없었던 망명객 에드워드의 입장도 이해가 간다. 그러나 에드워드의 이 약속은 훗날 잉글랜드, 아니 서유럽의 역사를 송두리째 바꾸어 놓는 씨앗이 된다.

훗날 '참회왕'이라고 불리는 에드워드와 노르망디공 윌리엄은 친척 간이었다. 에드워드의 어머니 엠마가 윌리엄의 대고모였으니, 촌수로 따지면 에드워드는 윌리엄의 5촌 당숙부가 된다. 윌리엄의 증언에 따르면, 에드워드는 노르망디에서 망명 생활을 하고 있을 때 잉글랜드 왕위를 윌리엄에게 약속했다고 한다. 당사자들의 말을 직접 들어볼 수 없으니 윌리엄의 말을 믿어 보자. 어차피 역사는 승자의 기록이니…….

1066년 1월 5일 참회왕 에드워드가 세상을 떠났다. 왕이 죽자 24시간도 안 되어 모든 일이 이상하리만큼 일사천리로 진행되었다. 밤사이에 모종의 비밀 집회가 있었던 것처럼 보였다. 새벽 6시 왕의 서거 소식이 왕궁 밖을 넘어가기도 전에 왕의 시신은 이미 화려한 상여 위에 놓였고, 상여 행렬이 웨스트민스터 사원을 향해 움직이고 있었다. 상여는 여덟 명이 들었으며 그 뒤에는 귀족과 고위 성직자들이 따르고 있었다. 장례 행렬이 지나갈 때마다 상여에 매달아 놓은 종들이 에드워드 왕의 마지막 길을 슬퍼하듯이 울고 있었다. 런던 시민은 왕에게 마지막 작별 인사를 하려고 구름처럼 모여들었다. 왕은 이미 성인이 되어 있었다.♦ 그런데 면죄 기도 성당으로 불리던 성 피터Saint Peter 성당의 내진 바닥 아래 왕의 시신을 매장하고 포석을 덮기도 전에 귀족들은 현인회를 소집해 해럴드를 영국 왕으로 선출했다. 대관식이 진행되는 동안 해럴드는 왕관을 머리 위에 쓰고 축성을 받았다.♦♦

노르망디에 사신으로 왔던 해럴드가 잉글랜드 왕위에 올랐다는 소식이 며칠 뒤에 윌리엄에게 들어갔다. 윌리엄은 대로했다. 생전에 에드워드가 한 약속을 믿었기 때문이었을까? 하지만 윌리엄은 위기를 이용할 줄 아는 위인이었다. 해럴드를 왕위 찬탈자로 몰아갈 구실을 찾은 것이다. 윌리엄처럼 야망이 많은 사람에게 필요한 것은 전쟁

♦ 사후에 에드워드의 별명은 '참회자(the Confessor)'였다.

♦♦ 폴 쥠토르, 같은 책.

정복왕의 캐릭터를 잘 표현한 윌리엄의 상상 초상화. 프랑스에서는 위대한 정복왕으로 불리지만 영국에서는 잔인한 침략자로 인식되고 있다.

의 명분이지 현실이 아니었다.

윌리엄은 두 가지 루트로 잉글랜드 원정을 준비했다. 먼저 당시 유럽 왕국들의 헤게모니를 장악하고 있는 교황청에 특사를 파견했다. 그리고 교황에게 해럴드가 왕위 찬탈자라는 사실을 비난하며 교황의 동의를 이끌어 냈다. 교황 알렉산더 2세는 윌리엄의 손을 들어주었다. 교황은 교황기를 윌리엄에게 보냈다. 물론 윌리엄이 아무런 반대급부 없이 교황의 동의를 얻지는 않았을 것이다. 잉글랜드 원정에 성공하면 교황청에 많은 기득권을 주겠다는 약속을 했을 것이다.

두 번째로 윌리엄이 선택한 전략은 유럽에서 많은 용병 기사를 모집하는 것이었다. 인구와 국력 면에서 분명한 열세에 있던 노르망디 공국이 잉글랜드를 정복한다는 것은 현실적으로 볼 때 무모했다. 이런 열세를 만회하려고 윌리엄은 유럽 전역에서 기사를 불러모았다. 잉글랜드 원정에 성공하면 그만큼의 전리품과 영지를 가질 수 있다고 제안한 것이다. 윌리엄의 원정 제안은 소일거리가 없던 기사들에게 매력적인 제안이었다. 이렇게 해서 원정대가 구성되었다. 1만에서 1만 2천 명의 병력이 모였고, 그중 기병이 7천 명 정도였다.

헤이스팅스 전투, 잉글랜드의 운명을 바꾸다

1066년 10월 14일, 이날은 토요일이었다. 노르만 연합군과 해럴드의 잉글랜드 군대가 잉글랜드 남부 헤이스팅스 근교에 진을 치고 일전을 벼르고 있었다. 도끼를 주 무기로 사용하는 잉글랜드 군대는 허스칼Huscarl이라고 불리는 특수 부대로 구성돼 있었고, 노르만 연합군은 노르망디 출신 기사 외에도 프랑스, 브르타뉴 그리고 유럽 각지에서 온 기사들로 이루어져 있었다. 잉글랜드는 보병이 주력 부대였고, 노르만 연합군은 7천 명의 기사가 핵심 부대였다. 이런 병력 구조라면 승패는 이미 결정 난 것이나 다름이 없었다.

전투는 헤이스팅스 근교에 위치한 센락 언덕에서 벌어졌다. 잉글랜드 군대는 고지대에 방책을 치고 전투가 개시되기를 기다리고 있었고, 노르만 연합군은 저지대에서 잉글랜드 방책을 돌파할 묘수를 찾고 있었다. 오전 내내 노르만 연합군이 잉글랜드군을 공격했지만, 방어선은 무너지지 않았다. 고슴도치처럼 방어진을 치고 도끼로 무장한 허스칼 부대를 돌파할 수 없었기 때문이었다. 하지만 잉글랜드

전력에 누수가 생기고 말았다. 공격해 오는 노르만 군대를 격퇴하는 것까지는 좋았지만, 허스칼 부대가 대열을 허물고 노르만 군대를 추격하기 시작한 것이다. 노르만 군대는 이 순간을 놓치지 않았다. 노르만 군대는 일부러 퇴각하는 척하면서 진로를 바꿔 허스칼 부대의 후미를 공격했다. 허스칼 부대는 혼비백산하여 무너지고 말았다. 해럴드 국왕은 이 전투에서 눈에 화살을 맞고 절명했다.

여러분들이 이 전투 현장에 있었다고 상상해 보자. 영어를 사용하는 잉글랜드군과 프랑스어를 사용하는 노르만 연합군이 센락 언덕

노르망디 바이외에 있는 태피스트리 박물관에는 1066년에 일어난 잉글랜드 정복을 시대순으로 보여 주는 태피스트리가 보존돼 있다.

에서 치열한 백병전을 벌이고 있다. 한창 전투가 벌어지고 있는 중간에 누군가 이렇게 외쳤다.

"공작이 죽었다!"

해럴드 진영에서 퍼뜨린 거짓 정보였다. 노르만 연합군은 동요하기 시작했다. 하지만 윌리엄은 사태의 심각성을 재빨리 인식하고 투구를 벗어 자신의 얼굴을 보여 주었다. 이후 전쟁의 승리는 노르만군에게 돌아갔다.

노르망디 바이외의 태피스트리 박물관에 소장된 태피스트리 자수

(刺繡) 그림은 헤이스팅스 전투의 마지막 부분을 묘사하고 있다. 기병 중심의 노르만 군대와 보병 중심의 잉글랜드 군대의 격돌은 이미 그 승부가 예견되어 있었다. 그림 가운데 말에 타고 있는 기사가 잉글랜드의 해럴드 고드윈슨Harold Godwinson(해럴드 2세)이다. 그는 이 전투에서 눈에 화살을 맞고 현장에서 절명한다. 노르망디에 참회왕 에드워드의 특사로 파견되어 윌리엄 공에게 신서를 바치고 돌아간 해럴드의 운명은 이렇게 비참하게 끝나고 만다. 해럴드의 사망은 개인적인 불행이기도 했지만, 중세 영국사에서 가장 의미 있는 있는 사건이라고 할 수 있다.

헤이스팅스 전투는 중세 서유럽 역사에서 가장 중요한 역사적 모멘텀으로 기록된다. 먼저 웨섹스 왕조의 알프레드 대왕에서 시작된 앵글로색슨 왕조가 이 전투를 마지막으로 브리튼섬에서 종말을 고한 것이다. 아울러 이 전투 이후 잉글랜드에는 영어를 사용하는 왕조가 사라지고, 프랑스어를 모국어로 사용하는 왕들이 등장한다. 두 번째로 들 수 있는 이 전쟁의 역사적 의미는 잉글랜드가 유럽의 주 무대로 들어오게 되었다는 것이다. 수 세기 동안 북유럽 제국(諸國)의 침략을 받았던 잉글랜드에 강력한 노르만 왕조가 들어서자, 잉글랜드는 프랑스와 대등한 강력한 왕국으로 도약하게 된다. 이후 두 나라는 유럽 패권을 놓고 백년 전쟁을 벌인다. 마지막으로 게르만 문화권의 잉글랜드가 프랑스 문화권에 편입되었다는 사실을 꼽을 수 있다. 특히 1066년을 기점으로 고대 영어는 어휘의 85%를 상실하고 만다. 그 결과 현재의 영어는 동일 계통의 독일어보다 오히려 다른 계통의 언어인 프랑스어와 유사한 모습을 갖게 되었다. 실제로 영어 전체 어휘 중에서 프랑스어는 무려 29%를 차지하고 있다. 이렇게 전쟁은 그 나라의 운명뿐만 아니라 언어와 문화까지 송두리째 바꾸어 놓기도 한다.

영어를 모르는 잉글랜드 왕

1066년 12월 25일, 크리스마스가 밝았다. 이날은 두 달 전에 헤이스팅스에서 승리를 거둔 윌리엄이 잉글랜드 왕으로 즉위하는 날이었다. 노르만 신하와 잉글랜드 귀족들이 왕궁에 머물고 있던 윌리엄을 찾아왔다. 대관식이 열리게 될 웨스트민스터 대성당으로 새 왕을 모셔 가기 위해서였다.

성당 중앙 홀에는 노르만인과 영국인이 반반씩 자리 잡고 있었다. 이날 대관식은 엘드레드 대주교가 맡았다. 해럴드 2세의 대관식을 주관했던 스티갠드 대주교 대신 엘드레드 대주교를 선택한 것은 정통성을 확보하기 위해서였다. 새 술은 새 부대에 담아야 하는 법이다.

바깥에는 소요에 대비하여 무장한 기사와 많은 경비병이 성당을 에워싸고 있었다. 도유식과 대관식이 거행되기 전에 윌리엄은 신민에게 연설했다. 그의 명령에 따라 엘드레드 대주교와 윌리엄의 봉신인 조프루아 드 몽브레Geoffroi de Montbrai가 말을 이었다. 엘드레드는 영어로, 조프루아는 프랑스어로 연설을 했다. 앵글로색슨족의 나라에서 프랑스어로 대관식이 거행되는 순간이었다. 대관식에서 엘드레드 대주교가 윌리엄에게 영어로 말하면 드 몽브레가 프랑스어로 통역했다.

"여기 있는 모든 이들은 윌리엄을 당신들의 왕으로 받아들이겠는가?"

그러자 대관식에 참석한 이들은 다음과 같이 소리친다.

"윌리엄에게 천수(天壽)와 승리를!"

"To William life and victory!"

"À Guillaume vie et victoire!"

그다음 순서로 윌리엄이 엘드레드 대주교 앞에서 성경에 손을 얹고 영어로 서약한다.

"나는 예수 그리스도의 이름으로 주님의 교회와 기독교 신자를 보호할 것을 서약합니다."

이 부분에서 윌리엄은 전날 예행연습을 할 때 서툰 영어보다는 라틴어로 서약하겠다고 제안한다. 하지만 리허설을 주관했던 스티갠드는 윌리엄에게 다음과 같이 말한다.

"당신이 잉글랜드 신민들로부터 국왕으로 인정받으려면 그들의 언어를 이해해야 합니다. 당신이 영어로 서약을 한다면 신민들은 당신에게 충성을 다할 것입니다."

이제 엘드레드는 서약을 마친 윌리엄에게 왕의 홀(笏)을 건네고 왕관을 윌리엄의 머리에 씌워 준다.

대관식의 열기는 절정에 이르렀다. 성당 안에 있던 사람들이 자기

들의 언어로 "Yes"와 "Oui(프랑스어의 Yes)"를 크게 소리쳤다. 많은 사람이 외치는 소리가 성당 안에서 공명을 이루며 큰 울림이 되었다. 그런데 뜻밖의 사고가 발생했다. 밖에서 경비를 서던 경비병과 기사들이 대관식이 거행되는 홀 안에서 반란이 일어난 것으로 착각한 것이다. 소수의 노르만인이 런던 한복판에서 잉글랜드를 공식 접수하는 날인만큼 경계 수위는 최고조에 이르고 있었기 때문이다.

밖에서 이 소리를 들은 경비병들은 몸을 떨었다. 소란한 분위기가 계속 이어졌고, 성당 안팎에서 폭동이 일어날 기세였다! 병사들의 분노는 공포로 변했다. 잠도 제대로 못 자고 폭력과 파괴에 시달렸던 그들이 아니었던가? 그들은 근처 동네의 목재 집으로 들어가 현관을 부수고 타다 남은 짚단을 던졌다. 삽시간에 성당 근처 동네가 불길에 휩싸였다. 화재의 불빛이 성당 창문을 통해서 들어왔다. 사람들은 웅성거렸고 성당 중앙 홀에 모여 있던 사람들은 혼비백산하여 흩어졌다. 사람들은 강으로 달려가 물을 길어 화재를 진압하려고 안간힘을 썼다. 하지만 제정신이 아닌 군인들은 시민을 거칠게 몰아붙였고, 보물 등을 찾으려고 불 속으로 뛰어들었다. 밖에서는 군중들의 요란한 소리가 커져 가고 있었지만, 엘드레드는 윌리엄의 이마에 기름을 바르고 왕으로 축성해 주었다.♦

♦ 폴 쥠토르, 같은 책.

정복 이후

윌리엄은 대관식에서 잉글랜드 주교들의 건의에 따라 신민의 언어인 영어와 자신의 모국어인 프랑스어로 서약했다. 영어가 낯설었던 윌리엄은 라틴어 서약문을 고집하기도 했다. 하지만 국가를 통치한다는 것은 지극히 정치적인 행위를 요구한다. 영어를 전혀 구사할 줄 몰랐던 윌리엄도 대관식에서 영어로 서약하지 않았던가?

아마도 윌리엄은 런던에서 잉글랜드 왕으로 대관식을 올리면 잉글랜드 제후들이 줄을 지어 자신에게 충성의 서약을 하러 올 것이라고 예상했을 것이다. 그러나 현실은 달랐다. 지방 제후들이 끊임없이 반란을 일으켰기 때문이다. 그러자 윌리엄은 아량과 관용으로 피정복자들을 받아 줄 수 없다는 생각에 이른다. 윌리엄은 잉글랜드 제후들의 영지를 몰수하고 노르만 귀족에게 나누어 주었다. 그리고 대부분의 교구 주교들을 노르만인으로 교체했다. 이제 윌리엄에게 영어는 반란의 무리가 사용하는 언어가 된 것이다. 전해 오는 기록에 따르면 윌리엄은 영어를 배우려고 시도했다고 한다. 하지만 정복 당시 윌리엄의 나이는 38세였다. 지금은 젊은 나이에 속하지만, 당시에는 초로의 나이였다.

잉글랜드에 정착한 제1세대 노르만인에게 언어의 차이는 현지인과 인간관계를 맺는데 가장 큰 걸림돌로 작용했다. 제1세대 제후들은 언어에 관심이 거의 없었다. 그들이 구사하는 영어는 초보적인 수준이었으며, 농민에게 사용하는 영어는 서툰 언어에 불과했다. 부정확한 영어조차 꼭 필요한 경우가 아니면 거의 사용하지 않았다. 고유명사가 그런 경우였다. 노르만인은 해럴드Harold를 에로Héraud(프랑스어에서는 'h'가 묵음이다), 월서프Waltheof는 왈데프Waldef 혹은 갈데브Gualdève, 베스Baeth는 바Ba(현대 영어 베스Beth), 캔트웨러비리그Cantwarabyrig는 캉토르비르Cantorbire 혹은 칸토르비에르Cantorbière(영어의 캔터베리Canterbury)로 바꾸어 불렀다.

한편 노르만 성직자들은 두 민족이 소통하는 데 걸림돌로 작용하는 언어적 갈등을 해소하려고 노력했다. 대륙에서 건너온 그들은 원주민의 언어, 즉 영어로 설교를 할 수 있는 자들이었다. 윌리엄은 한 번도 영어로 설교하는 것을 비난하지 않았고, 영어를 없애려는 시도는 생각조차 하지 않았다. 대륙에서 성장한 제후들은 문어(文語)와 외교어는 성직자들이 사용하는 라틴어라고 생각했다. 그런데 앵글로색슨 사회는 언어적으로 전혀 다른 배경이 있었다. 정복 전에는 영어가 라틴어의 위상을 잠식하고 있었던 것이다. 윌리엄은 이런 사실을 인정할 수밖에 없었다. 윌리엄은 통치 초기에 에드워드 왕의 비서들을 유임하고, 왕의 교서를 영어로 작성하도록 내버려 두었다. 하지만 윌리엄은 곧바로 라틴어로 회귀했다. 라틴어는 버림받은 언어였기에 반감이 없을뿐더러, 봉건 국가들이 전통적인 규범으로 여기는 언어였다. 한편 연대기 작가인 오르드릭 비탈에 의하면 윌리엄은 영어를 배우려는 생각도 했다고 한다. 그 이유는 새로운 신민(臣民)이 왕에게 요구하는 내용을 통역 없이 이해하고 싶었기 때문이었다. 하지만 노쇠해진 왕의 기억력은 이런 노력에 걸림돌이 되었다. 게다가 해결해야 할 일이 산적해 있던 까닭에 윌리엄은 영어를 배우는 취미를 포기했다. 하지만 그의 아들 헨리는 어려서부터 영어를 배웠다고 한다. 물론 헨리의 모국어는 프랑스어였지만 신민의 언어인 영어도 그에게는 중요했기 때문이다.

정복 이후 대부분의 앵글로색슨인은 프랑스어를 배우지 않았다. 그러므로 노르만인이 주재하는 재판은 통역사에 의해서 진행되었다. 재판 중에 얼마나 많은 오역(誤譯)이 있었을지 짐작하고도 남는다. 당시 사회적 배경은 이러했을 것이다. 즉 2개 국어를 사용하는 사람들은 별로 없었고, 두 언어가 공존하는 상황이 현실에 더 가까웠을 것이다. 프랑스어를 사용하는 자들은 소수였지만 지배층이었고, 다수의 앵글로색슨인은 피지배 계층이었다. 공식 문서에 사용하는 라틴어는 두 언어의 갈등을 봉합해 주었다. 한편 사회적 위상이 다른 두 언어, 즉 프랑스어와 영어의 공존 상황에서 언어의 간섭이 일찍부터 일어났는데, 고유 명사에서 특히 이런 현상이 두드러졌다. 1066년 이후에 태어난 아이에게 윌슨Wilson, 리처드슨Richardson 같은 이름이 자주 보이는데, 그 뜻은 '윌리엄의 아들', '리처드의 아들'이다. 노르만족 이름에 영어 단어가 합성되어 만들어진 이름들이다. 노르만 이름인 드빌Deville, 몽브레Montbray, 생레제Saint-Léger는 영어에서 드빌Devil, 머메리Mummery, 셀린저Sallenger가 되었다.

영국 역사에서 윌리엄의 잉글랜드 정복과 노르만 왕조의 개창은 앵글로색슨 왕조의 종말을 고하게 만든 역사적인 사건이었다. 어떤 이들은 윌리엄이 많은 영국인의 조상이라고 말한다. 그 근거로 윌리엄이 현재 영국 왕실의 조상이라는 사실을 언급한다. 실제로 현재 영국 왕실은 윈저 왕조인데, 이전의 하노버 왕조, 스튜어트 왕조, 튜더 왕조, 플랜태저넷 왕조 모두 윌리엄이 개창한 노르만 왕조의 후예들이다. 그런 점에서 일부 계보학자는 현재 영국인의 약 25%가 윌리엄과 친족 관계에 있다고 주장한다. 프랑크 왕국의 샤를마뉴 대제가 유럽인의 공통 조상인 것처럼 윌리엄은 많은 영국인의 공통 조상인 것이다.

윌리엄의 언어, 영어를 바꾸다

언어는 사회 계층 간의 교류를 통하여 많은 영향을 받기도 하고 사라지기도 한다. 1066년에 잉글랜드를 정복한 윌리엄의 언어, 즉 프랑스어는 영어의 운명을 송두리째 바꾸어 놓았다. 영어사는 1066년을 기준으로 영어를 고대 영어Old English와 중세 영어Medieval English로 구분한다. 그런데 정복자의 언어인 프랑스어의 유입으로 고대 영어 어휘의 85%가 사라졌다면, 프랑스어의 영향이 어떠했는지 짐작하고도 남는다.

본래 외국어가 영향을 미치는 분야는 전문 지식이나 법률 혹은 교양과 관련된 분야이다. 다시 말해 일상생활에서 많이 사용하는 말들은 외국어의 영향을 상대적으로 덜 받는 영역이다. 한국어의 많은 부분을 차지하는 한자어 중 우리가 일상적으로 사용하는 말, 즉 친족명, 신체 부위, 수사, 천체명, 동식물명에는 우리 고유어가 그대로 남아 있다. 그런데 영어는 기본 어휘조차 프랑스어에 의해 사라지거나 용도가 축소된 경우가 많다.

'공기'를 뜻하는 영어 단어 air가 좋은 예이다. 본래 고대 영어에는 공기를 뜻하는 말이 두 개 있었다. 지금은 날씨를 뜻하는 weather가 본래 '공기'나 '하늘'을 의미하는 말이었고, 여기에 loft라는 단어에도 같은 의미가 있었다. 그런데 영어의 air는 그 뿌리가 다르다. 프랑스어 air(프랑스 발음은 에르)가 앞에서 소개한 고유어들을 밀어내고 영어에 자리 잡은 것이다. 그 결과 weather는 '날씨'의 의미로 축소되었고, loft는 '건물의 상층'이라는 의미가 되었다. 이와는 반대로 고유어를 잘 지킨 독일어는 luft라는 말이 '공기'라는 의미로 지금도 사용되고 있다.

같은 이유로 '얼굴'을 의미하는 영어 face 역시 프랑스어에서 들어온 말이다. '얼굴'이라는 기본 말조차 밀물같이 몰려오는 프랑스어의 파도를 견디어내지 못하고 사라진 것이다. 나이를 뜻하는 age도 같은 길을 걸었다. 본래 고대 영어에는 iedu가 나이를 가리키는 말이었는데 프랑스어 âge(발음은 아주)에 자리를 내주고 말았다. 만약 한국어에서 '나이'라는 말이 사라지고 한사어인 '연령'만 남아 있다면, 우리는 "제 연령은 24세입니다."라고 말해야 할 것이다.

왕국 수도를 윈체스터에서 런던으로 옮긴 윌리엄의 궁정은 프랑스어를 사용하는 귀족이 넘쳐났다. 자연스럽게 그들은 프랑스어로 잉글랜드 왕정의 교양어를 대체하기 시작했다. 예를 들어 본래 고대 영어에서 '아름다움'을 의미하던 말은 wlite였는데 프랑스어 beauté(보테)가 영어에 들어가 beauty가 되었다. 영어에서 낯선 3중 모음의 철자는 이렇게 생겨났다. '여가'를 의미하는 leisure 역시 중세

:: 정복 이후 프랑스어는 상급 문화와 관련된 어휘를 영어에 제공했다.

영어	프랑스어	영어	프랑스어
fashion(패션)	façon[파송]	dress(드레스)	dresser[드레세]
apparel(의류)	appareil[아파레유]	habit(습관)	habit[아비]
robe(법복)	robe[로브]	garment(의복)	garnement[가른망]
collar(칼라)	col[콜]	veil(베일)	voile[브왈]
buckle(버클)	boucle[부클]	button(단추)	bouton[부통]
boots(장화)	bottes[보트]	scarlet(진홍색)	écarlate[에카르라트]
ivory(아이보리)	ivoire[이부아르]	pearl(진주)	perle[페를]
diamond(다이아몬드)	diamant[디아망]	emerald(에메랄드)	émeraude[에메로드]

프랑스어 leisir(레지르)에서 들어간 말이다. 여가는 귀족의 전유물이었기 때문에 자연스럽게 지배층의 언어인 프랑스어에서 나온 말이다.

프랑스어 어휘는 영어의 요리, 조리법과 관련된 분야에 집중적으로 들어갔다. 식도락이 귀족의 전유물이었던 시대였으므로 그랬을 것이다. 영어의 거의 모든 식재료와 조리법이 대부분 프랑스어에서 왔는데, 다만 '빵'을 의미하는 bread는 고유 영어이다. 빵이 앵글로색슨 농민의 주식이었으므로 프랑스어가 들어갈 여지가 없었던 것이다. 정복왕 윌리엄의 언어는 이렇게 영국인의 식탁을 바꾸어 놓았다.

:: 영어에서 요리와 관련된 어휘들은 대부분 프랑스어에서 왔다. 식도락은 귀족들의 전유물이기 때문이다.

영어	프랑스어	영어	프랑스어
dinner(저녁)	dîner[디네]	perch(농어)	perche[페르슈]
supper(야찬)	souper[수페]	oyster(굴)	huître[위트르]
appetite(식욕)	appétit[아페티]	veal(송아지 고기)	veau[보]
taste(맛)	tâter[타테]	tripe(소, 돼지의 위)	tripe[트리프]
salmon(연어)	saumon[소몽]	pullet(어린 닭)	poulet[풀레]
beef(소고기)	bœuf[뵈프]	pottage(수프)	potage[포타주]
sausage(소시지)	saucisse[소시스]	lettuce(상추)	laitue[레튀]
fruit(과일)	fruit[프뤼]	raisin(건포도)	raisin[래쟁]
fig(무화과)	figue[피그]	pastry(페이스트리)	pâtisserie[파티스리]
tart(타트)	tarte[타르트]	jelly(젤리)	gelée[줄레]
cherry(체리)	cerise[스리즈]	peache(복숭아)	pêche[페슈]
herb(허브)	herbe[에르브]	spice(양념)	épice[에피스]
viengar(식초)	vinaigre[비네그르]	mustard(겨자)	moutarde[무타르드]
boil(끓이다)	bouillir[부이르]	roast(굽다)	rôtir[로티르]
stew(스튜)	étuver[에튀베]	cinnamon(계피)	cinnamome[시나몸]
fry(튀기다)	frire[프리르]		

프랑스어, 17세기까지 영국 법원에서 사용되다

정복왕 윌리엄은 정복 이후 노르만 공국의 사법 제도를 잉글랜드에 빠르게 정착시켰다. 그 결과 영어의 prison과 justice는 철자 하나 틀리지 않고 현대 프랑스어와 동일하다. 노르망디의 사법 제도가 잉글랜드에 수입된 결과이다. 정복 이후의 영국 법원으로 가 보자. 영국인은 법원에서 영어로 자신들의 요구를 설명한다. 그러면 노르만인 관리들은 일단 프랑스어로 받아 적는다. 그리고 최종 단계에서는 라틴어로 문서를 작성한다. 마치 조선 시대에 모든 공문서를 한자로 작성했던 것과 마찬가지이다.

윌리엄은 정복 이후 프랑스어로 왕령을 공포했다. 그는 포고문에서 선왕(先王) 에드워드가 왕국을 법령에 따라 통치했던 것처럼 자신도 같은 방식으로 잉글랜드 신민에게 자신의 법을 적용한다고 선언한다. 그런데 문제는 법령의 언어가 영어가 아니라 프랑스어였다는 사실이다. 물론 정복 이후 초기 노르만 왕조는 라틴어로 법령과 공문서를 작성한다. 잉글랜드 왕국의 토지 대장에 해당하는《둠스데이

북Doomsday Book》이 라틴어로 기록된 좋은 예이다. 이후 프랑스어로 작성된 최초의 헌장은 1170년에 공포되었고, 프랑스어 헌장들이 본격적으로 작성되어 공포되기 시작한 시기는 13세기 이후이다. 예를 들어 1250년에서 1260년 사이에 영국의 관습법인 '보통법Common law'이 프랑스어로 작성되었고, 에드워드 1세(1272~1307)는 최초로 프랑스어를 공식 입법 언어로 사용하기 시작했다. 결국 윌리엄의 정복이 있은 지 2세기가 지나서야 프랑스어는 공식적인 입법 언어로 자리 잡게 된 셈이다.

사법부의 공식 언어로 자리 잡은 언어를 학자들은 'Law French'라고 부른다. Law French는 왕실과 귀족층의 교양 언어, 즉 구어로서의 프랑스어가 아니라, 2세기 동안 라틴어와의 경쟁을 통해 라틴어를 밀어내고 법원의 공식 언어로 자리 잡은 문어로서의 프랑스어를 가리킨다. Law French는 영국 법원에서 17세기 중반까지 사용됐다. 정복이 있은 지 6세기가 지난 뒤까지도 프랑스어의 그림자는 여전했던 것이다. 몇 가지 Law French의 예를 소개해 보자.

영어 단어 jury는 '배심원'을 뜻한다. 배심제는 영미 사법 제도의 근간을 이루는데 jury라는 말의 탄생 배경은 이러하다. 노르만인은 정복 이후 잉글랜드 지방 자문회의에 조사 위원회를 도입했는데, 구성원은 선서를 한 대표들로 이루어져 있었다. 그들은 '심사원juré'이라고 불렸는데, 이들은 12세기까지 행정직과 관련된 임무만 수행하다가 나중에는 사법적 역할도 맡았다. 이후 '심사원'을 뜻했던 juré는 재판의 '배심원jury'이 되었다.

본래 jury라는 말은 노르만 방언 jurer(맹세하다)에서 나왔다. 즉 재판에서 거짓을 말하지 않고 진실만을 증언할 것을 서약한 사람을 말한다. 또 다른 예로는 변호사를 뜻하는 attorney-at-law에서 나온 attonrey를 들 수 있는데, 이 말은 중세 프랑스어로 '임무를 부여받은'을 뜻하는 attorné에서 나왔다. 법원을 의미하는 영어의 court도 프랑스어로 '마당'을 나타내는 cour에서 유래했다. 중세 재판은 영주가 거처하는 마당에서 열렸기 때문이다.

중세 서유럽 역사에서 가장 큰 사건은 노르망디공 윌리엄의 잉글랜드 정복일 것이다. 이 정복으로 영국이 유럽의 주 무대로 나왔고, 노르망디의 체계적인 국가 시스템을 받아들여 유럽의 강자로 떠오를 수 있었기 때문이다. 그런데 이때 영어는 고유한 특징을 대부분 상실하고 많은 프랑스어 어휘를 차용하게 되었다. 그 결과 같은 게르만 계통인 독일어보다 라틴어 계통의 프랑스어와 더 비슷해졌다. 하지만 전화위복이란 말처럼 영어의 시련은 영어가 국제어로 발돋움하는 데 오히려 발판이 되었다. 영어라는 창고에 서양어의 근간을 이루는 라틴어와 중세 유럽을 호령했던 프랑스어의 자원이 많이 들어갔기 때문이다. 두 언어가 영어 어휘에서 차지하는 비율은 무려 60%에 이른다. 따라서 라틴어의 후예인 프랑스어와 스페인어, 포르투갈어 사용자에게 영어는 낯선 언어가 아니었다. 영어가 국제어로 자리 잡게 된 배경에는 이런 운도 있었다.

영어를 못했던 영국 왕

사자심왕 리처드

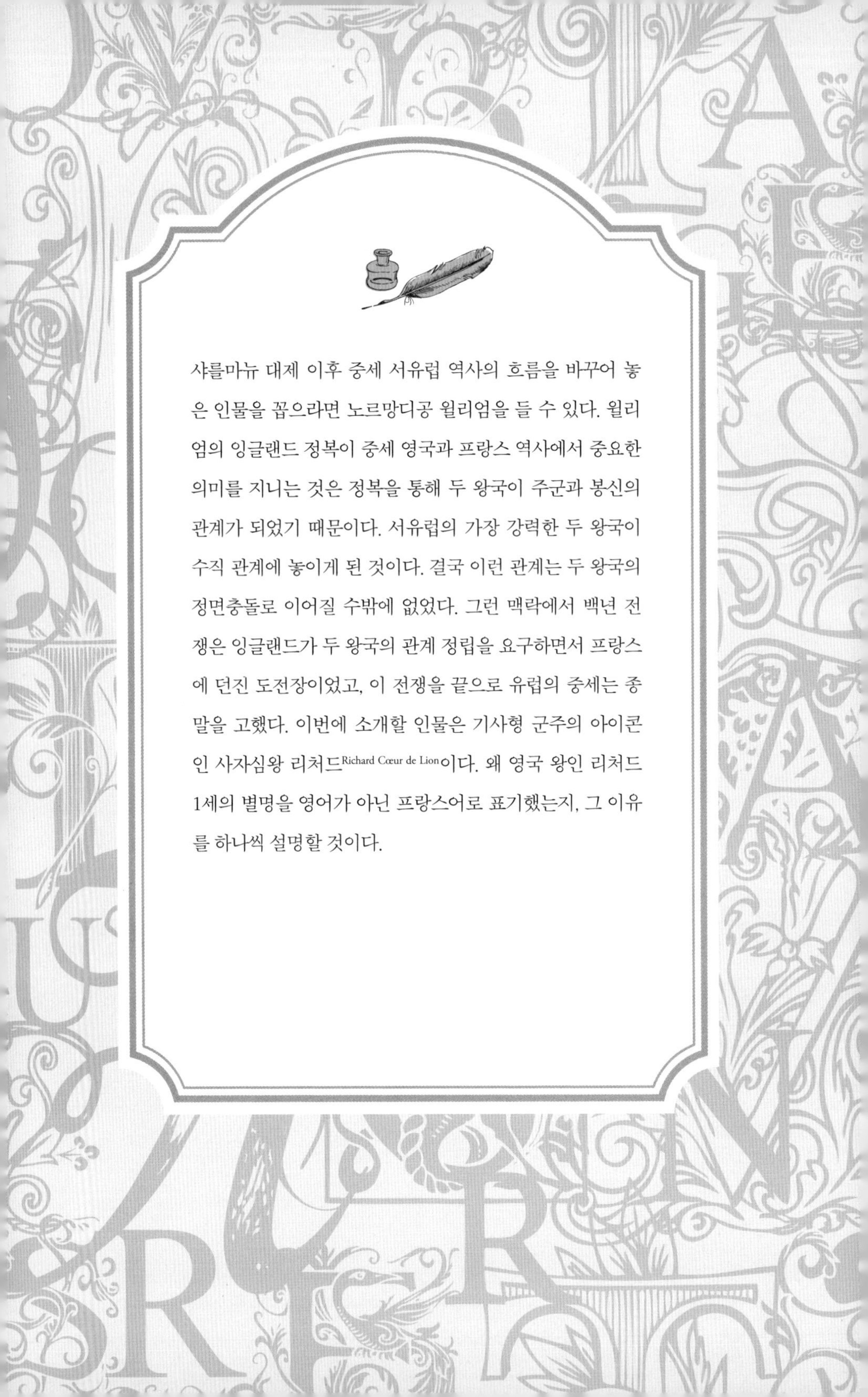

샤를마뉴 대제 이후 중세 서유럽 역사의 흐름을 바꾸어 놓은 인물을 꼽으라면 노르망디공 윌리엄을 들 수 있다. 윌리엄의 잉글랜드 정복이 중세 영국과 프랑스 역사에서 중요한 의미를 지니는 것은 정복을 통해 두 왕국이 주군과 봉신의 관계가 되었기 때문이다. 서유럽의 가장 강력한 두 왕국이 수직 관계에 놓이게 된 것이다. 결국 이런 관계는 두 왕국의 정면충돌로 이어질 수밖에 없었다. 그런 맥락에서 백년 전쟁은 잉글랜드가 두 왕국의 관계 정립을 요구하면서 프랑스에 던진 도전장이었고, 이 전쟁을 끝으로 유럽의 중세는 종말을 고했다. 이번에 소개할 인물은 기사형 군주의 아이콘인 사자심왕 리처드Richard Cœur de Lion이다. 왜 영국 왕인 리처드 1세의 별명을 영어가 아닌 프랑스어로 표기했는지, 그 이유를 하나씩 설명할 것이다.

알리에노르,
프랑스 왕비에서 잉글랜드 왕비로

트로이 전쟁은 한 여인을 차지하려는 두 남자의 사랑에서 비롯되었다. 제우스의 딸인 절세미인 헬레나를 사이에 두고 스파르타 왕 메넬라오스와 트로이 왕자 파리스가 벌인 이 전쟁은 그리스 세계를 온통 전쟁의 소용돌이로 몰아넣었다. 트로이 전쟁의 주인공들을 이번 이야기의 주인공으로 치환해 보자. 12세기 서유럽의 팜므 파탈인 알리에노르Aliénor는 헬레네, 루이 7세는 메넬라오스, 헨리 2세는 파리스이다. 그리고 116년 동안 온 유럽을 전쟁으로 몰아갔던 백년 전쟁은 트로이 전쟁에 비유할 수 있다. 사자심왕 리처드(리처드 1세)의 이야기를 하기 전에 알리에노르를 먼저 소개하는 것은 그녀가 리처드의 어머니였을 뿐만 아니라, 12세기 후반부 서유럽 역사를 말할 때 그녀를 언급하지 않고 넘어갈 수 없기 때문이다.

프랑스 남서부 광활한 아키텐 공작령의 상속녀로 태어난 알리에노르는 열다섯 살 때 루이 6세의 아들(훗날의 루이 7세)과 결혼했다. 이 결혼은 프랑스 왕국이 남서 지방까지 영지를 넓힐 좋은 기회였으며,

알리에노르도 든든한 주군을 확보할 수 있었기 때문에 일석이조의 결혼이었다. 하지만 그녀의 남편인 루이 7세와 알리에노르가 추구한 사랑은 지향점이 달랐다. 루이 7세는 세속적인 사랑에 관심이 없었고, 오직 경건한 신앙생활에만 관심이 있었다. 결국 재색을 겸비한 알리에노르는 남편으로부터 받는 플라토닉 사랑에 싫증이 나고 말았다. 게다가 두 부부에게 딸만 태어나자 부부 사이는 점점 멀어졌다.

루이 7세에 대한 사랑이 식은 알리에노르는 새로운 남자를 찾아 나선다. 프랑스의 유력한 제후들이 주 관심 대상이었다. 마침내 그녀는 루이 7세와 이혼하고 앙주 백작이자 노르망디 공작인 헨리 플랜태저넷Henri Plantagenêt(프랑스명 앙리 플랑타주네)과 결혼한다. 본래 그녀는 헨리의 아버지인 조프루아 5세(앙주 백작)와 결혼하려고 했지만, 조프루아 5세가 사망하자 그의 아들인 헨리와 결혼한 것이다. 헨리(훗날의 헨리 2세)는 알리에노르보다 열두 살 아래였다. 헨리는 1153년 잉글랜드 왕위에 올랐고, 노르만 왕조를 이어 플랜태저넷 왕조의 시조가 되었다. 헨리 2세는 어머니인 마틸다로부터 잉글랜드를, 아내인 알리에노르에게서는 아키텐 공작령을 받았다. 아버지인 조프루아 5세로부터는 앙주와 멘, 노르망디를 상속받았다. 이렇게 해서 헨리 2세는 잉글랜드와 프랑스 왕국의 많은 제후령을 소유하게 되었다. 하지만 프랑스 왕에게는 여전히 신서의 의식을 바쳐야 했다. 윌리엄 공이 잉글랜드의 왕이 된 후 잉글랜드 왕은 프랑스 왕의 봉신이 되었기 때문이다.

루이 7세는 자신이 얼마나 많은 것을 잃었는지 나중에 알게 되었다. 헨리 2세의 제국은 플랜태저넷 제국(앙주 제국이라고도 불린다)으로 불렸는데, 영국과 프랑스 왕국의 거의 절반을 차지한 강력한 제국이 되었다. 트로이 전쟁에서 헬레나가 그리스 세계의 운명을 바꾸었듯이 알리에노르 역시 프랑스와 영국의 지도를 바꾸어 놓았다.

헨리 2세의 자식들

윌리엄이 잉글랜드를 정복한 해는 서기 1066년이다. 당시 잉글랜드 사회의 언어 지도를 요약해 보면 이러하다. 정복 이후 잉글랜드에 들어선 노르만 왕조는 프랑스 계통 왕조였다. 그 결과 왕실과 지배층을 구성한 노르만 귀족은 자신들의 모국어인 노르만 방언, 즉 중세 프랑스어를 사용했지만, 절대다수인 앵글로색슨 농민은 영어를 사용하고 있었다.

윌리엄의 정복이 있은 지 한 세기 정도의 시간이 흘러 영어가 다시 잉글랜드에서 제1언어로 부활하려는 분위기가 무르익고 있었다. 그런데 노르만 왕조를 이은 플랜태저넷 왕조의 시조 헨리 2세는 100% 프랑스인이었다. 게다가 헨리 2세의 왕비인 알리에노르 역시 프랑스 출신이 아니던가? 플랜태저넷 왕조는 이제 막 부활하려는 영어의 앞길을 정면으로 막아버렸다.

알리에노르와 첫 번째 남편인 프랑스의 루이 7세 사이에는 두 명의 딸만 태어났다. 하지만 잉글랜드의 헨리 2세와 재혼한 알리에노르는 헨리 2세에게 네 명의 왕자를 낳아 주었다.

이번 이야기의 주인공인 사자심왕 리처드는 헨리 2세와 아키텐의 알리에노르 사이에서 두 번째 아들로 태어났다. 그러므로 리처드는 왕위에 오를 수 있는 왕자가 아니었다. 리처드 이야기를 하기 전에 맏아들 헨리의 이야기를 잠시 해 보자. 헨리 2세의 맏아들은 아버지 이름을 물려받았다. 장남에게 아버지 이름을 주는 게르만 전통에 따른 것이다. 아들 헨리는 열다섯 살이 되던 1170년, 헨리 2세가 아직 왕위에 있을 때 공동 국왕이 되었다. 생전에 왕위를 물려주는 이유는 미리 후계자를 확정해 왕위 계승과 관련된 분쟁을 사전에 방지하기 위함이었다. '청년왕' 헨리는 프랑스 왕녀 마르그리트와 결혼하는데, 그녀는 알리에노르의 전남편, 즉 루이 7세가 카스티야의 콩스탕스와 재혼하여 낳은 딸이었다. 헨리가 다섯 살 그리고 마르그리트가 두 살 때의 일이니 결혼보다는 정혼(定婚)에 가깝다. 이는 헨리의 조상인 앙주 백작 가문이 프랑스 왕에게 빼앗긴 백생 지방을 차지하기 위한 정략결혼이었다. 그 결과 두 왕국 사이에 백생 지방을 놓고 격렬한 분쟁이 벌어진다.

청년왕 헨리는 공동 국왕이 된 지 4년이 되던 해인 1173년 반란을 일으킨다. 말만 공동 국왕이지 실권이 없는 자신의 처지에 불만을 품고 아버지에게 칼을 들이댄 것이다. 이런 분란의 전통은 헨리의 집안, 즉 앙주 백작의 집안에서 자주 목격되던 전통이었다. 연대기 작가들은 헨리 2세의 기구한 운명이 플랜태저넷 왕조의 오랜 가문력이라고 말한다. 그의 아버지인 앙주 백작 조프루아Geoffroy 5세의 집안에

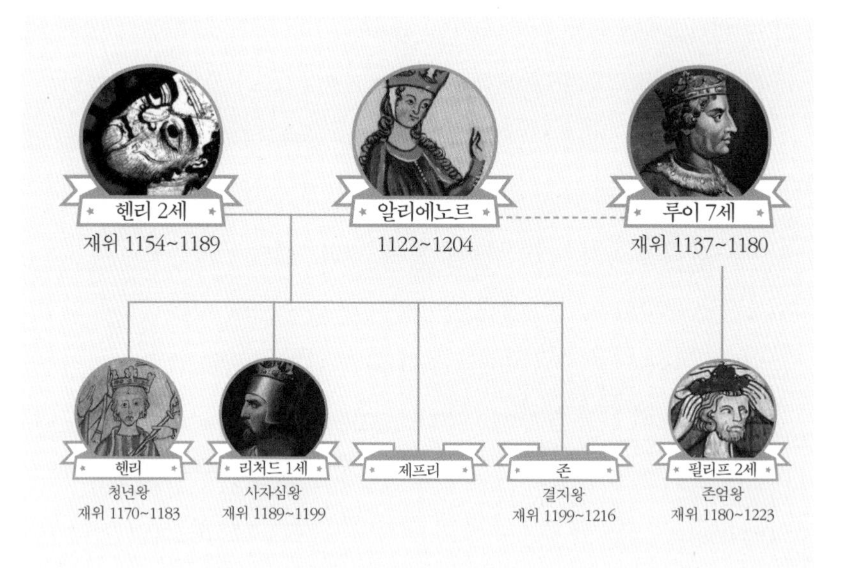

알리에노르의 혼인 가계도. 프랑스 왕비에서 잉글랜드 왕비가 된 전설적인 여인이다. 알리에노르는 아들 중에서 리처드를 가장 아꼈다고 한다.

는 무서운 이야기 하나가 전해 내려온다. 그의 조상 중에는 자기 처를 산 채로 화형하고, 자기 자식들에게 사지를 편 채 땅에 엎드리게 하여 등 위에 말처럼 안장을 짊어지게 하고 사죄를 받았다는 검은 풀크Fulke the Black 공(公)도 있었다. 그래서인지 헨리 2세의 차남(사실은 3남) 리처드는 모두가 악마에서 태어나 악마에게 돌아가는 이런 집안은 산산이 갈라져야 한다고 투덜댔다. 실제로 한 왕자는, 아마 리처드였을 것이다, 부왕의 사신에게 다음과 같은 말을 했다고 한다.

우리 가문에는 형제가 서로 싸우고 아들들은 모두 아버지에게 칼을 들이대는 전통이 있는데, 이 전통은 조상으로부터의 유전으로 우리 핏줄 속에 흐르고 있다는 것을 그대는 잘 알고 있을 것이다.

청년왕 헨리의 반란은 실패로 돌아간다. 여론이 헨리 2세의 편이었기 때문이다. 이후 청년왕 헨리는 아버지와 동생인 리처드에 대항하지만, 전투 중에 사망한다. 이제 플랜태저넷의 왕위 계승 후보는 리처드와 존밖에 남지 않았다. 리처드의 동생 제프리는 프랑스에서 머물다가 마상 사고로 이미 세상을 떠났기 때문이다.

리처드 1세, 잉글랜드에 없었던 군주

잉글랜드에서는 리처드 1세, 프랑스에서는 '사자심왕' 리처드라고 불리는 이 군주는 헨리 2세의 셋째 아들로 태어났다. 하지만 첫째인 윌리엄이 어린 시절에 죽었기 때문에 보통 둘째 아들로 불린다. 리처드는 청년왕 헨리에 이어 왕위 계승 서열 2위였다.

리처드(프랑스명은 리샤르)라는 이름은 부왕인 헨리 2세의 조상에게서 나왔다. 헨리 2세의 외조부는 헨리 1세인데, 그의 부친이 저 유명한 정복왕 윌리엄이다. 그리고 윌리엄의 조부(祖父)가 노르망디의 4대 공작 리샤르 2세이다. 다시 말해 헨리 2세는 자기 조상 이름을 아들에게 붙여 준 것이다. 리처드는 옥스퍼드의 보몽Beaumont 성에서 1157년에 태어났다. 하지만 그는 어머니 알리에노르의 영지인 프랑스 아키텐 공작령에서 어린 시절을 보냈다. 1168년에 푸아티에 백작과 아키텐 공작이 된 리처드는 1172년 공동 국왕이었던 청년왕 헨리가 사망하자 왕세자 자리뿐만 아니라 노르망디와 앙주 지방의 상속자가 된다. 1189년 부왕 헨리 2세가 세상을 떠나자 리처드는 리처드 1세로 잉

——— 웨스트민스터 국회의사당 앞에 있는 리처드 1세의 기마상. 왕의 모국어가 프랑스였던 만큼 프랑스어로 '사자심왕 리처드 1세Richard I Cœur de Lion'라고 적혀 있다.

글랜드 왕위에 오른다. 그런데 리처드는 10년간(1189~1199) 재위하면서 잉글랜드에는 불과 여섯 달(1189년 8월 13일~12월 12일, 1190년 3월 13일~5월 중순)만 머물렀다고 한다. 어린 시절부터 프랑스 아키텐에서 자랐던 리처드는 잉글랜드 왕이 되었어도 잉글랜드에 대한 애정이 거의 없었던 군주로 알려져 있다. 게다가 그는 영어를 말할 줄 몰랐고 오직 프랑스어만 구사하던 잉글랜드 군주였다. 다시 말해 영국인에게는 이방인 같은 군주였다. 유럽 중세의 군주가 자신이 다스리는 신민들의 언어를 사용하지 않았던 대표적인 경우다.

사자심왕 리처드는 기사형 군주의 모델로 알려져 있다. 그런데 그는 왕위에 오르기 전까지 기사들의 용기를 증명하는 마상 시합에 한 번도 출전한 적이 없었다고 한다. 그 이유는 불필요한 마상 시합이 귀족의 인원을 줄일 뿐이며 물자 낭비라고 생각했기 때문이었다. 하지만 왕이 된 뒤에는 마상 시합의 개최를 허락했다고 한다. 단 세 가지 조건이 있었다. 첫째, 마상 시합에 참여하려면 왕의 허락을 받아야 하고, 그러기 위해서는 참가비를 왕에게 지불해야 했다. 둘째, 시합은 정해진 장소에서만 할 수 있었다. 셋째, 마상 시합을 군사 훈련의 일환으로 허락하며, 그로 인한 수입은 왕에게 귀속된다는 것이다.◆

부왕 헨리 2세의 통치가 길어지자 공동 국왕인 청년왕 헨리와 리

◆ Georges Minois, *Richard Cœur de Lion*, édition Perrin, 2017

처드, 동생인 브르타뉴 공작 제프리는 연합해 1173년 아버지에게 반란을 일으킨다. 앙주 백작 집안의 후손답게 아버지에게 칼을 겨눈 것이다. 이런 반란은 중세 서유럽에서 흔히 찾아볼 수 있었다. 권력은 부자지간에도 나눌 수 없기 때문이다. 헨리 2세는 자식들의 반란을 진압하고 아들들을 용서한다. 그런데 이 반란의 주모자는 용서하지 않았다. 그 주인공은 다름 아닌 왕비 알리에노르였다. 알리에노르는 1173년부터 헨리 2세가 죽는 1189년까지 15년 동안 잉글랜드의 여러 성에서 유폐 생활을 했다. 알리에노르는 다섯 명의 아들 중에서 리처드를 가장 아꼈다고 한다. 그래서 헨리 2세는 알리에노르를 리처드와 가장 만나기 어려운 곳에 유폐했다고 한다.

사자심왕 리처드의 또 다른 별칭은 'Yes or No man'이다. 본래 이 말은 중세 남부 프랑스 지방의 방언인 오크Oc어 'Òc e Non(오크 에 논)'에서 나온 말이다. 이 말은 오크어로 yes를 의미하는 'Òc'와 no를 의미하는 'Non'으로 이루어져 있는데, 변덕이 죽 끓듯이 심한 리처드의 성격을 잘 보여 준다. 오크어는 중세 프랑스어 방언 중에서 아키텐 지방을 중심으로 사용되던 언어이다. 혹자는 그런 이유에서 사자심왕 리처드가 말했던 프랑스어는 파리 지방 언어가 아니라 남부 지방의 방언이라고 주장한다. 그는 또한 문학에도 조예가 깊었는데 어머니처럼 음유시인Troubadour의 후원자를 자처하기도 했다. 어쨌든 리처드 1세의 모국어가 프랑스어였다는 사실과 그가 영어를 사용하지 않았다는 사실은 분명해 보인다.

십자군의 영웅, 기독교도의 포로가 되다

서기 1187년, 기독교 성지 예루살렘이 이교도에게 함락됐다. 1099년 1차 십자군 원정의 승리로 세운 예루살렘 왕국이 붕괴 직전에 놓인 것이다. 사라센 지도자는 이슬람의 전설적인 영웅이자 이집트와 시리아의 술탄 살라딘이었다. 1차 십자군 원정에서 예루살렘을 점령한 십자군은 이슬람교도와 유대인을 무차별적으로 학살했다. 예배당에 피신한 유대교인을 끌어내 솥에 삶았고, 이슬람교도가 금화를 삼켰다는 소문이 돌자 그들의 배를 갈랐다고 한다. 이와 달리 살라딘은 기독교도를 학살하지 않았고, 노약자와 아이 그리고 여자는 풀어 주었다고 한다.

예루살렘이 함락되었다는 소식이 유럽에 전해지자 교황 우르바노 3세는 충격으로 사망했고, 뒤를 이어 교황이 된 그레고리오 8세는 유럽의 강국인 프랑스와 잉글랜드에 원정을 호소한다. 당시 잉글랜드 국왕은 플랜태저넷 제국의 시조인 헨리 2세였고, 프랑스는 필리프 2세(존엄왕)였다. 그런데 두 왕국은 유럽의 패권을 놓고 서로의 영역이 겹치는 영지, 즉 노르망디와 아키텐 지방에서 전쟁을 벌이고 있었다. 게다가 이 무렵 헨리 2세의 셋째 아들인 리처드가 아버지에게 반란을 일으키자 잉글랜드는 혼돈에 빠져 있었다.

교황의 호소 덕분에 유럽의 제후들이 십자군 원정에 동참한다. 1189년에 신성 로마 제국 황제인 프리드리히 1세('붉은 수염의 바르바로사'라고 불렸다)가 제일 먼저 성지를 향하여 출발했다. 하지만 황제는 킬리키아(키프로스 북쪽 해안 지역)의 살레흐강에서 익사하고 만다. 이후 황제의 군대는 제대로 힘도 써 보지 못하고 십자군 원정에서 패퇴했다.

이제 3차 십자군 원정의 지도자는 두 명만 남았다. 잉글랜드의 리처드 1세와 프랑스의 필리프 2세가 그 주인공이었다. 역사에서는 이들을 최대의 라이벌로 부른다. 리처드는 부왕인 헨리 2세로부터 잉글랜드, 노르망디, 앙주 그리고 어머니인 알리에노르에게 광활한 아키텐 공작령을 물려받았다. 프랑스 국왕인 필리프 2세는 프랑스 왕국의 영지를 최대한 확장해 왕권을 신장시킨 유능한 군주였다. 하지만 프랑스 왕국 안에 영국 왕의 영지가 너무 많았다. 특히 노르망디는 프랑스 왕국의 알토란 같은 지방이었다. 어린 시절 푸아투의 백작궁에서 유년 시절을 보낸 리처드와 필리프는 친구이기도 했고, 리처드가 헨리 2세에게 반란을 일으켰을 때는 필리프가 리처드의 든든한 동맹이었다. 하지만 왕국의 패권을 놓고 두 군주는 원수지간이 된다. 그러던 차에 두 사람이 십자군 원정에 나서게 된 것이다.

두 군주는 같은 날 성지(聖地)로 떠나자고 서로에게 제안한다. 특히 리처드는 자신이 왕좌를 비워놓고 떠나 있을 때 필리프가 노르망디를 침공할 것으로 생각하고 있었다. 결국 두 사람은 함께 해로를 통해 성지로 떠났다. 그런데 이들의 라이벌 의식이 원정길에서 드러난다. 리처드는 병력을 가장 많이 동원한 자신이 십자군의 리더가 돼야 한다고 주장했지만, 필리프의 생각은 달랐다. 영국 왕은 프랑스 왕의 봉신이기 때문에 주군(主君)인 자신이 원정대 사령관이 되어야 한다고 주장한 것이다. 3차 십자군 원정의 성패는 이때 방향이 정해지고 있었다.

성지에 도착한 리처드는 종횡무진 활약하며 무용을 떨쳤다. 당시 십자군의 사령부는 세 명의 군주로 구성되어 있었다. 리처드 1세와 필리프 2세, 오스트리아 공작 레오폴드 5세가 지휘관들이었다. 그런데 레오폴드는 왕이 아니라 공작이었으므로 두 사람보다 지위가 낮았다. 특히 리처드 1세와 레오폴드 5세는 사이가 좋지 않았다. 결국 둘의 갈등이 폭발하고 말았다. 리처드가 십자군이 점령한 성에서 레오폴드의 깃발을 제거해 버린 것이다. 그러자 레오폴드는 리처드에게 복수를 다짐하고 본국으로 돌아간다. 필리프도 몸이 아프다는 핑계를 대고 프랑스로 돌아간다. 이후 리처드는 홀로 1년 동안 성지 탈환을 위해 전쟁을 벌였지만, 예루살렘 점령에는 실패하고 만다. 이때 리처드는 자신이 자리를 비운 왕국이 머리에 떠올랐을 것이다. 혹시 먼저 돌아간 필리프 2세가 노르망디를 침공한다면…….

필리프 2세의 별명은 '존엄왕'이었지만, 실제로는 별명처럼 점잖은 인물이 아니었다. 그는 1214년에 벌어진 부빈 전투에서 신성 로마 제국의 오토 4세가 이끄는 연합군(잉글랜드와 플랑드르 연합군)을 격파

한 적이 있었는데, 문제는 필리프가 일요일에 적군을 습격했다는 사실이다. 기독교 왕국에서는 일요일에 개인적인 결투조차 금지되어 있다. 따라서 필리프 2세가 일요일에 적군을 기습했다는 것은 비겁한 행동이었다. 성지에서 귀국한 필리프의 간계는 또다시 성과를 올리는 듯했다. 프랑스로 돌아가 주인이 없는 노르망디를 침공한 것이다. 이쯤 되면 존엄왕 필리프에게 페어플레이 정신은 찾아볼 수가 없다.

리처드는 서둘러 배를 타고 잉글랜드로 향했다. 그런데 배가 난파당해 베네치아 부근 해변에 상륙하고 만다. 이제 리처드가 잉글랜드로 돌아가는 방법은 두 가지만 남았다. 먼저 남부 프랑스까지 배를 타고 간 다음 육로로 프랑스를 관통해 도버 해협을 넘는 루트가 있었다. 하지만 프랑스는 호시탐탐 노르망디를 노리는 적국이다. 어떻게 적국을 지나 안전하게 고국으로 돌아갈 수가 있다는 말인가? 리처드는 북쪽 내륙으로 귀환 루트를 잡았다. 신성 로마 제국의 일부인 오스트리아를 지나 독일을 거쳐 잉글랜드로 돌아가기로 마음을 먹었다. 리처드는 변장까지 하고 오스트리아를 지나고 있었다. 하지만 빈 근처에서 병사들에게 잡히고 만다. 무슨 운명의 장난일까? 리처드가 사로잡힌 지방은 자신이 성지에서 모욕을 주었던 레오폴드 공작의 영지였다. 레오폴드는 와신상담 끝에 원수를 사로잡은 것이다.

레오폴드 공작은 리처드를 자신의 주군이자 신성 로마 제국 황제인 하인리히 6세에게 인도한다. 황제는 리처드를 재판에 회부했는데, 죄목은 3차 십자군 원정의 지도자였던 몬페라토 후작의 암살을 주모했다는 것이었다. 후작을 암살한 집단은 유명한 '해시시를 피우는 남자들'이라고 불리던 암살단이었는데, 현대 영어에서 '암살자'를 의미하는 '어쌔신assassin'이라는 단어가 여기에서 나왔다. 하인리히 6세는 리처드의 몸값으로 15만 마르크를 요구했다. 잉글랜드 왕국 수입의 2년 치에 해당하는 엄청난 금액이었다. 결국 리처드를 끔찍이 사랑했던 모후(母后) 알리에노르가 백방으로 뛰어다닌 끝에 몸값의 절반만 지불하고 리처드는 석방된다. 하지만 이 소식을 달가워하지 않는 사람이 한 명 있었다. 형의 부재를 틈타 왕위를 찬탈하려는 리처드의 동생 존이었다. 그에게 리처드의 석방은 청천벽력과도 같았다.

버터로 만든 성
VS.
철로 만든 성

리처드가 인질 상태에서 풀려났다는 소식은 또 한 사람에게 큰 충격을 주었다. 바로 리처드의 최대 라이벌인 필리프 2세가 그 주인공이었다. 필리프는 존에게 프랑스어 전갈을 보냈다.

"Prenez garde à vous maintenant, le diable est lâché(자신의 몸을 돌보도록 하시오. 악마가 풀려났소)."

본래 '라이벌rival'이란 말은 프랑스어 rive(강둑)에서 나왔는데, 한 줄기 강물을 함께 사용하는 사람을 의미했다. 필리프 2세에게 리처드는 프랑스 왕국 안에 너무나 많은 영지를 가진 군주이며, 리처드에게 필리프는 자신이 소유한 프랑스 영지들을 언제라도 빼앗을 수 있는 주적(主敵)이었다.

리처드는 인질에서 풀려나자마자 잉글랜드로 돌아왔다. 그리고 또 한 번 대관식을 올렸다. 첫 번째는 웨스트민스터에서 올렸지만, 두 번째 대관식은 왕국의 전(前) 수도 윈체스터에서 올렸다. 리처드는 왕위를 찬탈하려고 했던 동생 존과 그의 일당들을 굴복시키고, 자신

센 강을 굽어보고 있는 가이야르성. 지금은 허물어진 주탑만 남아 있지만, 이 지방은 전통적으로 영국 왕의 영지였다.

이 잉글랜드의 정통성을 가진 군주임을 다시 한번 만천하에 공표한 것이다.

사자심왕 리처드는 필리프 2세의 침공에 대비해 노르망디 동쪽 경계에 요새 성을 하나 세운다. 성의 이름은 가이야르Gaillard였다. 지금도 파리에서 노르망디로 가다 보면 레장들리라는 마을을 지나는데, 이 마을 옆으로 센강이 흐르고, 강가 절벽에서 가이야르성의 유적이 센강을 굽어보고 있다. 리처드는 이 성을 1197년에 축조하기 시작해 이듬해인 1198년에 완성했다. 지금은 주탑의 기단 부분만 남아 있고, 외성과 내성이 거의 파괴됐다. 하지만 리처드가 이 성을 축조했을 당시에는 말 그대로 철옹성이었다.

가이야르성이 이렇게 철저하게 파괴된 것은 백년 전쟁을 비롯한 여러 정치적 변란이 있었을 때 이 성이 농성의 장으로 자주 사용되었기 때문이다. 결국 1595년 노르망디주 정부는 성을 아예 파괴해 달라고 중앙 정부에게 요구했고, 그 청원은 이루어졌다. 현재 가이야르성이 폐허만 남은 이유다. 이 천혜의 요새를 두고 사자심왕 리처드와 존엄왕 필리프는 유명한 설전을 벌였다. 먼저 리처드가 다음과 같이 호언장담을 했다.

"Je le défendrai, fut-il de beurre."

프랑스어만 사용했던 왕이었으니 분명히 프랑스어로 말했을 것이다. 이 말은 '가이야르성이 버터로 되어 있어도 나는 방어할 수 있다'라는 뜻이다. 센강을 굽어보고 있는 절벽에 지은 성이니만큼 절대 함락시킬 수 없다는 말일 것이다. 이에 존엄왕 필리프는 이렇게 응수한다.

"Je le prendrai, fut-il de fer(비록 가이야르성이 철옹성이라 할지라도 나는 이 성을 함락시킬 수 있다)."

그런데 존엄왕 필리프의 라이벌 사자심왕 리처드가 1199년에 갑자기 죽었다. 필리프는 드디어 노르망디를 수복할 절호의 기회라고 판단한다. 1203년 8월 필리프는 가이야르성을 포위한다. 성안에는 레장들리 마을에서 피신한 1,200명의 주민이 있었다. 필리프는 성을 함락하고자 14대의 공성루를 사용해 총공격을 개시했다. 마침내 1204년 3월 6일, 기사 36명, 궁사 117명이 항복했다. 이로써 911년 덴마크 바이킹의 수장 롤롱이 프랑크 왕국의 샤를 3세로부터 받은 노르망디는 300년 만에 다시 프랑스 왕국에 귀속된다. 역사는 이 성이 축조된 지 6년도 안 되어 승자를 가려 주었다. 1199년 리처드가 불의의 사고로 죽고 뒤를 이어 잉글랜드 왕이 된 존은 5년도 안 된 1204년 조상의 땅인 노르망디를 빼앗기고 말았다.

필리프 2세는 리처드 1세보다 여덟 살 아래였다. 리처드에게 필리프는 잉글랜드 왕권을 차지하기 위한 후원자로, 필리프에게 리처드는 프랑스에 많은 영지를 소유한 플랜태저넷 제국의 왕이자 좋은 파트너였다. 하지만 둘은 운명적인 라이벌이었다. 둘은 동년배답게 청년 시절부터 친했다고 한다. 당대 연대기 작가들은 리처드와 필리프가 '한 침대'를 사용했다는 이유로 둘의 관계를 동성애 관계로 몰아가기도 한다. 하지만 분명한 것은 알 수 없다. 필리프가 기사형 군주의 전형이었던 리처드를 모범으로 삼았을 것은 분명했고, 프랑스 왕국의 패권을 신장하기 위해 리처드와 정략적으로 가까워질 필요는 분명히 있었을 것이다. 하지만 둘의 관계는 리처드가 잉글랜드 왕이 된 다음에 증오의 관계로 돌변한다. 리처드는 노르망디를 빼앗기지 않기 위해 노심초사했으며, 필리프는 '결지왕' 존을 부추겨 형제간 불화를 일으켰다. 결국 1199년 리처드가 죽고, 노르망디는 1204년 프랑스 왕국에 다시 귀속된다. 역사에서는 용기가 너무 앞서는 사람보다 꾀가 많은 사람이 이기는 법이다.

리처드, 패륜아인가 영웅인가?

18세기 영국 역사학자 에드워드 기번Edward Gibbon은 "영웅주의를 한 인물의 포악성과 잔학성에 초점을 맞춘다면 리처드 1세는 당대의 최고 영웅일 것이다."라고 말한다. 리처드의 잔인한 인성을 알 수 있는 사건으로 아크레 학살 사건을 들 수 있다. 아크레성을 점령한 리처드는 무슬림 병사 2,700명을 포로로 잡아 기독교 포로와 맞바꿀 셈이었다. 하지만 살라딘과의 몸값 협상이 난관에 봉착하고 만다. 이에 살라딘은 포로들의 몸값 중 일부만 지불하겠다고 제안하지만, 리처드는 이를 원군이 올 때까지 시간을 벌려는 속셈이라고 판단한다. 결국 리처드는 무슬림 포로들을 학살하라는 명령을 내린다. 그런데 학살은 살라딘 군대가 볼 수 있는 언덕 위에서 진행되었다. 물론 중세 전쟁에서 적을 죽이는 행위를 꼭 학살이라고 부를 수는 없지만, 규모 면에서 본다면 아크레에서 있었던 사건은 학살이라고 할 수 있다.

리처드가 용감한 기사형 군주라는 점은 이론의 여지가 없다. 그렇지만 역사가들은 인간 리처드의 면면을 통해서 그를 평가하려는 시도를 자주 한다. 그런 점에서 리처드 1세의 최후는 극적이다. 1199년 리처드의 영지인 프랑스 리무쟁 지방에서 고대 로마 시대의 황금 장식이 발견됐다. 그런데 리무쟁의 자작이 주군인 리처드에게 보물을 바치지 않고 버티고 있었다. 리처드는 그 보물의 소유권이 자신에게 있다며 리무쟁 샬뤼Châlus성으로 쳐들어갔다. 그러다가 전투 중 석궁 화살에 맞은 상처가 감염돼 급사한다. 당시 연대기 작가는 "리모주의 창이 잉글랜드의 사자를 쓰러뜨렸다Telum Limogiae occidit leonem Angliae."라고 리처드의 죽음에 대해 적었다. 그의 유해는 플랜태저넷 왕조의 고향인 앙주의 퐁트브로Fontevraud 수도원에, 심장은 생전에 그가 총애했던 '충성의 도시' 루앙에 묻혔다.

전해 오는 전설에 따르면 리처드는 평상복을 입고 포위 중인 성벽 근처를 거닐다가 목과 어깨 부위 사이에 화살을 맞았다고 한다. 리처드는 화살을 부러뜨렸으나 화살촉은 꺼내지 못했다. 결국 상처가 곪아 리처드는 열흘 만에 세상을 떠난다. 리처드는 죽기 전에 화살을 쏘았다는 소년병을 생포하는데, 그의 이름은 베르트랑 드 구드롱Bertrand de Gourdon이었다. 구드롱이 기사였다는 설과 소년병이었다는 설이 있는데, 어쨌든 구드롱은 죽음을 기다리는 리처드 앞에 끌려 나왔다. 그 자리에서 구드롱은 리처드가 자신의 부모와 형제를 죽였으므로 두려울 것이 하나도 없다며 당당하게 처형하라고 말했다. 리처드는 당돌한 구드롱을 풀어 주고 100실링의 상까지 내렸다고 한다. 그리고 사자심왕 리처드는 샬뤼성에서 숨을 거둔다.

사자심왕 리처드에 대한 후대의 평은 엇갈린다. 먼저 그는 잉글랜

프랑스 앙주 지방의 퐁트브로 수도원에 안치된 사자심왕 리처드의 횡와상

드의 역대 왕 중에서 가장 용맹스러운 군주였다. 특히 3차 십자군 원정에서 리처드의 무용은 타의 추종을 불허했다. 당시 사라센 군대는 전설의 명장 살라딘이 이끌고 있었는데, 리처드는 살라딘의 군대를 여러 번 물리쳤기 때문이다. 그러나 십자군 내부의 분열로 끝내 예루살렘을 탈환하지는 못했다. 리처드에 대한 나쁜 평판 중 하나는 그가 동성애자였다는 것이다. 이 주장을 두고 후대 역사가들은 끊임없이 논쟁을 벌이지만, 사료 부족으로 진위를 파악하기란 쉽지 않다. 단지 기록의 파편을 통해서 유추해 볼 수는 있다. 역사가들은 리처드의 동성애 상대로 프랑스의 필리프 2세를 꼽는다. 두 군주는 어린 시절부터 아키텐에서 동거, 동락하며 기사도 정신을 키웠다. 아키텐 공작령은 리처드의 어머니인 알리에노르의 영지였기 때문에 친자식인 리처드와 전남편의 아들인 필리프 2세는 자연스럽게 아키텐에서 많은 시간을 보냈다. 그런데 어떤 연대기에는 두 젊은이가 침대를 함께 사용했다는 기록이 보인다. 이 기록을 근거로 사람들은 리처드가 동성애자라고 주장한다. 게다가 또 다른 근거도 있다. 프랑스 루이 7세는 자신의 딸 아엘리스(혹은 알릭스)를 리처드의 배필로 보냈다. 결혼식은 1169년에 하기로 했다. 그런데 결혼은 차일피일 연기되어 성사될 기미가 보이질 않았다. 리처드가 신부에게 눈길 한번 주지 않았기 때문이다. 이후 호사가들의 입에 오를 추문이 현실로 나타난다. 아엘리스가 리처드와 결혼식을 올리지 않고 헨리 2세의 정부가 된 것이다. 헨리 2세는 아엘리스의 시아버지가 될 사람이 아니었던가? 이런 이유로 리처드는 여자에게는 관심이 없었던 남자라고 사람들은 얘기한다. 하지만 젊은 시절 리처드가 전쟁에서 승리한 뒤 부녀자들을 강제로 범한 것을 보면 양성애자라고 말하는 것이 맞을 듯하다. 이제 리처드에 대한 후대의 평을 정리해 보자.

리처드는 아버지에게 칼을 들이댄 '나쁜 자식', 형제의 왕위를 탐냈던 '나쁜 형제', 아내보다는 남자들에게 관심이 더 많았던 '나쁜 남편', 영국보다 프랑스와의 성전에 더 관심이 많았던 '나쁜 국왕'이라는 평을 듣고 있지만, 생전에 리처드의 인기는 대단했다고 한다. 그래서 스티브 런치만 경◆은 마지막에 한 줄을 추가한다. '용감하고 빛나는 군인gallant and splendid soldier'이었다고.

◆ Steven Runciman, *A History of the Crusades: Volume 3,* 1987, p.75

적국의 언어가 모국어였던

에드워드 3세

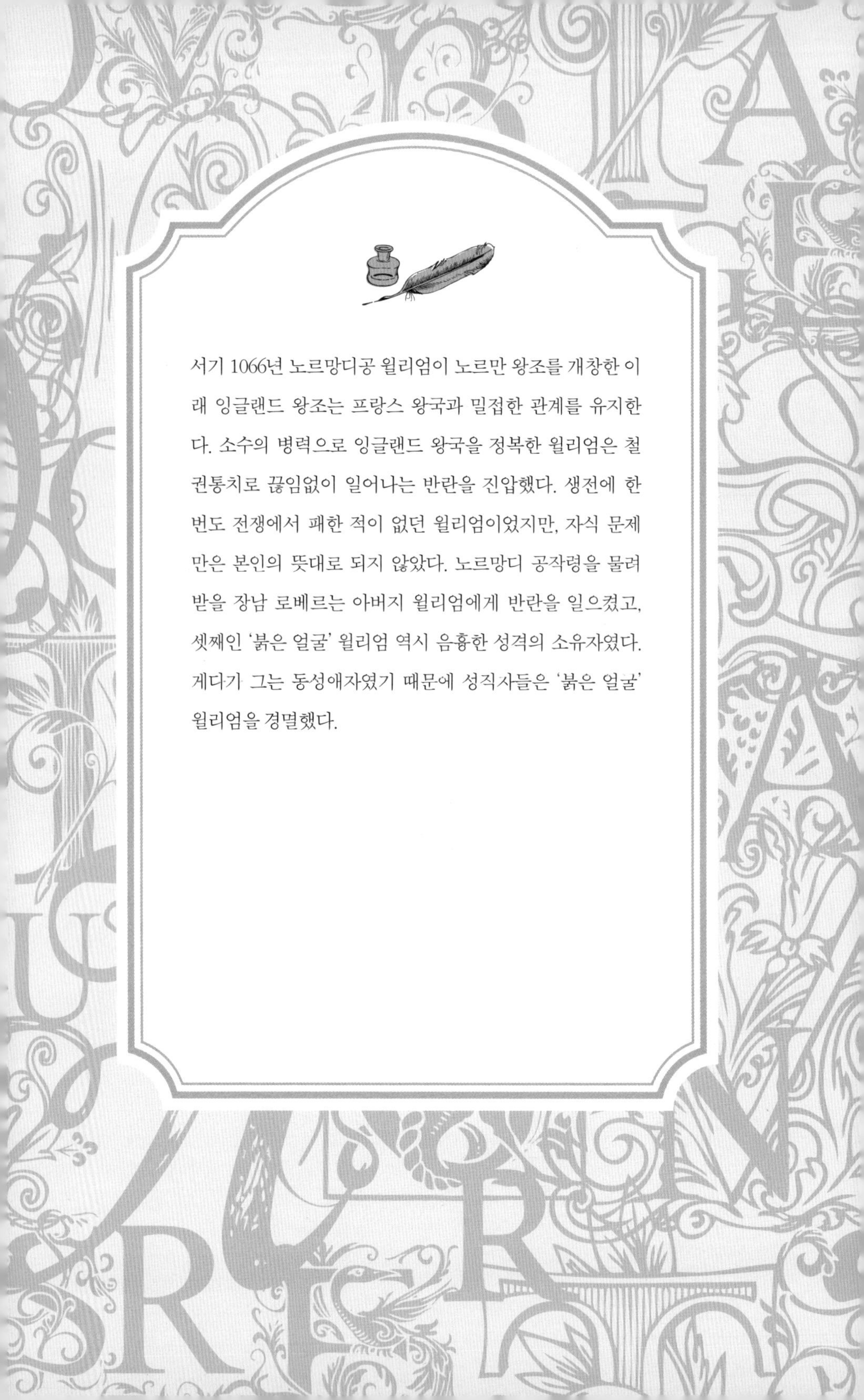

서기 1066년 노르망디공 윌리엄이 노르만 왕조를 개창한 이래 잉글랜드 왕조는 프랑스 왕국과 밀접한 관계를 유지한다. 소수의 병력으로 잉글랜드 왕국을 정복한 윌리엄은 철권통치로 끊임없이 일어나는 반란을 진압했다. 생전에 한 번도 전쟁에서 패한 적이 없던 윌리엄이었지만, 자식 문제만은 본인의 뜻대로 되지 않았다. 노르망디 공작령을 물려받을 장남 로베르는 아버지 윌리엄에게 반란을 일으켰고, 셋째인 '붉은 얼굴' 윌리엄 역시 음흉한 성격의 소유자였다. 게다가 그는 동성애자였기 때문에 성직자들은 '붉은 얼굴' 윌리엄을 경멸했다.

위대한 플랜태저넷 왕조의 후손

윌리엄의 노르만 왕조는 예상보다 오래가지 못했다. 정복왕 윌리엄을 승계한 '붉은 얼굴' 윌리엄(윌리엄 2세)이 비명에 죽고, 막내아들 앙리(잉글랜드의 헨리 1세)에게는 아들이 없었기 때문이었다. 이때부터 잉글랜드 왕조는 모계 혈통을 후계자로 인정하는 전통이 생겼다. 1125년 헨리 1세의 딸 마틸다는 신성 로마 제국 황제였던 하인리히 5세와 사별하고 잉글랜드로 돌아온다. 헨리 1세는 아들이 없었으므로 마틸다를 후계자로 삼겠다고 귀족들에게 서약을 받아낸다. 하지만 마틸다는 부왕인 헨리 1세의 사후에 잉글랜드 군주로 인정을 받지 못한다. 귀족들과 로마 교황청이 여성을 군주로 인정하는 것을 꺼렸기 때문이다. 당시에는 아직 여자를 왕으로 인정할 정도로 사회적인 분위기가 무르익지 않았다. 이후 마틸다는 12년 연하인 프랑스 앙주 지방의 백작 조프루아Geoffroi 5세와 재혼하는데, 이 결혼은 잉글랜드와 프랑스의 관계를 더욱 복잡하게 만든 사건이었다. 윌리엄의 손녀가 프랑스 백작과 재혼을 했다는 사실은 잉글랜드 왕실이 프랑스 왕조와 더 가까워졌다는 것을 의미했다.

잉글랜드 왕이 된 윌리엄은 자신의 고향 노르망디 공국을 맏아들 로베르에게 물려주고, 잉글랜드는 로베르의 동생 윌리엄(윌리엄 2세)에게 주었다. 그런데 윌리엄 2세가 사냥에서 화살을 맞고 의문의 죽음을 맞자 로베르는 잉글랜드 왕위를 주장한다. 하지만 그는 윌리엄 2세가 급사했을 때 노르망디에 있었고, 동생 헨리(훗날의 헨리 1세)는 죽은 형의 곁에 있었다. 왕관에 가까운 자가 왕위를 차지하는 법이다. 이렇게 해서 막내아들 헨리 1세는 노르만 왕조의 세 번째 왕이 되었다. 그후 로베르는 헨리 1세와 잉글랜드 왕위를 놓고 격돌하지만, 1106년 노르망디 탱슈브레 전투에서 헨리 1세에게 패하고 평생을 감옥에서 보낸다.

헨리 1세는 아버지의 고향인 노르망디에서 세상을 떠났다. 헨리 1세의 딸 마틸다와 그녀의 의붓형제 로베르는 아버지의 유언에 따라 프랑스 내의 영지를 약속받았다. 그런데 마틸다는 결정적인 실수를 하고 만다. 아버지의 장례가 끝난 후에 잉글랜드로 돌아가지 않고 노르망디에 남은 것이다. 그러자 잉글랜드의 스테판이 왕위를 주장하고 나섰다. 스테판은 정복왕의 딸 아델과 프랑스의 블루아 백작 에티엔 사이에서 태어났는데, 윌리엄에게는 외손자이고 마틸다와는 사촌 간이다. 스테판은 헨리 1세 앞에서 마틸다의 왕위 계승권을 인정한다고 서약했다. 하지만 헨리 1세가 죽자 자신이 한 약속을 뒤집은 것이다. 잉글랜드는 결국 내전의 소용돌이에 빠지고 만다. 그런데 여론은 스테판에게 유리하게 돌아가고 있었다. 이제 잉글랜드 왕위는 정복왕 윌리엄의 손녀인 마틸다와 외손자인 스테판의 양자 대결로 압축되었다. 정복왕이 개창한 노르만 왕조에 블루아 백작의 피를 받은 스테판이 끼어든 것이다. 물론 '끼어들었다'라는 표현은 어폐가 있다. 왜냐하면 당시 왕위 후보자로서 유리한 사람은 마틸다보다는 스테판이었기 때문이다. 아무리 헨리 1세의 딸이라고 해도 마틸다는 여자였다. 결국 자신이 여왕이 될 수 없음을 인식한 마틸다는 아들 헨리를 차기 왕으로 내세웠다. 하지만 경쟁자인 스테판이 더 유리한 위치에 있었다.

헨리 2세는 1133년에 마틸다와 프랑스 앙주 지방의 백작 조프루아 5세 사이에서 태어났다. 1135년 스테판이 잉글랜드 왕이 되자 마틸다는 스테판왕 이후를 기다리기로 했다. 그러던 중에 마틸다와 헨리에게 낭보가 날아왔다. 스테판왕이 1154년에 사망한 것이다. 이제 잉글랜드 왕위는 마틸다의 아들 헨리, 즉 헨리 2세의 것이었다. 이후 정복왕 윌리엄이 개창한 노르만 왕조는 100년을 버티지 못하고 이름이 바뀐다. 왕조의 이름은 플랜태저넷Plantagenêt이었다.

플랜태저넷이라는 이름은 헨리 2세 조상 가문의 전통에서 나왔다. 노르망디 남쪽에 있는 앙주 지방령 출신인 헨리 2세의 조상들은 모자에 노란 금작화를 꽂고 다녔는데, '꽃을 꽂다'라는 뜻의 프랑스어 '플랑테planter'와 금작화의 '쥬네genêt(영어로 읽으면 저넷)'가 합쳐져서 만들어진 말이다. 이 이름을 프랑스어로 읽으면 '플랑타쥬네'이고, 영어로 읽으면 '플랜태저넷'이 된다. 대대로 앙주 백작을 지낸 플랜태저넷 가문이 잉글랜드의 두 번째 왕조를 연 것이다. 이제 플랜태저넷 왕조의 특징을 언어의 프리즘으로 들여다보자.

노르만 왕조는 순수한 프랑스 왕조였다. 노르망디 출신인 윌리엄과 프랑스어를 사용하는 플랑드르 백작령 출신인 마틸다(윌리엄의 부인)가 프랑스어와 문화를 잉글랜드 궁정에 들여온 장본인이었다. 하지만 그들은 소수였다. 약 100년이 흐르자 노르만 왕족과 귀족들은 현지인과의 결혼을 통해 잉글랜드의 문화와 현지 언어인 영어에 자연스럽게 동화되고 있었다. 그런데 노르만 왕조를 이은 플랜태저넷 왕조는 전(前) 왕조보다 더 프랑스풍의 왕조였다. 헨리 2세의 아버지 조프루아 5세는 프랑스 앙주 지방의 백작이었고, 어머니는 윌리엄의 손녀 마틸다가 아니었던가? 이제 잉글랜드에 서서히 현지 적응을 하던 프랑스 계통의 왕조는 다시 프랑스 문화권 속으로 빨려 들어갔다.

현재의 영국 왕조는 노르만 왕조에서 발원했다. 물론 그 이전에는 앵글로색슨 왕조가 있었으나, 정복왕 윌리엄이 앵글로색슨 왕조를 단절시키고 새 왕조를 열었다. 그리고 현재 군주인 엘리자베스 2세까지 정복왕 윌리엄의 피는 면면히 흐르고 있다. 노르만 왕조의 스타는 당연히 정복왕 윌리엄이다. 그리고 그 왕조를 승계한 플랜태저넷 왕조에서 걸출한 군주를 꼽으라면 헨리 2세의 5대손인 에드워드 3세를 빼놓을 수 없다. 이번 장에서 얘기하려는 주인공이다.

미남왕 필리프 4세의 외손

에드워드 3세는 에드워드 2세와 프랑스 출신의 왕비 이자벨 사이에서 태어났다. 에드워드 2세의 왕비인 이자벨 드 프랑스Isabelle de France의 아버지는 프랑스의 필리프 4세(미남왕 필리프)이다. 에드워드 3세의 부왕 에드워드 2세와 이자벨 드 프랑스의 결혼은 양국의 동맹 관계를 유지하기 위한 정략결혼이었다. 1303년 5월 29일, 이자벨 드 프랑스는 일곱 살의 나이에 당시 열아홉 살이던 에드워드 왕자(훗날의 에드워드 2세)와 약혼한다. 신랑은 이미 혈기가 왕성한 청년인데 신부는 어린 소녀였으니, 이 결혼이 해피엔딩으로 끝날 가능성은 거의 없어 보였다. 게다가 에드워드 왕자는 이미 수많은 추문에 휩싸여 있었는데, 그중에서 가장 추악한 소문은 왕자가 남색(男色)을 밝힌다는 것이었다. 그런데 그 소문은 진실이었다. 에드워드 왕자는 어린 아내에게는 관심도 없었고, 자신에게 무술을 가르쳐 준 프랑스 출신 기사 피어스 개비스턴Piers Gaveston을 총애하고 있었다.

에드워드 2세가 추문에 휩싸였음에도 두 사람 사이에서 네 명의

* 연도는 재위 기간

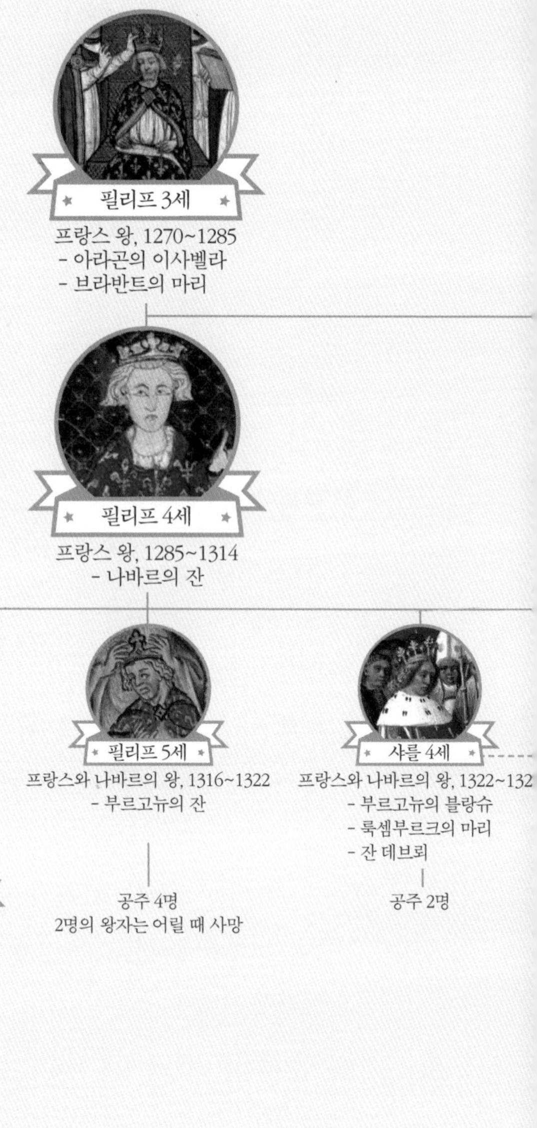

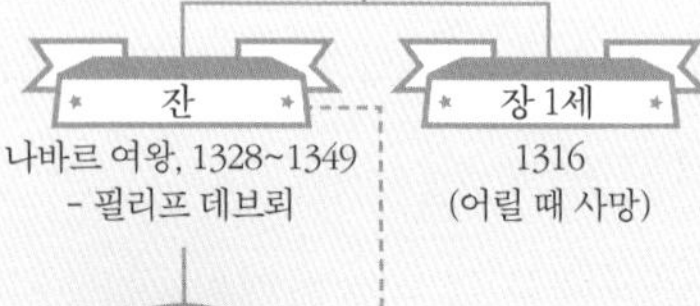

필리프 3세
프랑스 왕, 1270~1285
- 아라곤의 이사벨라
- 브라반트의 마리
필리프 4세
프랑스 왕, 1285~1314
- 나바르의 잔
루이 10세
프랑스와 나바르의 왕, 1314~1316
- 부르고뉴의 마르그리트
- 헝가리의 클레망스
필리프 5세
프랑스와 나바르의 왕, 1316~1322
- 부르고뉴의 잔
샤를 4세
프랑스와 나바르의 왕, 1322~132
- 부르고뉴의 블랑슈
- 룩셈부르크의 마리
- 잔 데브뢰
잔
나바르 여왕, 1328~1349
- 필리프 데브뢰
장 1세
1316
(어릴 때 사망)
공주 4명
2명의 왕자는 어릴 때 사망
공주 2명
샤를 2세
나바르 왕, 1349~1387
- 잔 드 프랑스

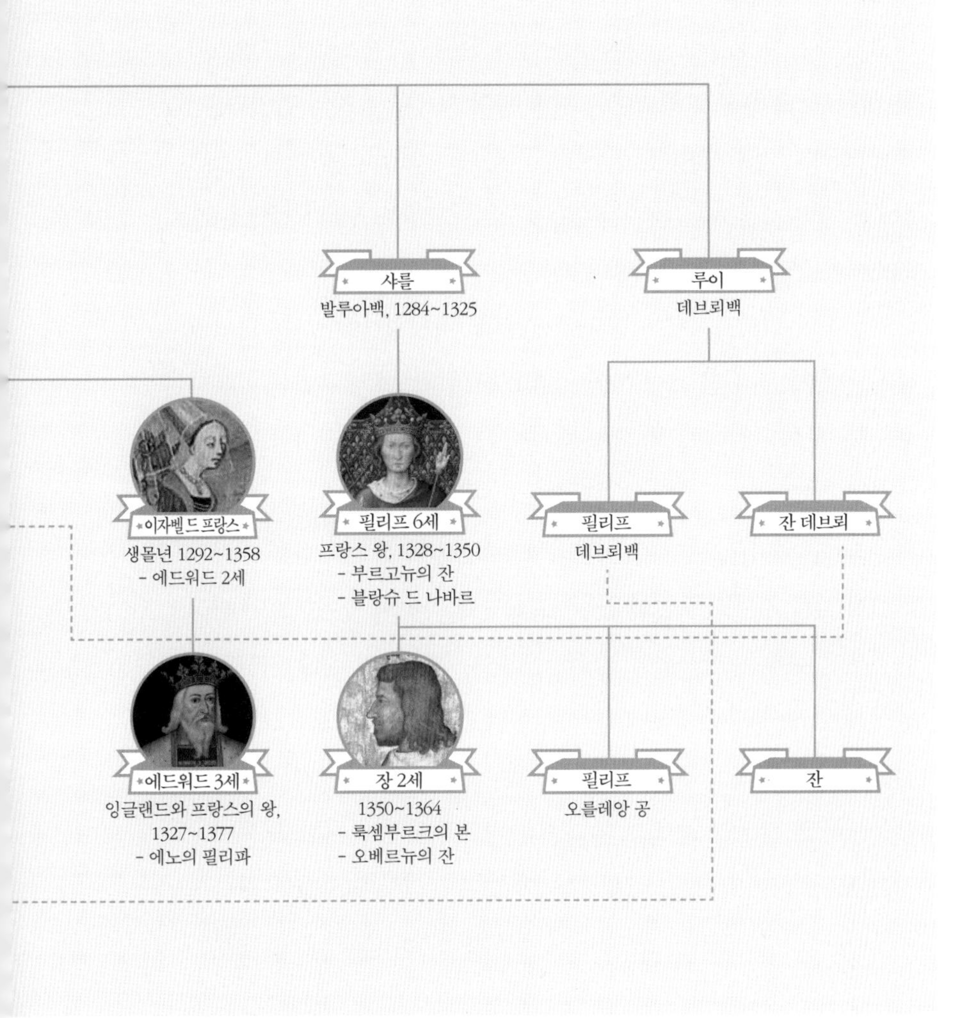

에드워드 3세의 가계도. 그는 생전에 자신이 필리프 4세의 외손자라는 사실을 자랑스러워했다고 한다.

자식이 태어났다. 1312년에 태어난 에드워드는 장남이었기에 아버지 이름을 그대로 물려받았다. 에드워드 3세는 아버지로부터 플랜태저넷 왕조의 피를 이어받았고, 어머니로부터는 카페 왕조의 후광을 물려받았으니, 당시 유럽 왕조에서 에드워드 3세만큼 훌륭한 조상을 가진 왕족도 드물었다. 당시 잉글랜드 왕의 배우자는 모두 프랑스 왕녀였기 때문에 잉글랜드 왕자들은 어려서부터 자연스럽게 프랑스어를 배웠고, 그 결과 프랑스어는 영국 왕의 모국어로 자리 잡았다. 정복왕 윌리엄 이후 영어를 모국어로 사용하는 최초의 왕은 랭커스터 왕조의 헨리 4세(재위 1399~1413)였으므로 에드워드 3세의 궁정은 프랑스어가 군림하던 공간이었다.

프랑스의 필리프 4세는 인물이 출중해 '미남왕le Bel'이라는 별명이 붙은 왕이다. 하지만 그의 통치 기간을 들여다보면 이름만큼 아름다운 기간은 아니었다. 그의 치세에 일어난 사건 중 가장 비극적인 것을 꼽으라면 성당 기사단을 이단으로 몰아 기사들을 모두 화형한 사건을 들 수 있다. 그런데 과연 필리프 4세는 순수한 신앙심을 지키기 위해서 성당 기사단을 없앴을까? 그 이면을 찬찬히 들여다보면 필리프 4세의 결정은 의구심을 불러일으킨다. 왜냐하면 성당 기사단은 당시 유럽에서 가장 부유한 기사단이었고, 필리프 4세는 그들에게 많은 채무를 지고 있었기 때문이다. 결국 필리프 4세는 기사단을 공중분해하고, 단장인 자크 드 몰레Jacques de Molay를 화형에 처한다. 여기까지는 모든 것이 필리프 4세의 계획대로였다. 성당 기사단의 재산은 몰수됐고, 필리프 4세는 승자가 된 것처럼 보였다. 게다가 그에게는 세 명의 왕자까지 있었으니, 카페 왕조의 승계는 걱정할 필요도 없이 보였다. 하지만 인생이란 아무도 그 앞날을 예측하기 어려운 법이다.

필리프 4세는 성당 기사단장 자크 드 몰레가 화형을 당한 지 1년도 안 되어 사냥을 나갔다가 뇌출혈로 사망했다. 몰레가 죽기 전에 한 예언이 맞아떨어진 것일까? 몰레는 파리 시테Cité섬에서 화형당하기 전에 "주님은 누가 죄를 범했는지, 누가 잘못했는지 아신다. 우리를 죽음으로 몰고 간 자들에게 불행이 있으리라!"라는 저주를 퍼붓고 세상을 떠났기 때문이다.

다행히 필리프 4세는 장성한 세 명의 아들을 남기고 세상을 떠났다. 그는 카페 왕조의 대를 이었다고 뿌듯한 마음으로 눈을 감았을 것이다. 하지만 현실은 그렇게 되지 않았다. 장남 루이 10세가 2년, 필리프 5세가 6년 그리고 막내인 샤를 4세가 6년 동안 왕좌에 있었을 뿐이다. 세 명의 아들이 왕좌에 있었던 기간은 겨우 14년이었다. 카페 왕조는 1328년 샤를 4세를 마지막으로 프랑스 왕조에서 사라졌다.

그런데 필리프 4세의 직계 후손이 모두 사라진 것은 아니었다. 비록 필리프 4세를 이어 왕위에 오른 세 명의 왕이 후사를 남기지 못했지만, 막내인 이자벨 드 프랑스가 잉글랜드의 에드워드 2세와 결혼해 낳은 에드워드 3세가 살아 있었다. 단지 에드워드 3세가 필리프 4세의 외손자였다는 것이 걸림돌이었다. 프랑스 왕실은 남계를 통한 왕위 승계만을 인정하고 있었기 때문이다. 이 점이 영국과 프랑스 왕실의 차이였다. 영국은 헨리 1세 때부터 모계를 통한 왕위 계승

백년 전쟁을 일으킨 잉글랜드의 에드워드 3세는 자신이 카페 왕조의 후손 중에서 프랑스 왕위 계승권에 가장 근접한 왕족이라고 생각했다. 프랑스를 상대로 전쟁을 일으킨 에드워드 3세의 모국어는 프랑스어였다.

도 인정하지 않았던가? 물론 마틸다는 여왕이 되지 못했지만, 앙주 백작 조프루아와 결혼해 낳은 헨리 2세를 통해 그 꿈을 이루었다.

카페 왕조가 문을 닫았다고 해서 프랑스 왕실의 맥이 끊어진 것은 아니었다. 왕위 계승 후보자는 항상 존재하기 때문이다. 먼저 필리프 4세의 동생인 샤를 드 발루아Charles de Valois가 제1순위에 올랐다. 하지만 그는 조카인 샤를 4세보다 3년 먼저 세상을 떠났다. 그러자 샤를 드 발루아의 아들인 필리프가 왕위를 이어받을 적임자로 떠올랐다. 그런데 바다 건너 잉글랜드의 에드워드 3세가 자신이 프랑스 왕위 계승권자라고 주장하고 나섰다.

사실 에드워드 3세는 자신이 필리프 4세의 외손자라는 사실에 큰 자부심이 있었다. 하지만 에드워드 3세는 1328년 샤를 4세가 후사를 남기지 못하고 죽었을 때만 해도 프랑스 왕위 계승권을 주장하지 않았었다. 그 이유는 무엇이었을까?

전쟁의 명분과 당사국들

백년 전쟁은 잉글랜드의 에드워드 3세가 프랑스 왕위를 요구하며 일으킨 전쟁이라고 역사에 기록되어 있다. 하지만 역사에 기록된 전쟁의 명분에는 진짜 명분과 허울뿐인 명분이 공존한다. 에드워드 3세가 내세운 전쟁의 명분은 프랑스 왕위가 자신에게 있다는 것이었다. 그 근거는 이러했다.

필리프 6세는 카페 왕조의 마지막 왕 샤를 4세와 사촌이다. 그런데 에드워드 3세는 샤를 4세의 여동생 이자벨 드 프랑스의 아들이므로 둘은 삼촌지간이다. 즉 샤를 4세는 에드워드 3세의 외삼촌이었다. 촌수로 따져 보면 에드워드 3세가 경쟁자 필리프 6세보다 더 가까운 위치에 있다. 하지만 에드워드 3세는 정말로 자신이 프랑스 왕위에 오를 수 있다고 생각했을까? 1328년에 샤를 4세가 죽자 에드워드 3세는 프랑스 왕위를 주장하지 않았다. 하지만 사태가 급변해 필리프 6세가 포도주 산지인 기엔 지방을 몰수하자 에드워드의 분노는 하늘을 찔렀다. 프랑스 왕위는 어차피 자신에게 돌아오지 않을 것이라고 예상했지만, 알토란 같은 기옌 지방을 프랑스 왕에게 빼앗길 수는 없는 노릇이었다. 게다가 기옌에서 생산되는 포도주는 잉글랜드에 중요한 세수(稅收)의 젖줄이었다. 전쟁의 명분은 추상적인 이상이 아니라 현실적인 것을 상실하면서 그 모습을 세상에 드러낸다. 결국 에드워드 3세는 자신이 프랑스 왕으로서 적임자라고 주장하며 프랑스 왕국에 전쟁을 선포한다. 백년 전쟁(1337~1453)은 이렇게 시작되었다.

사실 백년 전쟁에 기름을 부은 사람들은 플랑드르 상인이었다. 지금의 벨기에에 해당하는 플랑드르 지방은 역사적으로 프랑스 왕이 종주권을 행사하던 곳으로, 당시 서유럽에서 가장 부유한 지방 중 하나였다. 플랑드르 지방은 잉글랜드에서 양모를 수입해 만든 모직물을 전 유럽에 수출해 부를 축적하고 있었다. 플랑드르는 전통적인 프랑스 왕의 제후국이지만, 잉글랜드에는 신의가 없는 나라였다. 플랑드르의 근간 산업인 모직업의 원료 양모를 수출하는 나라가 바로 잉글랜드가 아닌가. 그런데 종주권은 프랑스 왕이 행사를 하다니! 잉글랜드에게 플랑드르인은 괘씸하기 짝이 없었다.

고래 싸움에 새우등이 터진 제후국은 바로 플랑드르였다. 이제 누구 편을 들어야 한단 말인가. 이때 플랑드르 상인의 지도자 야코프 판 아르테벨더Jacob van Artevelde가 한 가지 계략을 꾸민다. 잉글랜드 왕의 사자 문장에 프랑스 왕의 백합 문장을 함께 그려 넣자고 에드워드 3세에게 제안한 것이다. 그러면 플랑드르에게 잉글랜드는 적국이 아니라 동맹국이 되는 것이고, 진정한 신서를 바쳐야 할 프랑스 왕도 되는 것이다. 이제 진정한 프랑스 왕국의 주인이 누구인지가 논란의 핵심이 된 것이다. 이 문제는 전쟁을 통해 가려질 것이었다. 일단 플랑드르 백작령은 잉글랜드 진영에 합류했다.

에드워드 3세가 선전 포고를 하자 잉글랜드의 숙적 스코틀랜드는 당연히 프랑스 편을 들고 나섰다. 반대로 프랑스 왕국의 라이벌인 부르고뉴 공국은 잉글랜드 편을 들었다. 같은 핏줄에서 나온 두 집안은 권력 암투로 이미 원수지간이 되어 있었다. 프랑스로서는 진퇴양난의 형국이었다. 바다 건너 잉글랜드 군대가 쳐들어오는데, 등 뒤에서 동족이 칼을 겨눈 것이다. 실제로 전쟁 말기에 프랑스를 위기로부터 구원한 잔 다르크를 생포해 잉글랜드군에게 넘긴 사람들도 부르고뉴인이었다. 스페인은 당시까지 카스티야 왕국과 아라곤 왕국으로 분리되어 있었는데, 국력이 더 강했던 카스티야 왕국은 프랑스 편을 들었고, 아라곤 왕국도 같은 입장에 섰다. 루이 9세의 생모가 카스티야 출신의 왕녀 블랑슈였던 것을 고려해 본다면, 프랑스와 카스티야의 동맹 관계를 이해할 수 있을 것이다. 한편 카스티야와 앙숙 관계에 있던 포르투갈 왕국은 잉글랜드 편에 섰다. 이탈리아 제노바 공화국은 프랑스 연합군에 합류해 석궁병 1만 5천 명을 보냈다.

우리는 백년 전쟁이 프랑스와 잉글랜드가 100여 년 동안 왕국의 명운을 걸고 계속한 전쟁이라고 알고 있지만, 이 전쟁의 특징은 두 가지 측면에서 조망해 볼 필요가 있다. 먼저 이 전쟁은 전술한 것처럼 국제전이었다. 유럽의 패자 프랑스와 잉글랜드가 맞붙은 이상 주변국들도 중립을 지킬 수가 없었다. 두 번째로 이 전쟁을 바라보는 양국민의 시각을 살펴보자. 먼저 프랑스 신민들의 시각이다. 십자군 원정 이후 프랑스는 말 그대로 태평성대를 누리고 있었다. 그런데 바다 건너 잉글랜드 군대가 쳐들어와 국토를 유린하고 양민을 학살하는 사태가 벌어졌다. 더욱 더 놀라운 사실은 잉글랜드 왕이 프랑스 왕을 참칭하고, 왕실 문장에도 프랑스 왕실의 상징인 백합 문양을 그려 넣었다는 것이다. 게다가 잉글랜드 왕과 귀족은 자신들처럼 프랑스어를 사용하고 있었다. 프랑스 신민은 처음에는 어리둥절했다. 하지만 전쟁의 참상을 겪으면서 서서히 국가에 대한 인식을 갖기에 이른다. 잉글랜드도 마찬가지였다. 윌리엄 정복 이후 300년 이상 외국어인 프랑스어가 지배하는 조국의 현실에 염증을 느꼈을 것이다. 프랑스어를 사용하는 거만한 엘리트층 그리고 자신들의 국왕이 프랑스 왕에게 봉신의 예를 드리기 위해 파리에 가는 것도 못마땅했을 것이다. 이렇게 복잡한 상황에서 전쟁은 시작되었다.

적국의 언어, 프랑스어를 배워라

에드워드 3세의 모국어는 프랑스어였다. 아마도 어머니 이자벨 드 프랑스에게 배웠을 것이다. 그는 어린 시절부터 어머니의 친정, 즉 파리의 루브르 궁정을 자주 찾았다. 정복왕 윌리엄이 만들어 놓은 프랑스와 잉글랜드의 군신 관계는 14세기에 들어서도 변하지 않았다. 에드워드 3세의 아버지 에드워드 2세는 신하의 예를 갖추기 위해 파리에 들러 프랑스 왕에게 신서를 바쳐야 했다. 하지만 잉글랜드 왕으로서 지켜야 할 자존심도 있었다. 한 나라의 군주가 동등한 위상의 이웃 나라 군주에게 신서를 바친다는 것은 내키지 않는 일이었다. 게다가 에드워드 2세와 왕비 이자벨의 관계는 이미 파국의 상태에 빠져 있었다. 에드워드 2세가 끊임없이 남색을 탐했기 때문이었다.

정략결혼은 해당 국가의 사이가 원만할 때 진가를 발휘한다. 1324년 이자벨 왕비의 오빠인 샤를 4세가 기옌 공국의 가스코뉴 지방을 침범하는 사건이 발생한다. 이 지방은 엄연히 영국 왕의 영지였다. 프랑스 왕은 여동생이 에드워드 2세에게 핍박받는 것을 구실로 자신의 왕국 내에 있는 잉글랜드 왕의 영지를 회복하려고 했던 것이다. 1337년에 시작된 백년 전쟁의 전초전이었던 셈이다. 이제 이자벨의 입지가 매우 어려워졌다. 동맹국이었던 프랑스가 적국으로 바뀌었으니 이자벨은 인질 또는 포로가 된 셈이었다. 잉글랜드에서 보내는 시간은 이자벨에게 고난의 연속이었다. 이때 이자벨 왕비는 프랑스로 돌아갈 수 있다는 허락을 남편으로부터 받아낸다. 그것도 왕세자 에드워드(훗날의 에드워드 3세)와 함께 갈 수 있다는 허락을 받은 것이다. 이 결정은 에드워드 2세의 패착이었다. 장래 왕이 될 왕세자를 어머니 이자벨과 함께 프랑스로 보낸 것이 화근이었다.

이자벨 왕비는 루브르궁에서 오빠 샤를 4세와 감격스러운 상봉을 했다. 오빠는 매제가 남색에 빠진 패륜아라는 소식을 듣고 여동생을 극진하게 맞이했다. 조카 에드워드도 외삼촌에게 인사를 드릴 차례가 되었다. 잉글랜드 왕이 프랑스 왕의 봉신이었던 까닭에 어린 에드워드는 무릎을 꿇고 샤를 4세에게 신하의 예를 올려야 했다. 하지만 샤를 4세는 동생 이자벨에게 그렇게 하지 않아도 된다고 말렸다. 에드워드는 비록 열두 살에 불과했지만, 장차 잉글랜드 왕이 될 사람이 굴욕적인 신하의 예를 올려야 하는 데 기분이 언짢았을 것이다. 이런 감정이 결국 백년 전쟁으로 이어지는 데 원인을 제공했을 수 있다.

1340년 7월 27일, 이해는 에드워드 3세가 잉글랜드 왕위에 오른 지 14년째 되는 해이고, 백년 전쟁이 시작된 지 4년째 되는 해이다. 에드워드 3세는 플랑드르로 가서 프랑스 왕 필리프 6세에게 다음과 같은 외교 서한을 프랑스어로 작성해서 보낸다.

프랑스와 잉글랜드의 왕이자, 동시에 아일랜드 영주인 에드워드가 필리프 발루아에게

오랜 기간 우리는 여러 경로와 메시지를 통해 (필리프 발루아, 즉 필리프 6세에게) 합리적인 방법으로 당신이 불법적으로 점령하고 있는 내 유산을 돌려달라고 설득한 바 있다. 우리는 당신이 불법으로 나의 영지를 점유하고 있다는 사실을 알고 있기에, 플랑드르의 통치자로서 이곳에 들어왔고, 이 나라를 통과했다. 우리는 예수 그리스도의 도움을 받았고, 우리가 가진 권리, 플랑드르 당국의 도움 그리고 아군과 연합군의 도움도 받았다. 우리는 당신이 불법으로 나의 소유지를 점령하고 있다고 생각하므로, 우리가 프랑스로 진격하기 전에 우리의 정당한 요구가 조속히 받아들여져야 한다는 데 이르렀다.

(중략)

중세 프랑스어로 작성된 이 서한에서 에드워드 3세는 자신이 프랑스 왕국의 합법적인 군주라고 주장하고 있다. 그리고 플랑드르는 이미 자신의 통치권 아래 있다고 말한다. 에드워드 3세의 경고성 서한에도 필리프 6세가 기옌 지방을 돌려줄 기미를 보이지 않자 에드워드 3세는 협박에 가까운 강력한 어조로 재차 프랑스 왕위를 요구한다.

그가 어찌 감히 내게 충성 신서를 요구하는가?

가서 전하라. 그가 차지한 왕관은 나의 것이며,

그가 발을 디딘 곳에서 그는 무릎을 꿇어야 한다고.

내가 요구하는 것은 하찮은 공국이 아니라

왕국의 영토 전체이다.

만약 그가 아까워하며 내어놓기를 거부한다면

남한테 빌려온 것인 그의 화려한 깃털 장식을 모조리 빼앗고

그를 발가벗겨 황야로 쫓아내리라.♦

백년 전쟁 초기만 해도 에드워드 3세는 필리프 6세가 몰수한 기엔 공국을 반환하라는 것이 주요 요구 사항이었다. 하지만 에드워드 3세의 경고는 섬뜩한 기분이 들 정도로 단호하다. 이제 전쟁의 명분은 기옌 공국 같은 작은 영지가 아니라 프랑스 왕위를 요구하는 것으로 바뀌었다. 실제로 에드워드 3세는 죽은 샤를 4세의 조카이므로 필리프 6세보다 왕위 계승권 순위가 앞서지 않았나?

백년 전쟁 초기의 상황은 잉글랜드에 유리하게 돌아가고 있었다. 잉글랜드 함대는 전쟁 초기에 프랑스 함대를 궤멸하고 제해권을 확보했다. 백년 전쟁이 116년간 계속되는 동안 전쟁의 무대가 프랑스를 벗어나지 못한 이유는 여기에 있었다. 그런 까닭에 프랑스 신민의 고통은 상상을 뛰어넘었다. 반대로 잉글랜드는 프랑스에서 가져온

♦ 데즈먼드 수어드, 《백년전쟁 1337~1453》, 미지북스, 2018, 16쪽

전리품으로 창고가 넘쳐 났다고 한다.

전쟁의 승패는 침략군이 얼마큼 사전에 준비했느냐에 달려 있다. 잉글랜드는 기존의 활을 개량한 웨일스 장궁(長弓)을 농민에게 널리 보급하였고, 활쏘기를 크게 장려했다. 그 결과 백년 전쟁 당시 장궁은 잉글랜드군 가공의 무기로 위력을 떨쳤다. 당시 프랑스군은 기사 중심 군대였는데, 기존 활로는 기사의 갑옷을 꿰뚫을 수가 없었다. 하지만 사정거리가 훨씬 길고 파괴력이 높은 웨일스 장궁 앞에 프랑스 기사들은 추풍낙엽처럼 말에서 떨어졌다.

언어도 마찬가지다. 잉글랜드 왕과 귀족은 프랑스어를 모국어나 교양어로 구사할 줄 아는 사람들이었다. 하지만 일반 병사는 프랑스어를 말할 줄 몰랐다. 잉글랜드 지휘관들은 잉글랜드 왕의 언어이자 적국의 언어인 프랑스어를 배우라고 독려했다. 물론 그 이유는 백병전에서 적들의 언어를 알고 있는 병사가 유리한 고지를 차지하기 때문이었다.

연대기 작가 프루아사르Jean Froissart가 기록한 전쟁 에피소드 하나를 보자. 백년 전쟁 중에 스페인 리바다비아를 점령한 잉글랜드군의 이야기다. 그들은 프랑스어를 이해하고 있었음에도 모른 척했다.

> *갈리스인(북부 스페인)이 프랑스어로 잉글랜드군에게 소리쳤다.*
> *"항복합니다!"*
> *그러자 잉글랜드 병사는 다음과 같이 말했다.*
> *"이놈들이 뭐라고 하는 거야? 우리가 '감사합니다'라고 맞이*

해 줄지 아나? 우리는 스페인어를 할 줄 모른다. 우리가 너희 말을 이해하길 바라면 올바른 프랑스어나 영어로 말해!"

이런 에피소드는 전쟁 중에 흔히 볼 수 있는 것이다. 상대방 언어를 이해하고 있지만 모른 척하면서 적을 난처한 입장에 빠뜨리는 것이다. 백년 전쟁은 프랑스어와 영어를 사용하는 두 나라의 전쟁이었기 때문에 언어에 따라 피아가 구분되었다. 자신과 같은 언어를 사용하는 사람이 아군이고, 그 반대는 적으로 간주했다. 잉글랜드 군대는 그만큼 전쟁에 철저히 준비하고 있었던 것이다.

에드워드 3세,
칼레 시민에게 영어로 연설하다

백년 전쟁의 당사자인 잉글랜드의 에드워드 3세는 전쟁 시작 10년 만에 크레시에서 대승을 거둔다. 그는 여세를 몰아 잉글랜드와 마주 보고 있는 대서양의 항구 도시 칼레를 공격한다. 잉글랜드 입장으로는 칼레를 수중에 넣어야 도버 해협의 해상권을 장악할 수 있기 때문이었다. 하지만 불로뉴 백작이 축조한 칼레의 외성은 철옹성이었다. 시민들이 필사적으로 잉글랜드군의 공격에 저항했지만, 성안의 식량이 바닥을 드러내자 1년간의 저항도 종말을 고하고 만다. 시민 대표들은 에드워드 3세에게 항복하겠다는 전갈을 보낸다. 하지만 에드워드 3세는 감히 자신에게 반기를 들고 저항한 칼레 시민을 살려 주기 싫었다. 그는 조건을 하나 내걸었다. 칼레 시민을 살려 주기는 하겠지만, 대신 시를 대표하는 유지 여섯 명의 목숨을 달라고 했다. 단지 여섯 명이 목숨을 희생하면 수천 명의 칼레 시민은 목숨을 부지할 수 있게 된 것이다.

이런 경우, 권력을 가진 기득권층은 절대로 남을 위해 나서지 않는 법이다. 하지만 칼레 시민은 달랐다. 시에서 가장 부유한 외스타슈 드 생 피에르Eustache de Saint Pierre가 스스로 나선 것이다. 그의 희생정신에 감동한 다른 유지들도 앞다투어 자원했다. 그런데 그 수가 일곱 명이 되어 버렸다. 한 사람은 목숨을 건질 수 있게 된 것이다. 그러자 다음 날 가장 늦게 나오는 사람은 목숨을 보전하게 해 주자는 제안이 나왔다. 이윽고 다음 날, 여섯 명의 시민 대표가 모두 광장에 모였는데 드 생 피에르의 모습만 보이지 않았다. 사람들은 수군거리기 시작했다. 목숨을 부지하기 위해 안 나온 것이라고. 하지만 드 생 피에르의 집에 가 본 시민들은 깜짝 놀라지 않을 수 없었다. 드 생 피에르가 이미 스스로 목숨을 끊은 것이다.

'생즉사 사즉생'이라고 했던가? 에드워드 3세의 면전에 불려 나온 칼레 시민은 이제 왕의 명령만 떨어지면 교수대에 매달릴 운명이었다. 그러나 당시 임신하고 있던 왕비 필리파는 뱃속 아이를 위해서 시민들의 목숨을 살려 주자고 왕에게 간청한다. 결국 에드워드 3세는 왕비의 청을 들어주었다. 이 사건에서 유래한 프랑스어 금언이 바로 '노블레스 오블리주Noblesse oblige'이다. 직역하면 '귀족은 귀족답게 행동해야 한다', 즉 '기득권층은 모범을 보여야 한다'라는 의미로 해석하면 될 것이다.

그렇다면 칼레 시민의 항복을 받은 에드워드 3세는 어떤 말로 연설했을까? 앞에서도 언급한 것처럼 잉글랜드 국왕 에드워드 3세의 모국어는 프랑스어였다. 전쟁 초기에 영국 신민에게 프랑스어의 습득을 장려하며 전쟁을 승리로 이끌어야 한다고 주장하던 사람이 아니었던가? 칼레에 입성한 에드워드 3세가 시민으로 가득한 광장에 나타났다. 칼레 시민은 영국 왕이 자신들과 같은 언어를 사용한다는 사실을 알고 있었다. 당시 에드워드 3세에 대해 연대기 작가 프루아사르는 다음과 같이 적고 있다.

> *왕은 칼레 시민을 매우 이상한 표정으로 내려 보았다. 왜냐하면* (칼레 시민이 저항했기 때문에) *왕의 마음이 매우 무겁고 언짢았기 때문이다. 왕은 말을 잇지 못했다. 마침내 그는 즉흥적으로 연설을 하기 시작했는데* (그의 모국어인 프랑스어가 아닌) *영어로 말했다.*

연대기 작가들은 이 장면을 다음과 같이 해석한다. 에드워드 3세는, 비록 자신의 모국어가 프랑스어였지만, 적국인 프랑스인과 같은 언어를 사용한다는 사실을 인정하고 싶지 않았을 것이라고. 전쟁 전에는 프랑스어의 습득을 강조했으나 이제 자신에게 반기를 든 프랑스인과 그들의 언어를 용납할 수 없었던 것이다.

에드워드 3세의 손자들, 영어를 사용하다

중세 유럽의 왕위 계승은 철저한 혈연주의를 따른다. 게다가 국가와 국적이라는 개념 자체가 모호했던 중세 유럽에서 왕위 계승 과정은 현대인이 생각하는 것과는 전혀 다르게 진행되었다. 영국인이었던 에드워드 3세가 프랑스 왕국의 왕위를 요구한 사건은 현대인에게는 터무니없어 보일 수도 있지만, 당시에는 지극히 당연한 주장이었다. 에드워드 3세의 모국어는 프랑스어였다. 그렇다면 그의 아들과 손자들은 어떤 말을 제1 언어로 사용했을까?

에드워드 3세와 필리파 왕비 사이에서는 다섯 명의 왕자가 태어났다. 첫째 아들은 저 유명한 흑태자 에드워드Edward the Black Prince였다. 백년 전쟁 초기에 크레시 전투에서 혁혁한 무공을 세운 흑태자가 만약 부왕을 계승했다면 에드워드 4세가 되었을 것이다. 흑태자 에드워드는 옥스퍼드셔의 우드스톡 궁전에서 태어났기 때문에 우드스톡의 에드워드Edward of Woodstock라고도 불린다. 둘째 아들은 앤트워프의 라이오넬Lionel of Antwerp이고, 셋째 아들이 곤트의 존John of Gaunt이다. 앤트워

:: 에드워드 3세의 거처는 백년 전쟁으로 여러 번 바뀌었다. 그 결과 자식들의 출생지가 상이하다.

에드워드 3세 (1312년 윈저성 출생, 1377년 64세를 일기로 쉰성에서 사망)					
	출생지	생몰 연도 (사망 장소)	작위	배우자	후손 (출생지)
흑태자 에드워드	우드스톡 (잉글랜드)	1330~1376 (웨스트민스터)	웨일스 공작 콘월 공작	켄트의 잔	**플랜태저넷 왕조** 리처드 2세 (보르도)
앤트워프의 라이오넬	앤트워프 (플랑드르)	1338~1368 (알바, 이탈리아)	클래런스 공작	버Burgh의 엘리자베스	
곤트의 존	곤트 (플랑드르)	1340~1399 (레스터성)	랭커스터 공작	1) 랭커스터의 블랑슈 2) 카스티야의 콘스탄스	**랭커스터 왕조** 헨리 4세 (볼링브로크) 헨리 5세 헨리 6세
랭글리의 에드먼드	랭글리 (잉글랜드)	1341~1402 (킹스 랭글리)	요크 공작	카스티야의 이자벨	**요크 왕조** 에드워드 4세 에드워드 5세 리처드 3세
우드스톡의 토마스	우드스톡 (잉글랜드)	1355~1397 (칼레)	글로스터 공작 버킹엄 백작	분Bohun의 엘레노어	

프는 현재 벨기에 제2의 도시이고, 곤트는 지금의 헨트를 가리킨다. 넷째 아들은 요크 지방에서 태어난 랭글리의 에드먼드Edmund of Langley이고, 막내가 우드스톡의 토마스Thomas of Woodstock이다. 에드워드 3세와 필리파 왕비 사이에서 태어난 왕자들의 출생지와 사용했던 언어를 정리해 보자.

1330년에 태어난 흑태자 에드워드는 프랑스어를 모국어로 사용하는 아버지 에드워드 3세와 에노의 필리파Philippa of Hainault 사이에서 장남으로 태어났다. 에노 백작령은 플랑드르 지방 남쪽에 있는 제후국인데, 현대의 국경선을 적용하면 벨기에 왈롱 지방에 해당한다. 이 지방은 현재 프랑스어권 지역인데, 중세에도 프랑스어와 독일어를 사용하던 지방이었다. 에드워드 3세의 왕비 필리파는 프랑스 발루아 왕가 출신이다. 그녀의 조부가 발루아 왕조 시조인 샤를 드 발루아(필리프 6세의 부친)였으니, 에드워드 3세와 에노의 필리파 부부는 모두 프랑스어를 모국어로 사용했다. 왕실 전통상 에드워드의 다섯 왕자는 프랑스어를 제1 언어로 사용했을 것이다.

흑태자는 약관인 16세 때 크레시 전투에서 혁혁한 무공을 세웠고, 1362년에는 아키텐 공작 지위에 올랐다. 이런 이유에서 흑태자의 장남인 리처드 2세는 아키텐의 수도인 보르도에서 태어났다. 에드워드 3세의 장손인 리처드 2세의 모국어가 프랑스어인 이유가 여기에 있다. 리처드 2세는 정복왕 윌리엄 이후(1066) 프랑스어를 모국어로 사용한 마지막 영국 왕이었다.

흑태자와 리처드 2세의 모국어가 프랑스어였다면, 에드워드 3세의 차남과 3남인 앤트워프의 라이오넬과 곤트의 존의 모국어는 무엇이었을까? 문헌상 곤트의 존이 어떤 언어를 모국어로 사용했는지 확인하기는 쉽지 않지만, 당시 정황, 즉 부모의 언어와 왕자의 출생지를 통해서 모국어 혹은 제1 언어를 간접적으로 확인할 수 있다. 곤트의 존은 지금의 벨기에 지방인 플랑드르 헨트에서 태어났는데, 헨트를 영국에서는 곤트Gaunt라고 불렀기 때문에 곤트의 존으로 불렸다.

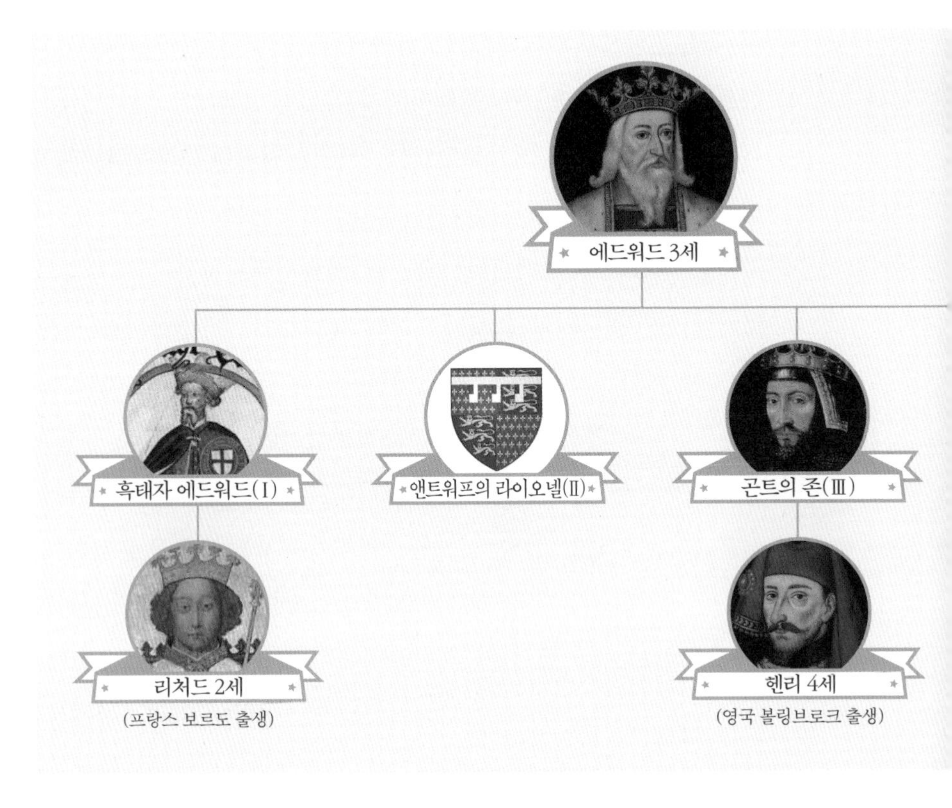

그런데 왜 존은 형인 흑태자처럼 우드스톡이 아니라 플랑드르에서 태어났을까? 그 이유는 백년 전쟁에 있다.

1337년 에드워드 3세는 프랑스의 필리프 6세에게 전쟁을 선포한다. 플랑드르 백작령은 잉글랜드 진영에 합류했고, 에드워드 3세는 1338년 플랑드르의 앤트워프에 상륙했다. 그로부터 2년 뒤인 1340년 곤트의 존이 앤트워프에서 태어난다. 존은 부모의 모국어인 프랑스

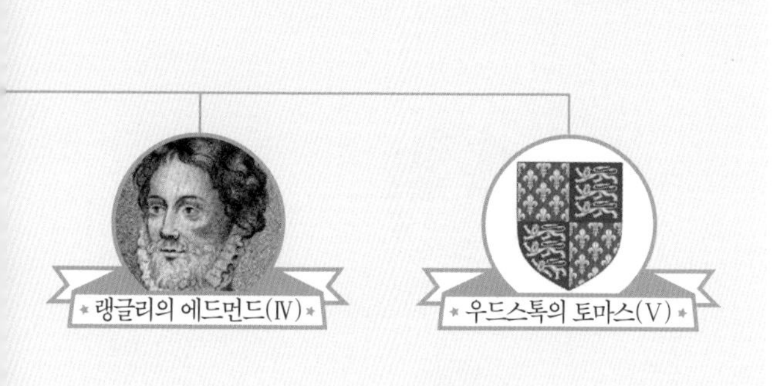

에드워드 3세는 영국 역사상 걸출한 왕자들을 많이 낳은 군주였다. 하지만 맏아들 흑태자의 요절은 장미 전쟁을 불러오고 말았다.

어를 구사했을 것이고, 영어와 플랑드르의 언어인 플라망어를 배우면서 성장한다. 하지만 왕실의 전통에 따라 그의 제1 언어는 프랑스어였을 것이다.

에드워드 3세의 장남 흑태자가 아버지보다 먼저 세상을 떠난 해는 1376년이고, 뒤를 이어 왕위에 오른 리처드 2세의 나이는 10살에 불과했다. 당연히 숙부인 곤트의 존이 섭정을 맡았는데 숙부와 조카 사

흑태자 에드워드의 죽음은 플랜태저넷 왕조의 종말을 알리는 신호탄이었다. 리처드 2세의 숙부인 곤트의 존은 이렇게 랭커스터 왕조를 열었다.

이는 좋지 않았다. 섭정이었던 곤트의 존은 친척이자 랭커스터 공작녀인 블랑슈와 결혼했다.

곤트의 존과 랭커스터 공작녀 블랑슈는 친척이었다. 두 사람 모두 헨리 3세의 후손으로, 한국식 촌수로 팔촌 간이다. 이들의 결혼은 유럽 왕실에서 빈번했던 근친결혼이었다. 그런데 이 결혼의 특이한 점은 그전까지 영국 왕의 배우자를 보면 알 수 있다.

헨리 2세(1154~1189) - 알리에노르(아키텐)

청년왕 헨리(1170~1172) - 마르그리트(프랑스, 루이 7세의 딸)

사자심왕 리처드(1189~1199) - 베랑제르(나바르)

결지왕 존(1199~1216) - 이자벨(앙굴렘)

헨리 3세(1216~1272) - 엘레오노르(프로방스)

에드워드 1세(1272~1307) - 마르그리트(프랑스, 담대왕 필리프의 딸)

에드워드 2세(1307~1327) - 이사벨(미남왕 필리프의 딸)

에드워드 3세(1327~1377) - 필리파(에노 공작의 딸)

리처드 2세(1377~1399) - 이사벨(샤를 6세의 딸)

*괄호 안의 연도는 재위 기간

위에서 소개한 플랜태저넷 왕조 왕들은 모두 프랑스 왕녀와 결혼을 했다. 이런 이유에서 플랜태저넷 왕의 모국어는 모두 프랑스어였다. 역사는 리처드 2세가 프랑스어를 모국어로 구사한 잉글랜드의 마지막 왕이라고 적고 있다. 그런데 리처드 2세의 숙부인 곤트의 존은 잉글랜드의 랭커스터 공작녀를 배우자로 맞이한다. 그녀의 이름은 랭커스터의 블랑슈였다. 이전 왕비들이 모두 프랑스에서 태어난 것과는 달리 랭커스터의 블랑슈는 링컨셔 볼링브로크Bolingbroke성에서 태어났다. 그리고 존과 블랑슈 사이에서 아들이 한 명 태어난다. 그는 어머니처럼 볼링브로크에서 태어났다고 해서 볼링브로크의 헨리라고 불렀다. 그가 바로 리처드 2세를 폐위하고 왕위에 오른 헨리 4세이다. 그는 정복왕 이후 영어를 모국어로 사용한 최초의 왕으로 기록되어 있다. 이제 플랜태저넷 왕조는 막을 내리고, 에드워드 3세의 셋째 아들 곤트의 존에서 랭커스터 왕조가 시작됐다.

리처드 2세 vs. 헨리 4세, 프랑스어와 영어의 격돌

대개 왕조의 종말은 왕세자가 요절하고 어린 왕손이 왕위에 오를 때 일어난다. 흑태자가 병사했을 때 아들 리처드의 나이는 열 살에 불과했다. 그런데 리처드에게는 에드워드 3세의 아들들, 즉 막강한 숙부가 세 명이나 있었다. 리처드 2세의 불행은 이미 이때 잉태됐는지 모른다. 리처드 2세는 본래 왕이 될 운명이 아니었다. 흑태자의 차남으로 태어났기 때문이다. 하지만 흑태자의 장남인 앙굴렘의 에드워드가 요절하고, 흑태자마저 일찍 사망했기 때문에 왕위에 오를 수 있었다.

리처드 2세가 어린 나이에 왕위에 오르자 왕국의 실권은 숙부인 곤트의 존에게 넘어갔다. 존은 숙부이자 조언자로서 리처드 2세의 섭정을 맡았지만, 두 사람의 사이는 그리 좋지 않았다. 그런데 문제는 리처드 2세가 스스로를 프랑스 왕처럼 절대적인 군주로 여기고 있었다는 것이다. 하지만 잉글랜드 귀족들은 이미 대헌장이나 옥스퍼드 조례 등을 통해 자신들의 권리를 보장받고 있었다. 그런 상황에서 약관의 리처드 2세가 의회파를 탄압하고 의회와의 정면 대결을 선언한 것이다. 설상가상으로 완충 지대 역할을 했던 숙부 곤트의 존마저 카스티야 왕위 계승권을 요구하며 스페인으로 떠나버렸다. 이후 리처드 2세는 고립무원 상태에 빠지고 만다. 의회파 지도자들은 5인회를 결성하여 리처드 2세의 탄압을 정면으로 비판하고 나섰다.

리처드 2세는 먼저 5인회를 와해시키기로 마음을 먹는다. 특히 5인회 리더인 숙부 우드스톡의 토마스와 대립한다. 하지만 상황이 자신에게 불리하게 돌아가자, 1388년 리처드 2세는 일단 의회파와 화해한다. 물론 이 화해가 리처드 2세의 진심에서 나온 것은 아니었다. 정세가 불리했기 때문이다. 하지만 리처드 2세는 10년 뒤인 1397년에 다시 강경하게 의회파를 탄압했고, 마침내 숙부인 우드스톡의 토마스를 투옥 후 살해한다. 여기까지는 리처드가 의회파의 공격을 제압한 것처럼 보였다. 하지만 리처드가 제거해야 할 5인회의 멤버 중에는 볼링브로크의 헨리가 있었다. 헨리는 리처드의 동갑내기 사촌이었고, 곤트의 존이 헨리의 아버지였다.

헨리는 어머니 블랑슈처럼 볼링브로크성에서 태어났다. 1397년 숙부 우드스톡의 토마스가 살해당하자 헨리 역시 리처드 2세에게 공개적으로 반감을 드러낸다. 결국 리처드 2세는 헨리를 프랑스로 추방한다. 더구나 얼마 지나지 않아 리처드 2세의 숙부인 곤트의 존, 즉 헨리의 부친이 세상을 떠나자 헨리가 물려받을 영지와 작위를 몰수한다. 파리에서 망명 생활을 하고 있던 헨리의 분노를 짐작하고도 남는다. 이 결정은 어찌 보면 리처드의 오판이었는지 모른다.

리처드 2세와 헨리 4세는 에드워드 3세의 손자로 태어난 동갑내기 사촌이다(리처드가 3개월 빠르다). 그런데 장손인 리처드 2세는 할아버지의 무골을 물려받지 않았고, 헨리는 군주 감이었다. 리처드 2세는 영국에서 프랑스어를 사용하는 마지막 군주였고, 헨리 4세는 노르만 정복 이후 영어를 모국어로 사용한 최초의 군주였다.

설상가상으로 리처드는 결정적인 실수를 한다. 정국이 안정됐다고 판단한 것일까? 아니면 왕권에 도전한 반대파를 완전하게 제압했다고 생각했던 것일까? 리처드는 불안한 정국을 아랑곳하지 않고 아일랜드를 방문하고자 런던을 떠난다. 이때를 놓치지 않고 볼링브로크의 헨리는 프랑스에서 귀국해 의회파와 함께 반란을 일으킨다. 리처드 2세는 반란을 진압하려고 했지만, 정국은 이미 반대파의 손으로 넘어가 있었다. 헨리는 별다른 전투도 하지 않고 리처드 2세의 항복을 받아내었다. 1399년 8월의 일이다. 이후 리처드는 폰티프랙트성에 감금되어 거기에서 죽었다. 본래 리처드는 목숨을 보장받는 조건으로 헨리에게 항복했다고 한다. 하지만 전왕(前王)을 살려두고 새로운 왕이 즉위할 수는 없지 않은가? 볼링브로크의 헨리는 리처드 2세를 폐위하고 1399년 9월에 잉글랜드의 새 왕이 되었다. 역사는 그를 헨리 4세로 부른다. 헨리 2세를 중시조로 개창한 플랜태저넷 왕조는 이렇게 막을 내렸다.

이번에는 리처드 2세와 헨리 4세의 언어 이야기로 넘어가 보자. 앞에서 소개한 것처럼 리처드 2세의 모국어는 프랑스어이고, 헨리 4세의 모국어는 영어였다. 정복왕 이후 프랑스어를 모국어로 사용했던 마지막 왕이 리처드 2세였고, 최초로 영어를 모국어로 사용한 왕이 헨리 4세였다. 물론 헨리 4세의 제1 언어는 영어였겠지만, 영국 왕실 전통상 그도 프랑스어를 유창하게 구사했을 것이다. 게다가 그는 귀국하기 전까지 파리에서 망명 생활을 하지 않았던가?

가난은 나누어도 권력은 나눌 수 없다는 말처럼 리처드와 헨리는 앙숙지간이었다. 먼저 리처드 2세의 면면을 살펴보자. 그의 조부는 백년 전쟁의 영웅 에드워드 3세이고, 부친은 중세 기사의 이상형인 흑태자 에드워드이다. 그런데 리처드 2세는 조부와 부친의 무골(武骨)은 전혀 물려받지 않았다. 프랑스 보르도에서 태어난 리처드는 어린 시절부터 세련된 프랑스의 궁정 문화에 푹 빠져 있었다고 한다. 그는 전투나 기사도에는 관심이 없었고, 외모에 신경을 쓰는 인물이었다. 다시 말해 인생의 '멋'을 아는 남자였던 것이다.

리처드 2세는 당시에는 드물게 규칙적으로 목욕을 했다고 한다. 당대 사람들은 목욕을 거의 하지 않았는데, 그 이유는 흑사병이 목욕을 통해 전염된다고 믿었기 때문이다. 다시 말해 리처드 2세는 유별난 취미를 가진 군주임에 틀림없었다. 게다가 리처드 2세는 신경질적인 발작도 자주 부렸다고 한다. 그러니 주변 인심을 많이 잃었을 것이다. 생각해 보자. 일국의 왕이 경쟁국, 즉 프랑스어와 프랑스 문화에 빠져 왕권의 신성불가침만을 주장하고 있으니 신하들이 그의 편에 서겠는가? 게다가 영국은 의회 민주주의의 전통이 이미 존왕과 헨리 3세 때부터 면면히 이어져 오고 있지 않은가?

리처드 2세가 프랑스 보르도에서 태어난 잉글랜드 왕이라면, 볼링브로크의 헨리(훗날의 헨리 4세)는 잉글랜드 볼링브로크에서 태어났다. 사촌의 언어는 출생지가 그 차이를 말해 준다. 즉 리처드는 프랑스어가 모국어였고, 헨리는 영어가 편한 언어였다. 리처드 2세가 즉위했을 때 헨리와 리처드의 사이는 나쁘지 않았다. 이 말은 사촌인 헨리가 리처드를 에드워드 3세의 정통성을 이어받는 군주로 인정했다는

와트 타일러의 죽음을 지켜보는 리처드 2세

말이다. 동갑내기인 리처드와 헨리는 어린 시절을 친구처럼 보낸 사이였다. 하지만 왕위에 오르면 주위 사람들이 모두 적으로 보이는 법이다. 심지어 피를 나눈 사촌 형도 예외일 수 없었다.

리처드 2세의 치세 초기에 헨리와 리처드와의 관계는 원만했지만, 리처드가 귀족들을 탄압하자 헨리는 귀족 편으로 돌아선다. 1387년의 일이다. 이후 헨리는 성지를 수복하기 위해 중동 지방으로 원정을 나선다. 그리고 1393년에 잉글랜드로 금의환향한다. 헨리의 인기는 이미 리처드 2세의 인기를 뛰어넘고 있었다. 사실 리처드 2세의 인기는 즉위한 지 4년 만에 와트 타일러Wat Tyler의 난이 일어났을 때 이미 땅에 떨어졌다고 보는 것이 옳다. 당시 리처드 2세는 비록 열네 살의 소년왕이었지만, 농민군 우두머리인 타일러를 죽이고, 농민과 했던 모든 약속을 지키지 않았다. 그 약속 중에는 농노제의 폐지도 포함되어 있었다.

영국민의 시각에서 헨리 4세의 왕위 찬탈 과정을 살펴보자. 선왕인 리처드 2세는 거만하고 잘난척하며, 게다가 영어가 아닌 프랑스어를 자랑스럽게 사용하는 왕이었다. 하지만 헨리는 달랐다. 그는 호화스러운 사치와는 거리가 먼 인물이었으며 신앙심도 돈독하여 성지 원정에도 참가한 적이 있는 왕족이었다. 그리고 무엇보다도 헨리는 영국의 농민처럼 영어를 제1 언어로 사용했다. 역사라는 것이 우연과 필연이 교차하며 만들어지는 것이지만, 헨리 4세의 등극과 리처드 2세의 몰락은 예정된 역사의 운명이라고 말할 수 있다.

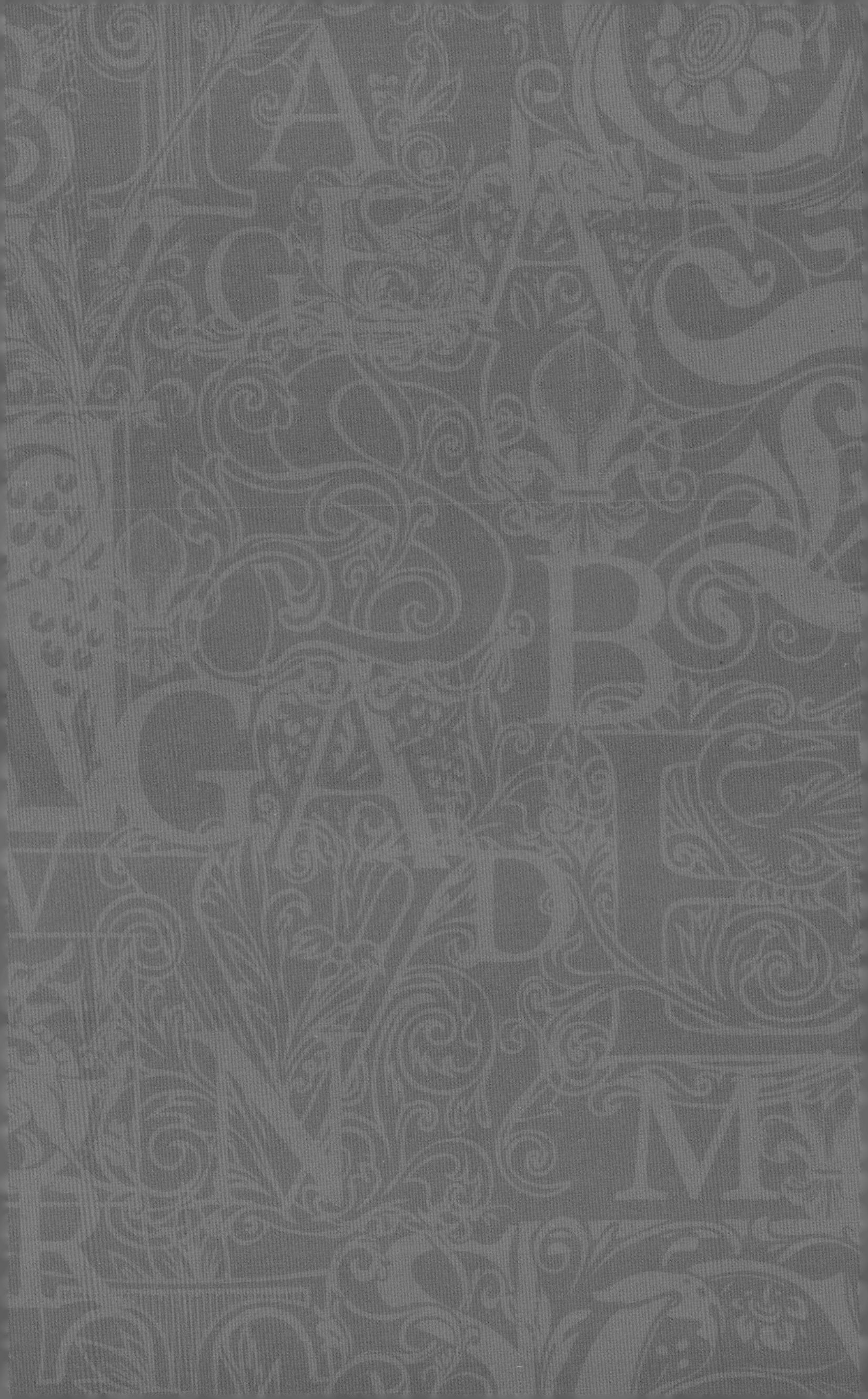

스물두 개의 왕관을 가진

카를 5세

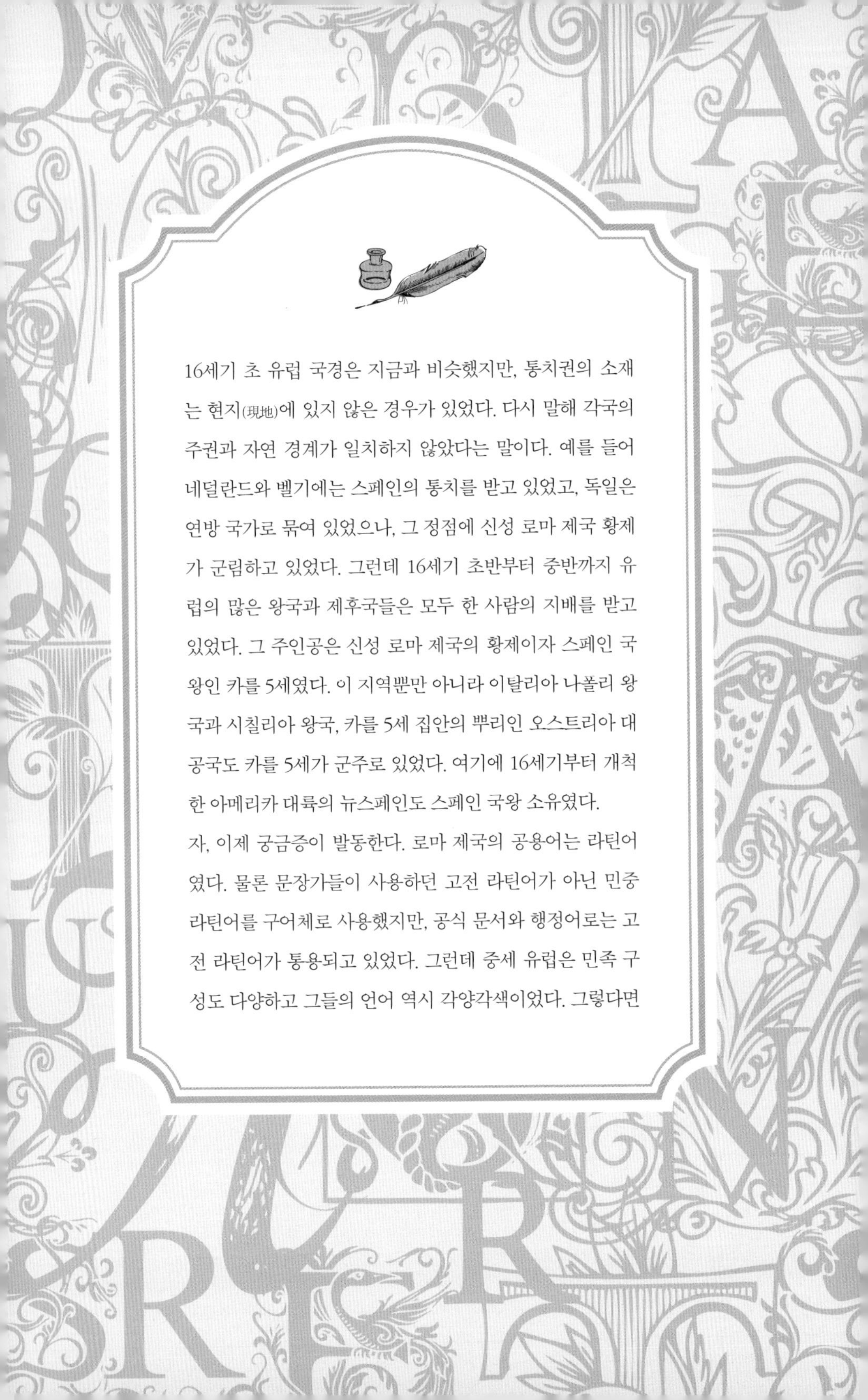

16세기 초 유럽 국경은 지금과 비슷했지만, 통치권의 소재는 현지(現地)에 있지 않은 경우가 있었다. 다시 말해 각국의 주권과 자연 경계가 일치하지 않았다는 말이다. 예를 들어 네덜란드와 벨기에는 스페인의 통치를 받고 있었고, 독일은 연방 국가로 묶여 있었으나, 그 정점에 신성 로마 제국 황제가 군림하고 있었다. 그런데 16세기 초반부터 중반까지 유럽의 많은 왕국과 제후국들은 모두 한 사람의 지배를 받고 있었다. 그 주인공은 신성 로마 제국의 황제이자 스페인 국왕인 카를 5세였다. 이 지역뿐만 아니라 이탈리아 나폴리 왕국과 시칠리아 왕국, 카를 5세 집안의 뿌리인 오스트리아 대공국도 카를 5세가 군주로 있었다. 여기에 16세기부터 개척한 아메리카 대륙의 뉴스페인도 스페인 국왕 소유였다.

자, 이제 궁금증이 발동한다. 로마 제국의 공용어는 라틴어였다. 물론 문장가들이 사용하던 고전 라틴어가 아닌 민중 라틴어를 구어체로 사용했지만, 공식 문서와 행정어로는 고전 라틴어가 통용되고 있었다. 그런데 중세 유럽은 민족 구성도 다양하고 그들의 언어 역시 각양각색이었다. 그렇다면

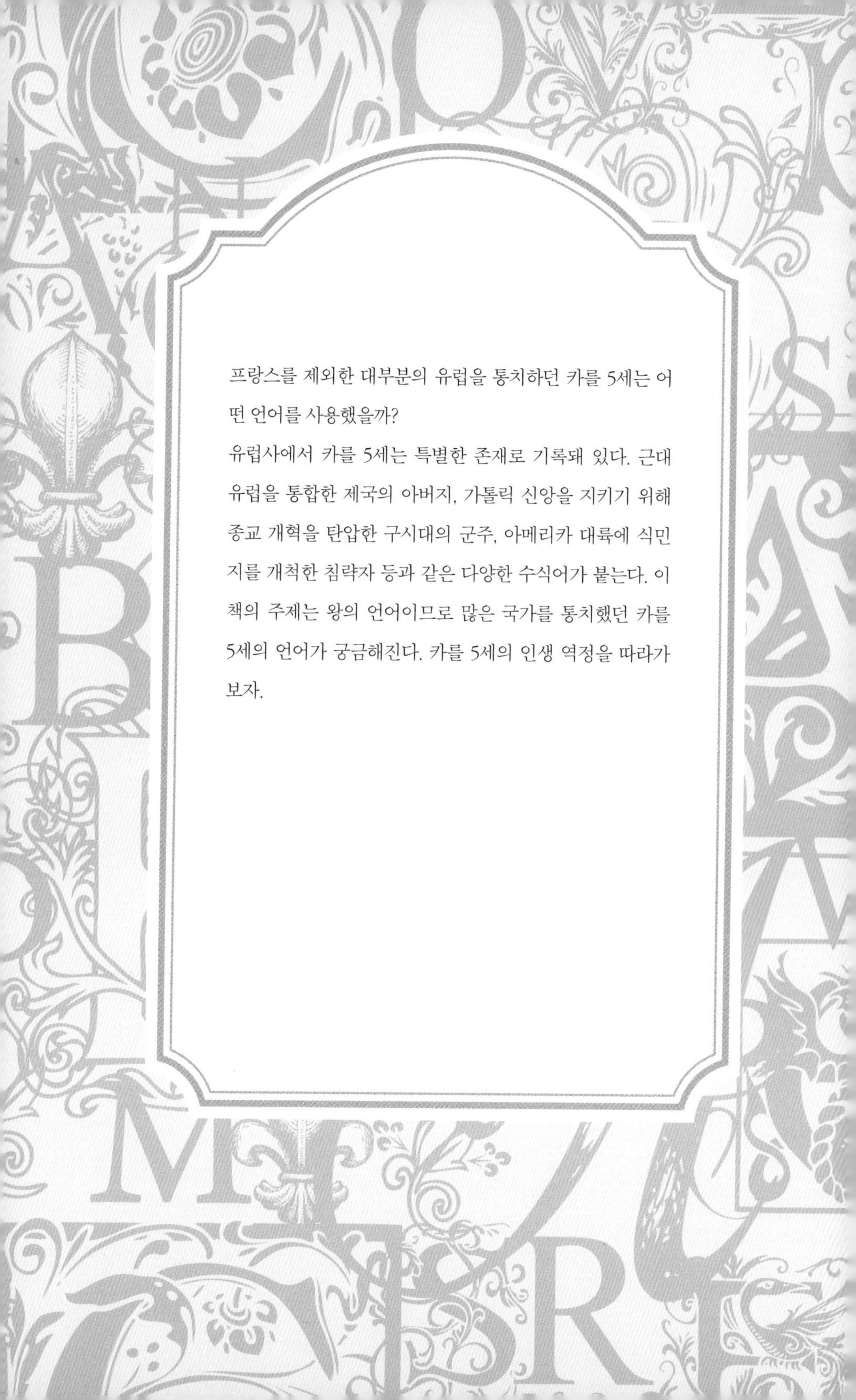

프랑스를 제외한 대부분의 유럽을 통치하던 카를 5세는 어떤 언어를 사용했을까?
유럽사에서 카를 5세는 특별한 존재로 기록돼 있다. 근대 유럽을 통합한 제국의 아버지, 가톨릭 신앙을 지키기 위해 종교 개혁을 탄압한 구시대의 군주, 아메리카 대륙에 식민지를 개척한 침략자 등과 같은 다양한 수식어가 붙는다. 이 책의 주제는 왕의 언어이므로 많은 국가를 통치했던 카를 5세의 언어가 궁금해진다. 카를 5세의 인생 역정을 따라가 보자.

카를 5세의 유년기

카를 5세가 태어난 1500년의 유럽은 군주제 왕국과 작은 제후국이 난립하던 시기로, 가장 강력한 왕국을 꼽으라면 프랑스와 영국이었다. 왕국이나 제후국의 상속은 철저하게 혈통주의에 의해 이루어졌다. 부모가 죽으면 부모의 영지와 작위는 아들이 물려받는다. 아들이 없으면 딸도 부모의 유산을 물려받을 수 있다. 만약 자식이 먼저 죽으면 재산은 망자의 배우자에게 돌아간다. 그런데 중세 이후 유럽 왕실에서는 국가 간에 혼인이 매우 빈번했기 때문에 외국인 배우자가 왕실에 새로운 구성원으로 들어오는 경우가 비일비재했다. 이럴 때는 어떻게 됐을까? 프랑스와 독일 사이에 있었던 부르고뉴 공국의 상속 과정을 살펴보자.

1477년 부르고뉴 공국의 '용담공' 샤를Charles Ier le Téméraire이 낭시 전투에서 전사했다. 북서부 저지대와 부르고뉴의 통합을 목전에 두고 로렌 공국의 수도 낭시를 탈환하기 위해 엄동설한에 공격하다가 죽고 만 것이다. 용담공 샤를이 죽자 상속자는 무남독녀 마리Marie밖에 남

——— 신성 로마 제국의 황제로 선출될 무렵의 카를 5세. 오른쪽은 그의 문장이다. 프랑스와 영국을 제외하면 대부분의 왕국과 제후국이 그의 영지였다. 현재의 독일, 스페인, 오스트리아, 이탈리아, 체코, 네덜란드, 벨기에, 룩셈부르크 등이 그가 통치권자로 있던 왕국과 제후국이었다. 중세 유럽의 다국적 CEO이다.

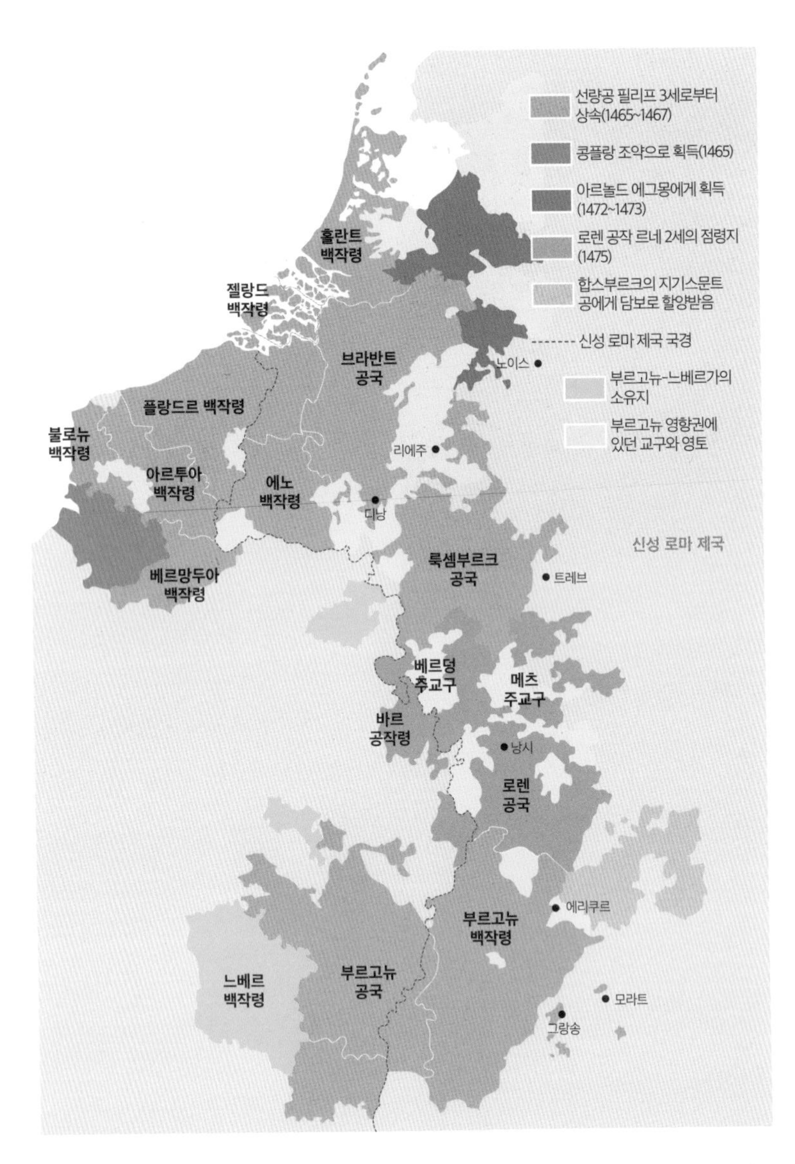

부르고뉴는 가운데 끼인 로렌 공국만 통합하면 명실상부한 왕국으로 발전할 수 있었다. 하지만 로렌 공국의 수도인 낭시의 함락을 눈앞에 두고 용담공 샤를은 스위스 용병 부대와의 전투에서 목숨을 잃는다.

지 않았다. 별명이 '부귀공'이었던 그녀는 아버지가 남긴 광활한 공작령의 유일한 상속녀가 되었다. 그녀가 상속할 영지는 프랑스 동부 지방(프랑슈콩테, 알자스, 로렌)과 플랑드르(벨기에와 네덜란드)를 아우르고 있었다. 이제 마리와 결혼을 하는 유럽의 군주는 광활한 영지를 전쟁도 하지 않고 차지할 수 있게 된 것이다. 당장 후보자들이 나왔다. 프랑스의 절대 왕정에 기초를 놓은 루이 11세와 신성 로마 제국의 프리드리히 3세가 마리와 결혼을 하겠다고 나섰다. 루이 11세는 별명이 '거미'였는데, 당시 프랑스 왕국 주변 제후국을 거미줄을 치듯이 하나씩 병합했다고 붙은 별명이었다. 물론 이 별명은 그의 음흉한 성격에서 유래했다는 설도 있다. 그런데 용의주도하게 프랑스 왕국의 영지를 확대하던 루이 11세는 부르고뉴 공국을 차지하려는 마음이 너무 앞섰는지 실수를 하고 만다. 군사력으로 부르고뉴를 밀어붙이려고 한 것이다. 결국 루이 11세는 후보에서 탈락했다. 라이벌이 실수한 덕에 신성 로마 제국의 황제 프리드리히 3세는 힘도 들이지 않고 아들 막시밀리안을 마리와 결혼시킬 수 있었다. 부르고뉴 공국은 프랑스와 신성 로마 제국 사이에 완충 지대 역할을 하던 중요한 제후국이었는데, 이 지방이 프랑스의 라이벌인 신성 로마 제국으로 넘어간 것이다. 프랑스 왕국에 치명적인 실수였다.

한편 부르고뉴 공국의 상속녀 마리는 남편 막시밀리안이 신성 로마 제국의 황제로 선출되기 이전에 세상을 떠나고 만다. 사냥하다가 낙마 사고로 세상을 떠난 것이다. 합스부르크 왕가는 금싸라기 같은 부르고뉴 공국을 손에 넣고 제국의 발판을 만들었다. 이후 막시밀리

평생의 숙원인 부르고뉴 공국의 남북 통합을 눈앞에 두고 용담공 샤를(왼쪽)은 낭시 전투에서 목숨을 잃는다. 그의 무남독녀 마리(오른쪽)는 프랑스 왕국과의 혼인을 거부하고 신성 로마 제국의 막시밀리안 황제에게 도움을 청한다.

안 황제의 아들인 '미남왕' 펠리페는 카스티야 왕국과 아라곤 왕국의 상속녀 후아나와 결혼을 하고, 훗날 통합 스페인의 군주가 된다. 그리고 이들 사이에서 태어난 왕자가 바로 카를(훗날의 카를 5세)이었다. 그러므로 카를은 조부로부터 신성 로마 제국을, 조모인 부귀공 마리로부터는 부르고뉴 공국을, 부모로부터는 통합 스페인 왕국을 물려받은 것이다. 합스부르크 왕가는 이렇게 결혼을 통해 유럽 대부분을 수중에 넣었다.

카를은 서기 1500년에 플랑드르 지방 헨트에서 태어났다. 이 지방은 부르고뉴 공국의 영지였다. 카를의 부모인 미남왕 펠리페와 카스티야의 후아나는 1496년 플랑드르에서 결혼식을 올리고 부르고뉴 공국에서 신혼을 보낸다. 카를이 스페인에서 태어나지 않고 헨트에서 태어난 이유가 여기에 있다. 펠리페 국왕 부부는 1501년 카스티야와 아라곤의 의회인 코르테스로부터 신서를 받고자 브뤼셀을 떠나 스페인 톨레도로 향한다. 미남왕 펠리페(펠리페 1세)는 훗날 자신의 자식이 승계할 스페인 왕국에 눈도장을 찍으러 간 것이다. 하지만 스페인 생활에 적응하지 못한 펠리페는 후아나를 남겨 놓은 채 플랑드르로 돌아온다. 펠리페의 여성 편력도 문제였지만, 후아나의 편집증이 점점 심해지고 있었기 때문이다. 결국 후아나는 남편에게 지나친 집착증을 보여 정신이 이상해지고 만다.

소년 카를은 아버지가 스페인의 왕이 된 뒤에도 플랑드르에 남았다. 고모인 마르가레테(프랑스어로는 마르가리트라 불린다)가 카를의 양육을 맡았다. 모친인 후아나가 정상적인 어머니 역할을 할 수 없었기 때문이다. 합스부르크가 왕녀인 마르가레테는 프랑스 왕위 계승권자인 샤를(훗날의 샤를 8세)과 결혼하고자 일찍이 프랑스로 건너가 샤를의 누이에게 교육을 받았고, 곧이어 왕비가 됐다. 하지만 마르가레테와 샤를 8세의 결혼은 무효가 되고, 샤를 8세는 브르타뉴 공국을 차지하기 위해 브르타뉴의 안과 재혼한다. 결과적으로 마르가레테는 소박을 맞은 것이다. 그녀는 이후 스페인 왕세자 후안과 결혼한다. 후안은 카를의 어머니인 후아나의 오빠였으므로, 마르가레테는 시누이의 오빠와 재혼한 것이다. 하지만 1년 만에 후안은 요절했고, 마르가레테는 스페인 왕국의 영지인 네덜란드에서 총독으로 지내며 오빠의 자식들, 특히 카를의 교육을 도맡았다.

일단 정리해 보면 카를은 플랑드르 지방에서 태어났으므로 플라망어를 배웠을 것이다. 그리고 프랑스 왕국에서 교육을 받은 고모 마르가레테의 영향으로 프랑스어를 유창하게 구사했다. 학자들은 그런 이유에서 카를 5세의 모국어가 프랑스어라고 말한다. 카를이 태어난 플랑드르 지방은 네덜란드어 방언인 플라망어가 사용되는 지방이었는데, 이웃한 왈롱 지방(벨기에 지방)의 왈롱어는 프랑스어 계열 방언이었다. 지금의 벨기에가 프랑스어와 네덜란드어를 공용어로 쓰고 있는 것처럼 카를이 태어난 16세기에도 마찬가지였다. 게다가 당시 유럽 궁정에서 프랑스어는 귀족의 교양어로 통용됐으므로, 카를이 프랑스어를 유창하게 구사했다는 사실은 자연스러운 일이었다.

요약하자면 유럽 대부분과 신대륙의 통치자였던 카를은 마치 대기업의 CEO처럼 많은 언어를 구사할 줄 아는 군주였다. 고모인 마르르의 수도였으며, 카를 5세는 이곳에서 어린 시절을 보냈다. 쿠덴베르크궁은 1731년 화재로 소실됐다.

얀 브뤼헐이 그린 브뤼셀 쿠덴베르크궁. 브뤼셀은 합스부르크 왕조의 영지인 플랑드르의 수도였으며, 카를 5세는 이곳에서 어린 시절을 보냈다. 쿠덴베르크궁은 1731년 화재로 소실됐다.

가레테로부터 배운 프랑스어와 고향에서 배웠던 플라망어가 황제의 모국어였다. 스페인 국왕으로서 스페인어도 배웠는데, 다만 전통적으로 신성 로마 제국 황제의 모국어인 독일어는 그렇게 신통치 않았다고 한다. 여기에 당시 유럽의 공식 언어인 라틴어도 어느 정도 구사했다고 한다.

스페인 국왕이 되다

미남에다 여성 편력이 심했던 카를의 아버지 펠리페 1세가 1506년 스페인 부르고스에서 갑자기 세상을 떠났다. 펠리페의 나이 28살, 카를이 6살 때였다. 얼음물 한 잔을 마시고 죽었다고 했지만, 독살이라는 소문이 파다하게 돌았다. 펠리페의 자녀들은 누이동생 마르가레테가 말린(벨기에의 도시)에서 돌보고 있었다. 펠리페의 장모인 카스티야의 이사벨라 여왕도 1504년에 세상을 떠났기 때문에 카를의 모친 후아나는 이제 카스티야의 합법적인 여왕이 되었다. 그런데 문제가 있었다. 남편이 자신을 버리고 플랑드르로 간 이후 후아나의 정신 상태가 정상이 아니었기 때문이다. 역사에서는 이 때문에 그녀를 '광녀 후아나'라고 부른다. 생전에 미남왕 펠리페는 카스티야 왕좌가 탐났지만, 엄연히 후아나가 살아 있었으므로 자신이 카스티야의 국왕이라고 선포할 수 없었다. 그러던 중에 펠리페가 죽은 것이다. 이제 카스티야의 왕관은 6살 카를에게 넘어간다. 법적으로는 어머니 후아나가 당연히 카스티야 여왕이었지만, 실제는 카를이 스페인의 군주였다. 카를은 이후 10년 동안 브뤼셀에서 청년기를 보냈다. 그리고 부왕이 사망한 지 11년이 지난 뒤 스페인을 찾았다.

1517년 9월, 17살의 청년 카를이 카스티야의 새 왕으로 코르테스의 비준과 신서를 받기 위해서 난생처음 스페인에 발을 내디뎠다. 카를 일행이 배를 타고 스페인에 도착하자 스페인 사람들은 어리둥절했다고 한다. 카를과 함께 온 사람들이 오직 프랑스어와 플라망어만 구사하고, 스페인어는 한마디도 말할 줄 몰랐기 때문이었다. 하지만 왕국의 통치자와 그 일행이 신민의 언어를 전혀 못 했던 게 당시에는 크게 이상한 일이 아니었다. 당시 군주에게 왕관은 국가 간 혼인으로 주고받는 것이었고, 언어는 나중에 배우면 된다고 생각했다. 그러나 카를의 문제는 스페인어만 배운다고 해결될 일이 아니었다. 비록 펠리페 1세가 세상을 떠났지만, 여전히 카를의 어머니 후아나가 살아 있었기 때문이다. 후아나는 명실상부한 카스티야의 여왕이었다. 물론 그녀가 정상적으로 통치권을 행사할 수 없기에 카스티야 의회도 난감한 입장이었다.

카를은 의회와 협상을 벌여 몇 가지 약속을 했다. 어머니 후아나의 지위를 인정하고, 스페인어(정확히 말하면 카스티야어)를 배우고 외국인 관료를 임명하지 않는다는 조건으로 의회의 동의를 끌어냈다. 이렇게 해서 카를 5세는 카스티야 군주로서 성공적으로 첫발을 내디뎠다. 카스티야 국왕으로 인정을 받은 카를의 다음 목표는 아라곤 왕위였다. 당시 스페인 통합 왕국은 카스티야의 이사벨라 여왕과 아라곤의 페르디난도 2세의 결혼으로 탄생했지만, 엄연히 둘은 별개의 왕국이었다. 아라곤의 페르디난도 2세는 첫 번째 왕비와의 사이에서 아들을 보지 못했고, 두 번째 결혼에서도 왕자가 태어나지 않았다. 이렇게 되면 외손자인 카를이 아라곤 왕국의 승계자가 된다. 하지만 페르디난도 2세는 이왕 아라곤 왕국을 외손자에게 물려준다면 플랑드르에서 태어난 카를보다는 스페인에서 태어난 페르디난도(훗날 신성 로마 제국 황제인 페르디난트 1세)에게 아라곤 왕국을 물려주고 싶었다. 페르디난도는 외할아버지인 페르디난도 2세가 직접 키운 외손자였다. 게다가 페르디난도는 어려서부터 스페인어(이 경우는 카탈루냐어)를 잘했기 때문에 더 애정이 가는 외손자였다. 훗날 스페인 국왕에 이어 신성 로마 제국 황제에 등극한 카를은, 스페인 왕국은 아들 펠리페에게 그리고 신성 로마 제국은 동생인 페르디난트 1세에게 양위를 한다. 외조부가 바라던 바와는 정반대로 제국과 왕국의 승계가 이루어진 셈이다.

스페인어를 배우기로 약속하고 왕위에 오른 카를의 앞날은 순탄하지 않았다. 우선 스페인인의 반발이 컸다. 스페인 사람에게는 이방인인 카를이 혈연관계에 따라 스페인의 왕이 되었다는 사실이 불만이었다. 게다가 카를은 프랑스와 전쟁을 벌이면서 과도한 세금을 신민에게 부과했고, 국왕의 동포라고 할 수 있는 플랑드르인을 요직에 앉힌 것도 스페인 사람의 비난을 불러왔다. 설상가상으로 카를이 신성 로마 제국 황제에 도전하기 위해 스페인 왕위를 비우고 독일로 떠난 것도 불에 기름을 부은 격이었다. 결국 귀족들의 반란이 일어났다. 하지만 카를은 신성 로마 제국의 황제 선거 때문에 스페인으로 당장 돌아갈 수 없었다. 카를은 대리인을 지명해 반란을 진압하려고 했지만 여의치 않았다. 마침내 황제가 된 카를 5세는 스페인으로 돌아와 귀족의 반란을 철저하게 진압하고 항복을 받아낸다. 이후 카를 5세는 자신이 신성 로마 제국 황제이자 스페인 국왕임을 공식적으로 인정받는다. 그리고 부재중에는 스페인의 통치를 현지인에게 위임한다는 합의를 도출하고 반란을 마무리했다. 16세기 유럽 역사의 주인공인 카를 5세의 시대는 이렇게 시작되었다.

다국적 형제

카를은 오스트리아의 합스부르크 왕조의 후손이다. 이 집안의 모토는 결혼을 통해 유럽 왕실을 접수한다는 것인데 그 내용은 다음과 같다.

> *다른 이들은 전쟁을, 행복한 오스트리아여, 너는 결혼을*
>
> *Bella gerant alli, tu felix Austria nube*

결혼을 통한 성공의 예는 카를 5세의 조부인 막시밀리안 1세가 확실히 보여 주었다. 단 한 번의 결혼으로 독일과 프랑스 사이에 있던 강력한 부르고뉴 공국을 차지하지 않았던가? 이제 합스부르크 왕가의 팽창욕은 가속도가 붙고 있었다. 일단 막시밀리안 황제가 아들 펠리페 1세를 카스티야와 아라곤의 후아나와 결혼시킨 것도 최상의 상수 패였다. 아들이 없는 집안만 골라 자식을 데릴사위로 보내는 방식을 사용한 것이다. 물론 후아나에게는 오빠가 있었다. 그런데 그 오빠의 아내도 합스부르크의 왕녀이자 카를 5세의 고모인 마르가레테였다. 말하자면 합스부르크 집안은 이중의 보험을 든 셈이었다.

미남왕 펠리페와 광녀 후아나 사이에는 여섯 명의 자녀가 태어났다. 카를 형제들이 태어난 곳과 출생 연도를 보자. 당시는 군주가 한 곳에 정착해 살던 시대가 아니었으므로 자녀들의 출생지를 보면 군주들이 어느 왕궁에서 거처했는지, 어떤 언어를 사용했는지 알 수 있다.

카를과 그의 누이 엘레오노르 그리고 동생 이사벨라와 마리아는 플랑드르에서 태어났다. 부모인 미남왕 펠리페와 후아나 왕비가 플랑드르에 거처했기 때문이다. 큰딸 엘레오노르는 포르투갈의 마누엘 1세와 사별한 뒤 마드리드에서 홀로 지냈는데, 훗날 카를 5세는 프랑스 프랑수아 1세를 전쟁에서 포로로 잡아 누이 엘레오노르와 결혼시킨다. 이 결혼은 프랑스 왕을 잡아 둘 가장 확실한 보험이었다. 카를의 여동생 이사벨라는 더 멀리 시집갔다. 바이킹 3국, 즉 덴마크, 스웨덴, 노르웨이가 동맹을 이룬 칼마르 동맹(1397~1523)의 왕비로 시집을 간 것이다. 이 왕국은 15세기 유럽에서 가장 큰 연합 왕국이었다.

카를의 유일한 남동생인 페르디난도(훗날의 페르디난트 신성 로마 제국 황제)는 스페인에서 태어났다. 그는 외조부인 아라곤의 페르디난도 2세 밑에서 자랐고, 외조부 이름을 그대로 물려받았다. 그는 외조부와 생일도 비슷하고, 플랑드르에서 태어난 카를과 달리 스페인에서 태어났기 때문에 스페인 귀족들의 열렬한 지지를 받으며 자랐다. 스페인어를 한마디도 못 하고 스페인 왕이 된 카를과 달리 페르디난도는 스페인어가 모국어였을 것이다. 그런데 인생은 수학 공식처럼 풀리지

엘레오노르
1498~1558
벨기에 루뱅
프랑수아 1세의 왕비

카를
1500~1558
벨기에 헨트
신성 로마 제국 황제 카를 5세

이사벨라
1501~1526
벨기에 브뤼셀
스칸디나비아 칼마르 동맹의 왕비

페르디난도
1503~1564
스페인 알칼라
신성 로마 제국 황제

마리아
1505~1558
벨기에 브뤼셀
벨기에 총독
헝가리와 보헤미아 왕비

카탈리나
1507~1578
스페인 토르크마다
펠리페 1세의 유복자
포르투갈 왕비

펠리페와 후아나의 여섯 자녀

않는 법이다. 1521년 신성 로마 제국의 황제가 된 카를 5세가 두 왕국(스페인과 신성 로마 제국의 독일)을 통치할 때 동생인 페르디난도에게 신성 로마 제국의 통치를 위임했고, 아들 펠리페 2세에게는 스페인 왕국을 물려주었다. 페르디난도는 이럴 줄 알았으면 독일어를 잘 배워둘 걸 후회했을지도 모른다. 이후 스페인과 신성 로마 제국까지 영역을 넓힌 합스부르크 왕가가 이번에는 카를의 누이동생 마리아를 헝가리와 보헤미아 연합 왕국으로 시집보낸다. 가히 결혼으로 집안을 일으키려는 노력이 하늘을 찌른다. 하지만 슬픈 이야기도 있다. 카를 5세의 막냇동생 이야기가 그렇다.

막내 카탈리나는 유복자로 태어났다. 다시 말해 아버지 미남왕 펠리페가 죽은 다음에 태어났다는 뜻이다. 그런데 그 과정이 극적이다. 펠리페 1세가 급사하자 후아나는 남편의 시신을 떠나지 않았다. 남편이 환생할 것이라고 철석같이 믿고 있었기 때문이다. 평범한 인간이 이런 망상을 하고 있다면 완력으로 제지할 수 있지만, 상대는 스페인 연합 왕국의 여왕이다. 아무도 그녀를 말릴 수가 없었다. 게다가 그녀는 임신 중이었다. 설상가상으로 후아나는 남편의 시신을 왕실 예배당이 있는 그라나다까지 옮기겠다고 완강히 버티었다. 남편 펠리페가 죽은 곳은 마드리드 북쪽 부르고스인데, 그곳에서 남부 스페인 그라나다까지는 600킬로미터가 넘는 거리였다. 여왕의 명령은 아무도 거역할 수 없었다. 부패한 시신을 마차에 싣고 장례 행렬이 남쪽으로 향했다. 운구 행렬은 낮에는 이동하지 않았고 밤에만 움직였다고 한다. 장례 행렬이 그라나다를 향하는 길에 후아나는 출산하고 만다. 이때 태어난 딸이 바로 카탈리나이다. 이렇게 불행하게 태어난 아이가 어디 있을까? 마침내 수십 일이 지나 운구 행렬이 그라나다에 도착했다. 펠리페는 그라나다의 왕실 예배당에 안장됐다. 그리고 후아나는 마드리드 북쪽에 위치한 토르데시야스 수도원에서 칩거를 시작했다. 그녀는 바닥에 앉아 음식을 먹으며 죽은 남편이 환생하기만을 기다렸다고 한다. 후아나는 때로는 미친 듯이 소리를 지르며 남편을 찾았는데, 아마도 이 절규는 천형(天刑)을 받은 후아나가 세상을 향해 울부짖은 불행의 외침이었을 것이다.

스페인 국왕이 된 카를은 어머니 후아나가 칩거하고 있는 수녀원을 찾았다. 이때 두 모자는 처음으로 대면을 했다. 이 자리에서 후아나는 "당신이 정말 내 아들이오?"라고 물었다고 한다. 카를이 어머니를 찾은 이유는 모자간의 정을 확인하기 위해서가 아니라, 공동 통치자인 후아나의 동의를 받아 스페인 통합 왕국의 통치권을 확인받기 위함이었다. 카를은 처음 본 동생 카탈리나를 수녀원에서 데리고 나오고 싶었으나, 그녀의 방은 후아나의 방을 거쳐 들어가야 했으므로 방법이 난감했다. 하지만 다행히도 카탈리나는 수도원에서 나올 수 있었고, 이후 포르투갈의 왕비가 됐다.

1555년 후아나는 마침내 세상을 떠났다. 아들인 카를 5세보다 3년 먼저 생을 마감한 것이다. 그녀는 남편인 미남왕 펠리페가 죽은 뒤에 무려 49년을 수녀원에서 살았다.

카를 5세의 두 번째 거처인 그라나다의 알람브라 궁전.
왕비 이사벨라와의 애틋한 추억이 남아 있는 장소이다.

신성 로마 제국의 황제에 도전하다

1519년 1월 12일 카를의 조부이자 신성 로마 제국의 황제인 막시밀리안 1세가 세상을 떠났다. 당연히 손자인 카를이 차기 황제 후보로 떠올랐다. 하지만 그러려면 이제 막 자리 잡은 스페인 왕국을 비워야 한다. 지금으로 치면 약관의 청년을 대통령으로 인정해 주었더니, 몇 년 뒤에 유엔 총장이 되겠다며 나라를 비우겠다는 것과 마찬가지다. 스페인 의회와 귀족은 솔직히 카를이 마음에 들지 않았다. 나이도 18살밖에 되지 않았고, 스페인어도 한마디 못 하는 카를을 자신들의 군주로 인정하기가 어려웠던 것이다. 게다가 이제 막 자리 잡은 스페인 왕좌를 비워놓고 독일로 떠나겠다는 카를이 마음에 들겠는가?

그러나 카를은 결단을 내렸다. 그의 야망은 스페인 국왕에 멈추지 않았다. 비록 제후들로부터 세금을 징수하지 못하고, 군대를 소집할 수 있는 권리도 없지만, 신성 로마 제국 황제는 기독교 세계의 지존(至尊)이었다. 황제의 왕관은 카를이 꿈꾸는 이상, 즉 유럽에 자신의 제국을 건설하려면 꼭 필요한 타이틀이었다.

카를은 왈롱 지방과 이웃한 플랑드르 지방에서 태어나 프랑스어를 유창하게 구사할 수 있었지만, 독일어는 신통치 않았다. 하지만 무슨 상관이란 말인가? 독일어는 황제로 선출된 다음에 배워도 늦지 않을 것이다. 스페인어를 한마디 못 해도 스페인 국왕에 당당히 오르지 않았던가?

전통적으로 신성 로마 제국 황제는 선거를 통해서 선출됐다. 게르만족의 전통이 그대로 남아 있었던 것이다. 카페 왕조의 시조 위그 카페가 대제후의 선거를 통해 프랑스 왕으로 선출되었던 것처럼, 게르만 군주도 전통적으로 선거를 통해 선출됐다. 물론 이 경우에 선거는 요식 행위에 불과했다. 위그 카페 이후 왕위가 세습됐듯이, 신성 로마 제국 황제도 선거로 한 집안에서 그 명맥을 이어 갔다. 카를 이전에는 조상인 합스부르크 가문에서 황제를 대물림하고 있었다.

황제를 선출하는 선거인단은 일곱 명이었는데, 세 명의 성직 선제후(마인츠, 트리어, 쾰른)와 네 명의 세속 제후로 구성되어 있었다. 세속 제후 중에는 보헤미아 국왕, 브란덴부르크 변경백, 작센공, 라인의 궁정백에게 황제를 선출할 수 있는 권한이 있었다.

먼저 황제의 후보군을 살펴보자. 카를은 당연히 가장 유력한 후보로 꼽혔고, 영국의 헨리 8세, 프랑스의 프랑수아 1세, 작센의 게오르크Georg 공이 물망에 올랐다. 하지만 최종 결선 투표에 이름을 올린 군주는 카를과 프랑수아 1세였다. 선거의 승패는 명목상 누가 더 선거인단을 논리적으로 설득하느냐에 달려 있었다. 하지만 실상을 살펴보면 이 선거는 금품 선거였다. 누가 더 많은 돈을 선거인단에게 뿌리느냐에 좌우됐던 것이다. 프랑수아 1세는 메디치 가문과 리옹의 이탈리아인으로부터 자금 지원을 받아 선거인단에게 프랑스 금화 에퀴를 물 쓰듯이 퍼부었다. 메디치 가문은 비록 위세가 예전 같지 않았지만, 여전히 막강한 자금력을 동원할 수 있는 가문이었다. 이에 반해 카를의 선거 캠프는 독일 플로린 금화와 스페인 두카트 금화를 선거인단에게 뿌렸다. 카를 뒤에는 아우크스부르크의 대부호 야곱 푸거Jacob Fugger와 은행가 벨서Welser 가문이 버티고 있었다. 프랑수아 진영에서 퍼부은 금의 양은 1.5톤에 달했고, 카를 캠프는 2톤의 금을 퍼부었다. 그런데 금화의 지불 방식이 달랐다. 프랑수아 1세가 금화를 현찰로 선거인단에게 지불한 것과 달리, 영악한 독일 은행가 집안은 금화를 환어음 형식으로 지불했다. 물론 그 조건은 카를이 황제에 선출되면 입금한다는 것이었다. 여러분 같으면 어떻게 하겠는가? 결론은 이미 나 있었다. 금품 선거의 전통에 익숙한 선거인단은 프랑수아 1세로부터 현찰을 받고, 카를에게는 선거 이후에 받기로 하고 카를에게 몰표를 던졌다. 카를의 금화는 보너스였던 것이다. 선거 초기에는 성직 선제후 세 명이 프랑수아 1세를 밀었고, 팔츠 선제후마저 프랑스에 기울었기 때문에 프랑수아 1세가 유리한 고지를 점하고 있었다. 하지만 막판에 성직 선제후들도 카를 5세에게 몰표를 던졌다. 대주교들은 카를 캠프에서 약속한 아메리카의 개발권에 구미가 당겼기 때문이었다.

1519년 6월 28일, 카를이 프랑크푸르트에서 로마인의 왕으로 선출되었다. 전통에 따라 로마인의 왕으로 선출된 군주는 독일 아헨에서 교황에게 축성받고 신성 로마 제국 황제로 공표된다. 1520년 10월 23일, 카를은 샤를마뉴 대제가 서로마 제국 황제로 등극한 교회에서 신성 로마 제국 황제에 오른다. 부르고뉴공과 스페인 왕에 이어 기독교의 세계 지존(至尊)인 신성 로마 제국 황제가 된 것이다. 카를은 스페인 왕국에서는 카를로스 1세지만, 신성 로마 제국의 황제로서는 카를 5세가 된다.

이제 카를은 스페인 국왕인 동시에 유럽의 기독교 세계를 지켜야 할 의무까지 지게 되었다. 실제로 16세기 초반에는 오스만 제국이 자주 침공했기 때문에 카를의 의무는 더욱 무거웠다. 이제 카를에게는 두 가지 임무가 주어졌다. 첫 번째는 유럽의 세속 제국을 지키는 것이고, 두 번째는 기독교 세계를 이교도로부터 지키는 것이었다. 독실한 가톨릭 신자였던 카를 5세에게는 후자의 임무가 더 중요했을지 모른다. 그리고 그런 이유에서 카를 5세의 제국에서는 종교 개혁과 종교 전쟁이 빈번히 일어났고, 그 분쟁을 가톨릭의 승리로 마무리하지 못한 것이 말년의 카를 5세에게 큰 부담으로 작용했다.

지도를 보면 카를 5세가 유럽 황제로서 그리고 신대륙(뉴스페인)의 군주로서 지배한 영지가 엄청났다는 사실을 알 수 있다. 먼저 유럽 지도를 보자. 16세기 초반에 존재했던 왕국과 제후국 중에서 카를 5세가 군주로 있었던 나라들을 현재 지도에 대입해 보면 프랑스와 동유럽 그리고 북유럽을 제외한 유럽 대부분 나라가 포함돼 있다.

외조부모인 카스티야 왕국의 이사벨라 여왕과 아라곤 왕국의 페르디난도 왕으로부터 물려받은 스페인 왕국이 있다. 조부인 막시밀

16세기 전반 카를 5세 치하의 유럽 지도. 영국과 프랑스만 빼고 대부분의 나라가 카를 5세의 영지에 속한다.

리안 1세로부터 상속받은 신성 로마 제국에는 현재의 독일, 벨기에, 네덜란드, 스위스, 체코, 북이탈리아, 시칠리아, 부르고뉴(프랑스의 동부 지방) 공국이 포함된다. 여기에 새롭게 개척한 아메리카의 스페인 부왕령을 합치면, 말 그대로 카를 5세의 제국은 해가 지지 않는 대제국이었다.

루터와의 만남

종교 개혁에 불을 댕긴 독일의 마르틴 루터Martin Luther(1483~1546)는 카를 5세와 동시대 인물이다. 가톨릭 사제이자 비텐베르크 대학의 교수였던 루터는 언젠가부터 신자들이 고해 성사를 하지 않는다는 사실에 주목했다. 알고 보니 신자들이 면죄부를 구입해 더는 교회에서 고해 성사를 하지 않는 것이었다. 게다가 비텐베르크에서는 면죄부를 살 수 없었는데, 신자들은 주변 대도시까지 가서 면죄부를 구입하고 있었다. 루터는 큰 결심을 하고 면죄부를 판매하는 교황청을 대놓고 비판하는 행동을 실행에 옮긴다. 1517년 비텐베르크 교회 정문에 95개의 논제를 라틴어로 써서 붙인 것이다. 500년이 지나도 공감하는 몇 개의 논제를 소개해 본다.

31조 참으로 회개하는 사람이 드물 듯이, 또 참으로 회개를 하고 면죄부를 사는 사람도 드물다.

43조 가난한 사람을 도와주고 필요한 사람에게 꾸어주는 것이 면죄부를 사는 것보다도 선한 일이라는 것을 신자들 에게 가르쳐야 한다.

45조 면죄부를 위해서 돈을 바치는 사람은 교황의 면죄를 사는 것이 아니라 오히려 하느님의 진노를 사는 것이다.

86조 또한 오늘날 제일 부자의 재산보다도 더 많은 재산을 가진 교황이 가난한 신자의 돈으로 행하는 대신 차라리 자기 돈으로 성 베드로 교회당쯤은 세울 수 있지 않는가?

92조 그리하여 그리스도의 백성을 향하여 평안도 없는데 '평안, 평안' 하고 부르짖는 예언자들은 다 물러가라.

루터가 면죄부를 판매하는 교회를 신랄하게 비판하자, 1520년 교황 레오 10세는 루터에게 주장을 철회할 것을 요구한다. 하지만 루터는 단호하게 이를 거부한다. 그러자 이듬해 신성 로마 제국의 황제 카를 5세도 같은 요구를 하며 루터에게 제국 의회에 출석하라는 소환장을 보낸다. 카를 5세는 많은 제후국으로 쪼개져 있던 독일 황제였던 것이다. 루터의 반박문 사건은 해당 지방의 영주가 판결하기에는 엄청난 사건으로, 황제가 직접 나서야 할 사안이었다.

루터를 소환한 제국 의회가 독일 남서부 라인란트팔츠주에 있는 보름스에서 열렸다. 의회는 1521년 1월부터 그해 5월 26일까지 계속되었다. 카를 5세는 1520년 11월 28일부터 보름스에 머물고 있었다. 황제 일행이 보름스에 당도하기 전에 황실 대표단과 시의원들은 황제 일행을 맞이하기 위해 분주히 준비했다. 황제는 도시의 제후나 주교 저택에서 머물렀고, 황제 일행의 숙식을 맡는 것은 부르주아의 의무였다. 수백 명의 수행원은 도시 여관이나 개인 집에 거처를 정했다. 특히 황제 일행이 타고 오는 말이 많았으므로, 의회가 열리는 도시는 말의 관리에 각별한 신경을 써야 했다. 그 결과 도시의 정원과 목초지는 임시 마굿간으로 바뀌었다. 카를 5세는 광활한 제국의 통치를 직접 확인하기 위해 일생의 1/4을 제국 전역을 순시(巡視)하면서 보냈다. 마치 로마의 하드리아누스 황제가 평생 제국의 속주를 순시하듯 카를 5세도 광활한 자신의 제국을 돌아다녔다.

카를 5세가 루터에게 제국 의회에 출석하라는 명령을 내렸지만, 루터의 친구들은 의회에 가지 말 것을 권유했다. 체코에서 개신교를 주장하다가 순교한 얀 후스의 예를 들면서 루터의 출석을 막은 것이다. 하지만 루터는 "보름스의 지붕 기왓장만큼 많은 악마가 있다 하더라도 나는 거기에 가겠다."라고 강력한 의지를 피력했다.

마침내 1521년 4월 17일 루터는 제국 의회에 출석했다. 그곳에는 자신을 소환한 신성 로마 제국의 황제 카를 5세와 여러 선제후, 많은 영주가 기다리고 있었다. 먼저 트리어 대주교의 고문관이 루터에게 두 가지 질문을 던졌다.

당신의 이름으로 출판된 책들을 그대의 것으로 인정하는가?
그대는 이 책에서 쓴 내용을 철회할 준비가 되어 있는가?

첫 번째 질문에 대하여 루터는 그렇다고 답하고, 두 번째 질문에 대해서는 하루의 여유를 달라고 요청했다. 이튿날 루터는 자신의 95개 논제를 변론하기 시작한다. 본래 논제들은 라틴어로 작성되어 있었기 때문에 루터는 처음에는 변론을 라틴어로 하고 독일어로 다시 설명했다. 그런데 한창 루터의 변론이 진행되는 동안 황제의 거동이 이상해 보였다. 황제는 루터의 변론을 경청하는 것이 아니라 졸고 있었다. 그 이유는 카를 5세가 독일어를 잘 이해하지 못했기 때문이다. 어떻게 이런 일이 일어날 수 있단 말인가? 독일 연방의 황제가 독일어를 할 줄 모른다? 그렇지만 이것은 엄연한 사실이었다. 황제는 플랑드르에서 태어났고, 프랑스어와 플라망어를 말할 줄 알았고, 스페인어도 조금 배운 터였다. 독일어를 못 한다는 사실은 영민한 카를에게 전혀 걸림돌이 되지 않았다. 언어야 배우면 되지 않는가?

영원한 맞수, 프랑수아 1세

카를 5세의 제국에는 여러 민족이 살고 있었다. 그래서 황제는 다양한 언어를 구사할 줄 알았다. 이번에는 황제가 유창하게 구사했던 프랑스어에 관해 이야기해 보자.

> *나는 신에게 말할 때는 스페인어, 여자들에게는 이탈리아어, 남자들에게는 프랑스어 그리고 말[馬]에게는 독일어를 사용한다.*

카를 5세가 남긴 유명한 말이다. 황제는 스페인 군주로서 스페인어를, 나폴리 왕국과 시칠리아 왕국 군주로서 이탈리아어를 구사하였고, 신성 로마 제국 황제로서 독일어를 배웠지만, 독일어 실력은 가장 형편이 없었다. 그 이유는 이러했을 것이다.

당시 유럽 왕국에서는 모든 공식 문서에 라틴어를 사용했다. 교회에서 미사는 라틴어로 진행했고, 유럽 왕실의 법률 문서와 왕실 공식 문서에도 어김없이 라틴어를 사용했다. 프랑스 왕국도 마찬가지였다. 그러나 이런 전통을 바꾼 군주가 바로 프랑수아 1세였다. 그는 1539년 파리 근교의 작은 마을인 빌레르코트레에서 칙령을 공포하는데, 이 칙령은 왕국의 모든 공문서에 라틴어가 아닌 프랑스어의 사용을 의무화하는 것이 골자였다. 하지만 대부분의 유럽 국가는 여전히 라틴어를 공식 문서 언어로 사용하고 있었다.

프랑스어, 라틴어, 이탈리아어는 모두 라틴어에서 파생한 언어들이다. 당대 유럽 귀족과 식자층은 공용어인 라틴어, 특히 공식 문서에서 문어(文語)로 자리 잡은 라틴어를 이해할 수 있었다. 그러므로 유럽의 교양층은 라틴어에서 파생된 프랑스어를 비롯한 주변 국가 언어들을 쉽게 배우고 말할 수 있었을 것이다. 그런 맥락에서 카를 5세의 유창한 프랑스어 구사 능력은 스페인어와 이탈리아어를 배우는 데 분명히 큰 도움을 주었을 것이다. 하지만 독일어는 그 계통이 조금 다르다. 게다가 문화적 위상이 앞의 언어들보다 높지 않았다. 그래서 황제는 '말에게는 독일어를 사용한다'라고 했던 것이 아닐까?

카를 5세는 1555년 브뤼셀에서 중대 선언을 한다. 제국의 양위를 선언한 것이다. 스페인 국왕 자리는 아들 펠리페 2세에게 물려주고, 신성 로마 제국 황제 자리는 동생 페르디난도에게 양위한다고 발표했다. 제국의 신민은 슬픔에 빠졌다. 가난은 나눌 수 있어도 권력은 나눌 수 없다고 했는데, 황제는 자신의 머리 위에 있는 많은 왕관을 하루아침에 내려놓은 것이다. 55세 노년의 황제는 모든 것을 내려놓고 작은 수도원으로 들어갔다.

황제가 칩거를 시작한 수도원은 유스테Juste 수도원이었는데, 마드리드에서 서쪽으로 200킬로미터 떨어진 작은 시골 마을에 있었다. 황제의 방은 작고 소박했다. 침대 하나와 목재로 만든 휠체어, 식사를 할 수 있는 작은방이 연결되어 있었다. 특이한 것은 황제의 침대 맞은편 벽에 출입구가 나 있었다는 것이다. 그리고 그 문을 통하여 수도원 예배당의 제대가 보였다. 말년에 통풍으로 심하게 고생하던 황제는 누워서도 미사를 지켜보고 싶어 했다. 벽에는 황제가 진정으로 사랑했던 왕비 이사벨라의 초상화가 걸려 있었다. 서른다섯 살 젊은 나이에 사별한 왕비는 황제의 영원한 벗이자 연인이었다. 그리고 또 한 명의 초상화가 그 옆에 걸려 있었으니, 8년 전에 세상을 떠난 애증의 라이벌 프랑수아 1세의 초상화였다!

사랑과 미움은 그 뿌리가 하나라고 그랬던가. 카를 5세와 프랑수아 1세가 유럽의 패자 자리를 놓고 벌인 경쟁은 운명적이었다. 황제는 구시대의 통치 철학과 가톨릭을 통해 유럽을 지키려고 했고, 프랑스 왕은 근대적인 중앙 집권 국가의 탄생을 소망했다. 이 과정에서 두 군주는 부딪칠 수밖에 없었을 것이다.

황제는 벽에 걸린 프랑수아 1세의 초상화를 보고 깊은 생각에 잠겼다. 사실 카를 5세와 프랑수와 1세는 친척 간이다. 카를 5세의 조모는 부르고뉴의 부귀공 마리인데, 그녀가 발루아 왕족이었으니 카를 5세와 프랑수아 1세는 친척이다. 그리고 어린 시절의 카를을 키워 준 고모 마르가레테도 프랑스 궁정에서 살지 않았던가?

1548년경, 검은 상복을 입은 말년의 카를 5세. 천하를 다 얻었지만 아내 이사벨라의 죽음은 황제에게 가장 큰 아픔이었다. 황제는 유스테 수도원에서 칩거하며 죽음을 기다렸다.

하지만 현실은 냉혹했다. 부자간에도 나누지 못하는 것이 권력인데 친척 간에는 더하지 않겠는가? 당시 유럽 왕실은 프랑수아 1세의 황제 도전을 이해할 수 있었지만, 그가 훗날 카를 5세에게 창을 겨눌지는 아무도 예상하지 못했다. 결국 프랑수아 1세는 1525년 파비아 전투에서 카를 5세의 군대에 포로로 잡혀 마드리드로 압송된다. 이후 마드리드의 감금 생활은 프랑수아 1세에게 감옥이나 다름이 없었다. 광활한 퐁텐블로 숲에서 말을 타고 사냥을 즐기고, 밤늦도록 연회에서 우아한 여인들과 시간을 보내는 데 익숙한 군주가 좁고 더러운 방에 갇혀 있으니 병이 나는 것은 당연했다. 결국 그는 머리에 종기가 나서 쓰러지고 만다. 이 소식을 들은 카를은 당장 말을 타고 달려와서 프랑수아를 찾았다. 다음은 두 군주가 프랑스어로 나눈 대화다.

> **프랑수아** *폐하, 당신의 포로이자 당신의 노예가 여기 있습니다.*
> **카를** *내 형제이며 친구인 당신, 당신은 곧 자유를 찾을 거요. 나는 오직 당신의 건강만 바랄 뿐이오. 당신도 오직 건강만 생각하세요. 그 나머지 일들은 당신이 원하는 대로 이루어질 거요.*
> **프랑수아** *당신이 명령하는 대로 따르리다.*♦

♦ 주경철, 《주경철의 유럽인 이야기 1 - 중세에서 근대의 별을 본 사람들》, 휴머니스트, 2017, 117쪽

황제는 유창한 프랑스어로 프랑수아 1세를 위로해 주었다. 물론 진심으로 위로해 주었겠지만, 속내를 찬찬히 살펴보면 그렇지도 않았다. 만약 포로로 잡은 프랑스 왕이 병사한다면? 몸값, 부르고뉴 공국에 대한 지배권 포기 등 황제가 프랑스 왕을 풀어 주면서 받을 전리품들이 공중으로 날아갈 것이다. 이제 감옥의 열쇠는 포로로 잡힌 자가 가진 꼴이 되었다. 프랑수아 1세는 천신만고 끝에 자유의 몸이 되어 파리로 돌아왔다. 하지만 그는 황제에게 약속한 것을 하나도 지키지 않았다. 단 황제의 누이 엘레오노르와의 결혼은 승낙했다.

프랑수아 1세가 풀려난 지도 시간이 꽤 흘렀다. 그 무렵 프랑수아 1세가 황제에게 은혜를 갚을 사건이 벨기에에서 일어났다.

카를 5세, 프랑스에 오다

따지고 보면 프랑수아 1세는 황제에게 큰 빚을 지고 있었다. 파비아 전투에서 포로가 된 뒤에 프랑수아 1세는 석방 조건을 하나도 이행하지 않았기 때문이다. 부르고뉴에 대한 영유권도 포기하지 않았을 뿐만 아니라, 기독교의 적인 오스만 제국과도 손을 잡지 않았던가? 그렇다고 평생 라이벌이었던 두 사람이 원수지간은 아니었다. 두 군주는 교황의 제안에 따라 파비아 전투가 있은 지 14년째가 되던 1538년에 마르세유 근처 에귀모르트에서 만난 적이 있었다. 교황 바오로 3세가 프로테스탄트의 확산을 막고자 확고한 두 나라의 동맹을 요구했기 때문이다. 당시 분위기는 매우 화기애애했다고 한다. 프랑수아 1세는 카를 5세와 대화를 나누는 동안 황제에게 가지고 있던 증오심을 훌훌 털어버리고 프랑스어로 말했다.

"형제여(프랑수아가 카를보다 6살 많다), 당신이 스페인이나 플랑드르에 있는 것처럼 여기(프랑스)에서도 황제의 권력을 그대로 행사할 수 있습니다. 그리고 당신이 명령하시는 것에 나 역시 그대로 복종할 것입니다. 이것이 그 징표입니다."

프랑수아 1세는 이렇게 말하면서 값비싼 다이아몬드가 박힌 금반지를 황제에게 건넸다. 반지에는 라틴어로 'Dilectionis testis et exemplum(우정의 증언과 증거)'이라고 새겨져 있었다. 황제도 프랑수아 1세에게 황금양피 목걸이Toison d'Or를 걸어 주었다. 황제 자신이 황금양모 기사단장이었기 때문이다. 황제는 프랑수아 1세에게 대답했다.

"형제여, 지금 같으면 우리 둘 사이에 복수라는 말은 전혀 어울리지 않군요."

프랑수아 1세도 황제에게 성 미카엘 훈장을 수여했다. 이 장면은 요즘으로 치면 국가 정상들이 만날 때 서로에게 훈장을 수여하는 장면을 연상시킨다. 하지만 수완이 좋고 마키아벨리적인 정치 감각이 뛰어났던 카를 5세가 진심으로 과거의 원수가 베푸는 호의를 액면 그대로 받아들였을까? 이 자리에서 프랑수아 1세는 황제 군대가 플랑드르로 이동할 때 프랑스를 통과할 수 있도록 황제에게 호의를 베풀었다. 이렇게 해서 황제는 불안한 헨트 지방에서 소요 사태가 발생할 때 효과적으로 대처할 방책을 마련할 수 있었다.

1539년 황제의 고향인 벨기에 헨트에서 시위가 일어났다. 과중한 세금을 줄여달라는 것이 시민들의 요구였다. 시위는 곧 봉기로 번졌다. 황제는 직접 군대를 이끌고 봉기를 진압하고자 나서기로 했다. 스페인에서 헨트까지 가는 방법은 대서양을 거쳐 가는 길과 육로를 통해 가는 길이 있었다. 최단 코스는 물론 프랑스를 통과하는 길이었다. 하지만 프랑스와 스페인은 전쟁까지 하지 않았던가. 사

——— 황금양피 목걸이를 한 젊은 시절의 카를 5세. 부르고뉴의 선량공 필리프가 창설한 황금양모 기사단은 용담공 샤를의 딸 마리가 막시밀리안 1세와 결혼하는 바람에 합스부르크 가문으로 넘어간다. 카를 5세는 다섯 번째 기사단장이었다.

실 대서양을 따라 북상하는 방법이 제일 무난했지만, 문제가 하나 있었다. 영국과 스페인의 동맹을 담보했던 헨리 8세와 캐서린의 결혼이 이혼으로 깨지고 말았기 때문이다. 캐서린은 카를 5세의 이모이다. 게다가 대서양에서 만날지도 모를 영국 함대의 공격도 위협 요소로 작용했다. 그렇다고 독일을 통과하는 우회로도 위험하기는 마찬가지였다. 독일의 신교도 제후들이 황제의 군대를 방해할 것이 뻔했기 때문이다. 하지만 황제에게는 프랑수아 1세가 있었다. 1년 전에 에귀모르트에서 만났을 때 프랑스 왕이 황제의 군대가 프랑스를 통과할 수 있도록 호의를 베풀지 않았던가? 하지만 다른 설도 있다. 카를 5세가 프랑수아 1세에게 프랑스를 통과할 수 있도록 요청했다는 설이다. 그러면서 황제는 밀라노 공작령을 보상으로 프랑수아 1세에게 약속했다고 한다. 하지만 카를 5세는 플랑드르에 도착하자마자 이 약속을 헌신짝처럼 버렸다. 마치 프랑수아 1세가 마드리드에서 풀려나면서 했던 부르고뉴에 대한 영유권을 포기한다는 약속을 지키지 않았던 것처럼.

1539년 12월 말, 황제는 프랑스 바욘을 거쳐 프랑스 왕국으로 들어왔다. 프랑스에서는 두 명의 왕자, 즉 왕세자 앙리(훗날의 앙리 2세)와 오를레앙공 샤를이 국경 근처로 마중을 나왔다. 그들은 황제의 안전을 위해 프랑스가 보낸 볼모였다. 카를에게 왕자들을 소개하자 이렇게 말했다.

"내가 왕자들을 받아들이는 것은 저들을 스페인으로 보내 볼모로 삼기 위해서가 아니라, 나와 함께 플랑드르로 가기 위해서이다."

즉 황제는 왕자들을 스페인으로 보내지 않고 황제의 대열에 합류시켰다. 역시 카를 5세는 배포가 큰 인물이었다.

황제는 검은 상복을 입고 있었다. 몇 달 전 이사벨라 황후가 출산 중에 세상을 떠났기 때문이다. 황제 일행이 루아르강 근처 로슈에 이르자 추기경 샤를 드 로렌Charles de Lorraine이 도시 입구에서 황제를 영접하기 위해 나왔다. 환영단은 황제에게 수를 놓은 천으로 감싼 도시의 열쇠를 건넸는데, 천의 가장자리에는 합스부르크 왕가의 상징인 독수리들이 수 놓여 있었다.

프랑수아 1세는 도시 광장에서 황제를 영접하기 위해 기다리고 있었다. 마침내 두 사람이 광장에서 만났다. 황제 자리를 놓고 경쟁했고, 그 이후 한 사람은 포로가 되는 굴욕을 맛보았지만, 언제 그랬냐는 듯이 두 사람은 군주의 권위를 상징하는 모자도 쓰지 않고 힘껏, 그것도 오랫동안 포옹을 했다. 아마도 이런 행동은 서로를 인정하고 찬양한다는 것을 묵시적으로 보여 주는 것 같았다. 당시 이 장면을 목격한 사람들은 기쁨의 눈물이 날 정도로 감동적이었다고 적고 있다.

두 사람이 천막 안으로 들어갔다. 그리고 불도마뱀(프랑수아 1세의 마스코트)과 불사조(카를 5세의 마스코트)가 불을 뿜으며 서로 포옹하는 연극을 감상했다. 축하 공연이 끝나자 황제 일행은 궁정의 부인들이 기다리는 장소로 이동했다. 가는 중에 황제 일행은 카를 5세의 누이이자 프랑수아 1세의 왕비인 엘레오노르를 만났다. 그녀는 마드리드 조약에 의해 프랑수아 1세와 정략결혼을 한 여인이었다. 하지만 프랑수아 1세는 그녀를 총애하지 않았고, 자신의 애첩이자 에탕프 공작녀인 안 드 피슬뢰Anne de Pisseleu를 가까이했다.

로슈에서 하룻밤을 보낸 황제는 프랑수아 1세와 함께 앙부아즈성에 당도했다. 앙부아즈성은 발루아 왕조의 심장과 같은 곳이었다. 앙부아즈성의 밤은 낮처럼 밝게 빛나고 있었다. 성의 탑에는 화려한 태피스트리가 걸려 있었고, 입구부터 황제의 거처까지 온갖 꽃들로 덮여 있었다. 프랑수아 1세는 자신이 카를 5세를 진심으로 환대한다는 것을 보여 주고 싶었다. 이후 황제의 호화로운 마차는 블루아와 오를레앙을 거쳐 퐁텐블로성에 도착했다.

프랑스 르네상스의 아버지라고 불리는 프랑수아 1세는 다빈치 같은 예술가를 프랑스에 초청했고, 퐁텐블로 같은 아름다운 성을 르네상스풍으로 완성했다. 비록 자신이 황제가 되지는 못했지만, 예술에 대한 안목은 황제보다 한 수 위라는 사실을 과시하고 싶었을 것이다. 사실 이 말은 맞는 말이다. 카를 5세는 검소하고 이지적인 동시에 책략형 군주였다. 이와는 반대로 프랑수아 1세는 훤칠한 외모(키가 무려 2미터였다)에 화려한 생활을 좋아하고, 여성 편력이 심한 호탕한 군주였다.

1539년 여름 무렵 퐁텐블로성에 네 개의 관(館, pavillon)이 완공되었다. 프랑수아 1세는 하나의 관을 카를 5세의 거처로 제공했다. 넓은 홀과 회랑 그리고 많은 방이 딸린 황제의 관은 호화스러운 태피스트리와 회화 및 조각들로 장식되어 있었다. 1539년 프랑스 왕국에서 가장 귀한 손님이 퐁텐블로성을 찾았고, 그에 맞는 대접을 했다. 두

프랑스 국왕의 왕궁 퐁텐블로성. 카를 5세의 라이벌 프랑수아 1세는 퐁텐블로성에 황제를 초대해 극진히 대접했다. 카를 5세와 프랑수아 1세는 서로를 존중하며 미사여구를 늘어놓았지만, 그들의 목표는 유럽 최고의 군주가 되는 것이었다.

군주는 서로의 셈법은 달랐지만, 진정으로 우정을 나누는 것처럼 보였다. 실제로 황제는 프랑스 국왕의 융숭한 대접에 흡족해했다. 화려한 연회, 마상 시합 그리고 프랑스 국왕이라면 빼놓을 수 없는 사냥도 황제를 기쁘게 했다. 그리고 연회에서 프랑수아 1세가 에탕프 공작녀 안 드 피슬뢰를 황제에게 소개한다.

"당신께서 지금 보는 여인이 폐하가 마드리드 조약을 폐기하지 않으시면 이곳을 떠나지 못할 것이라는 충고를 내게 하고 있습니다"

프랑수아 1세는 마드리드 조약의 폐기를 에둘러서 언급했고, 이에 황제는 응수했다.

"그 주장이 타당하다면 따라야 할 것이다."

황제는 그 후 며칠 뒤의 식사 자리에서 '위험한' 왕의 조언자(에탕프 공작 부인)에게 큰 다이아몬드를 선물했다. 왕에게 그런 위험한 조언을 삼가 달라는 의미였다.

황제를 인질로 잡아라!

미국과 북한은 적대국이다. 만약 미국 대통령이 평양을 방문한다고 하자. 물론 현실적으로 실현되지도 않을 테지만, 만약 미국 대통령이 평양을 방문할 경우 대통령이 인질이 된다면 어떻게 하겠는가? 실제로 1979년 이란에서 이슬람 혁명이 일어나자 과격한 이란 대학생들이 테헤란에 있는 미국 대사관 직원 50여 명을 인질로 잡고 외교 문제로 비화시켰던 적이 있다.

카를 5세는 근대 초기를 살았지만(1500~1558), 중세인의 사고방식을 가졌던 군주였다. 상대방인 프랑수아 1세도 '마지막 기사형 군주'로 칭송받는 인물이다. 그렇기에 파비아 전투에 직접 군대를 이끌고 가서 전투를 벌이지 않았던가? 만약 프랑스에 들어온 카를 5세를 포로로 잡을 수 있다면, 굴욕적인 마드리드 조약을 상쇄해 묵은 빚을 갚을 수 있다고 생각한 사람은 없었을까? 하지만 적어도 프랑수아 1세는 그런 인물이 아니었다. 물론 마드리드에서 풀려난 후에도 자신이 서명한 조약을 지키지 않은 인물이지만.

이런 음모는 왕세자(훗날의 앙리 2세)가 방돔 공작과 함께 꾸미고 있었다. 그들은 황제가 지나갈 샹티이성(파리 북쪽으로 40킬로 떨어진 성. 플랑드르로 가는 길목에 있다)에서 황제를 체포할 계획을 세우고 있었다. 그런 다음 황제에게서 밀라노 공작령을 왕세자 자신에게 양도한다는 약속을 받아낼 생각이었다. 황제도 프랑스에 들어온 후에 이런 약속을 했던지라, 왕세자는 그 발언의 진위를 확인하고 싶었던 것이다. 왕세자의 이런 생각은 퐁텐블로에서 황제와 동행할 때부터 감지됐다. 한 번은 왕세자가 황제의 말에 올라탄 적이 있었는데, 그때 왕세자는 이렇게 농담을 던졌다.

"폐하는 이제 제 포로가 되었습니다!"

하지만 황제가 프랑스에 머무는 동안 프랑수아 1세는 황제가 마드리드에 있는 것처럼 그를 극진하게 대접했다. 아무도 프랑스 왕이 그런 음모를 꾸미고 있다고 생각하지 않는 분위기였다.

1539년 1월 1일, 마침내 황제가 파리에 입성했다. 파리 시민은 열광적으로 황제를 환영했다. 고위 성직자, 대학의 고위 관계자, 고등법원 판사, 시 대표, 왕자, 추기경 모두가 황제를 맞이하기 위해 도열했다. 황제 일행은 루브르로 향하고 있었다. 황제는 기독교 왕국의 지존으로 프랑스 왕국의 수도인 파리에 입성했지만, 가는 도시마다 감옥을 찾아 죄수를 사면하는 일정도 빼놓지 않았다.

황제는 푸아티에와 오를레앙을 거쳐 파리에 도착했는데, 그때 다음과 같은 말을 했다고 한다.

"푸아티에는 이 세상에서 가장 아름다운 마을이며 오를레앙은 가장 아름다운 도시이다."

그러자 누군가가 파리는 어떻게 생각하냐고 물었다. 황제는 라틴어로 유명한 말을 한다.

"파리는 도시가 아니다, 우주다. Lutetia♦ non urbs, sed orbis"

황제 일행은 플랑드르로 가기 전에 샹티이성에 들러 몽모랑시 Montmorency 사령관을 만날 예정이었다. 왕세자와 그의 일행들(나바르 왕과 방돔 공작)이 샹티이에 와서 몽모랑시 사령관을 만나 그의 의견을 물었다. 몽모랑시가 왕세자의 거사 계획을 듣고 말했다.

"왕세자 전하, 이 성은 전하의 것이므로 전하가 사용하고 싶은 대로 사용하실 수 있습니다. 만약 전하께서 제 견해를 물으신다면 이렇게 답하겠습니다. 본래 황소는 뿔을 비틀어서 잡지 않듯이, 왕도 폭력으로 사로잡아서는 안 됩니다. 전하의 부친께서는 황제가 프랑스를 지나는 동안 그 누구도 그의 안전을 해쳐서는 안 된다고 약속했고, 그런 사람이 있다면 그는 불충하고 신의가 없는 군주일 것입니다."

결국 황제를 포로로 잡고 밀라노 공작령을 양도받으려는 왕세자 앙리의 계획은 수포로 돌아갔다. 설사 황제가 그런 약속을 했다 할지라도, 이제 황제는 프랑스 국경을 넘어 플랑드르로 가버리고 없었다. 플랑드르에 도착한 카를 5세는 밀라노 공작령을 프랑수아 1세의 왕

♦ 황제는 파리를 로마의 속주 시절 이름인 루테티아로 부르고 있다.

세자에게 양도한다는 약속한 적이 없다고 딴소리를 했다. 프랑수아 1세는 황제의 구두 약속을 문서로 만들지 않은 것을 후회했다. 하지만 마드리드 조약에 서명하고도 부르고뉴 공작령을 포기하지 않은 사람은 프랑수아 1세가 아니던가? 국제 외교에서 약속은 문서로도 지켜지지 않는 경우가 있는 법이다.

해가 지지 않는 제국

카를 5세가 유럽에 건설한 전대미문의 대제국은 다른 대륙에도 있었다. 물론 카를의 제국은 대부분 유산 상속으로 물려받은 것이기 때문에, 정복으로 건설했던 로마와는 전혀 달랐다. 하지만 카를 5세가 이번에 세운 제국은 정복을 통해 건설했다. 그 제국은 아메리카 신대륙이었다.

1492년 카스티야 이사벨라 여왕의 후원을 받은 콜럼버스는 지금의 서인도 제도에 상륙한다. 그리고 죽을 때까지 자신이 인도를 발견했다고 믿었다. 세계사 교과서에 단골 메뉴로 등장하는 내용이다. 그런데 신대륙 발견의 후원자가 이사벨라 여왕이라는 점에 주목하자. 그녀가 누구인가? 이번 글의 주인공인 카를 5세의 외조모가 아닌가? 카를의 모친이 광녀 후아나인데, 그녀가 바로 이사벨라 여왕의 딸이었다. 이후 카스티야 왕국의 이사벨라 여왕과 아라곤 왕국의 페르디난도 국왕이 결혼해 통합 스페인 왕국이 탄생했다.

대항해 시대는 포르투갈과 스페인이 열었다. 1487년 포르투갈이

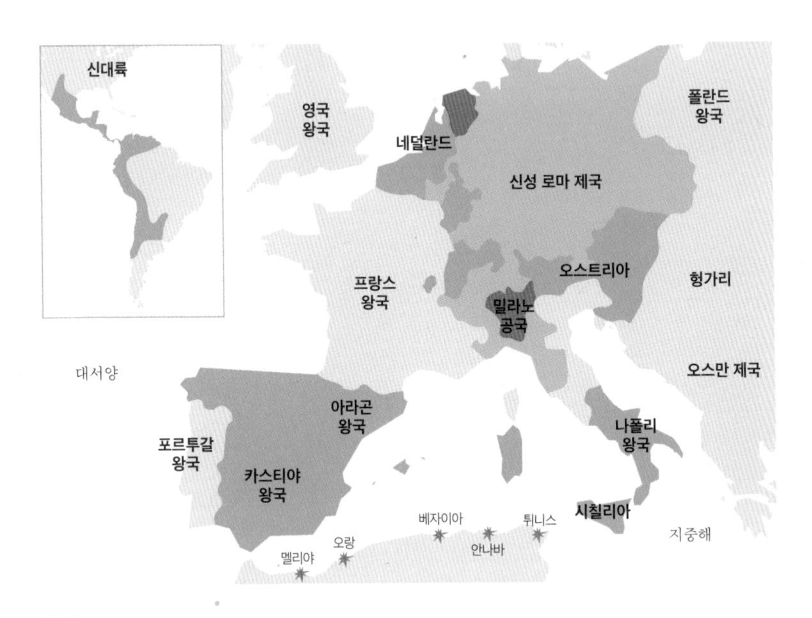

카를 5세는 유럽뿐만 아니라 신대륙에도 대제국을 건설했다. 북미 대륙에 처음으로 진출한 스페인의 군주로서 카를 5세는 북미에서 플로리다를 중심으로 서북진해 식민지를 개척했다. 현재의 텍사스와 캘리포니아가 스페인 국왕령이었다. 남미에서도 브라질을 제외한 지역에 식민지를 개척했다. 카를 5세의 대제국은 말 그대로 '해가 지지 않는' 제국이었다.

아프리카 희망봉을 발견하고 인도 항로를 개척하자, 스페인도 서인도 제도를 발견하고 본격적으로 대항해 시대에 뛰어들었다. 이후 두 나라는 신대륙 개척의 선두주자로 부상했다. 그런데 문제가 생겼다. 항해를 통해 발견한 신대륙은 누구의 차지가 될 것인가? 먼저 발견한 나라의 영토인가? 그러자 당시 교황 알렉산데르 6세는 두 왕국에 영토 점유권에 관한 중재안을 내놓는다. 세계를 반으로 나눠 가진 토르데시야스Tordesillas 조약(1494)은 이렇게 탄생했다.

이 조약을 현재 국경에 적용하면 남미 대륙 동쪽에 있는 브라질은 포르투갈에 속하고, 대륙 서쪽(아르헨티나, 중미, 멕시코)은 스페인에 속하게 된다. 현재 브라질에서만 포르투갈어를 사용하고 나머지 남미 국가에서는 스페인어를 사용하는 이유가 여기에 있다. 지도에서 붉은색 점선은 1493년의 경계선이고, 붉은색 실선은 이듬해 수정된 경계선이다. 이 조약에 따라 포르투갈은 남미에서 브라질에 대한 영유권을 지켰을 뿐만 아니라, 후추의 산지인 인도를 손에 넣을 수 있게 되었다. 반면에 스페인은 브라질을 제외한 남북 아메리카 전체의 기득권과 필리핀을 얻게 되었다. 이렇게 해서 카를 5세의 제국은 '해가 지지 않는 나라'로 불리게 된다.

본래 해가 지지 않는 제국의 원전(原典)은 19세기 독일의 문헌학자인 게오르크 뷔흐만Georg Büchmann이 그리스 역사가 헤로도투스의 《역사》에서 찾았던 표현이다. 이 책에는 페르시아 제국의 크세르크세스 1세의 연설이 나온다.

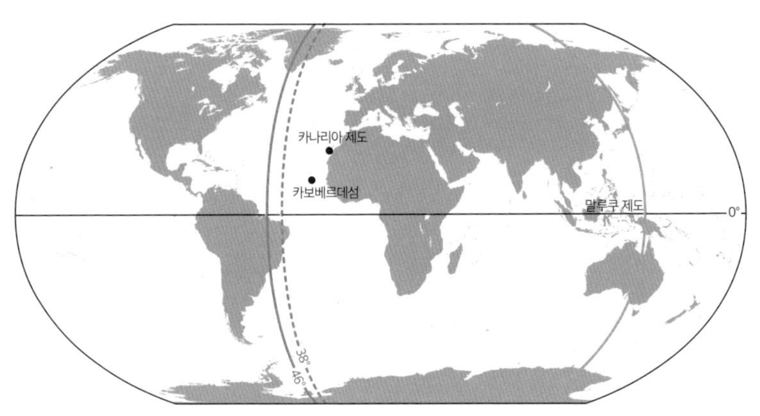

토르데시야스 조약에 의해 스페인과 포르투갈은 세계를 나누어 가졌다. 1494년 수정 조약에 따라 남미의 브라질이 포르투갈의 영역에 포함되었다.

우리는 신이 있는 천국에 닿을 때까지 페르시아의 영토를 넓힐 것이다. 그러면 태양은 우리 국경 너머의 어떤 땅에도 비치지 않을 것이다.

역사상 가장 광대한 영토를 지배했던 로마 제국은 유럽의 서쪽 끝인 브리튼섬에서 중동 지방까지 제국의 영토를 넓혔다. 하지만 로마 제국의 영내에 항상 태양이 떠 있지는 않았다. 그런데 카를 5세의 제국은 그렇지 않았다. 1521년에 스페인의 에르난 코르테스는 멕시코의 아즈텍 제국을 멸망시켰고, 1532년에는 피사로가 남미의 잉카 제국을 멸망시켰다. 카를 5세의 제국은 동유럽의 체코에서 시작해 독일과 스페인을 지나 대서양 너머의 아메리카 대륙에 뻗어 있었다. 그리고 카를 5세가 통치하는 제국에서는 독일어, 프랑스어, 스페인어, 체코어, 이탈리아어 그리고 아메리카 원주민의 수많은 언어가 사용되고 있었다.

헨리 8세

프랑스어로 연서를 쓰다

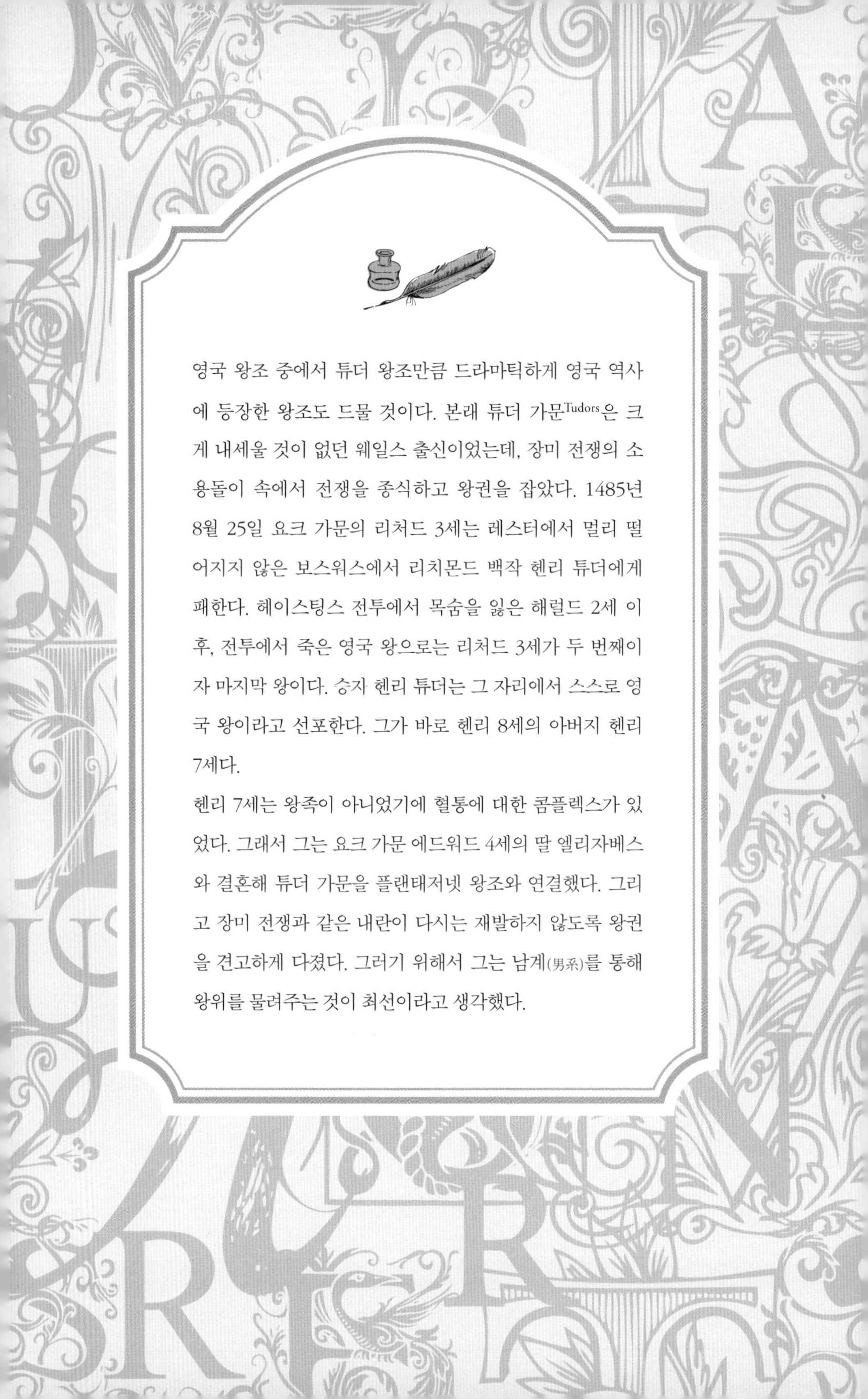

영국 왕조 중에서 튜더 왕조만큼 드라마틱하게 영국 역사에 등장한 왕조도 드물 것이다. 본래 튜더 가문Tudors은 크게 내세울 것이 없던 웨일스 출신이었는데, 장미 전쟁의 소용돌이 속에서 전쟁을 종식하고 왕권을 잡았다. 1485년 8월 25일 요크 가문의 리처드 3세는 레스터에서 멀리 떨어지지 않은 보스워스에서 리치몬드 백작 헨리 튜더에게 패한다. 헤이스팅스 전투에서 목숨을 잃은 해럴드 2세 이후, 전투에서 죽은 영국 왕으로는 리처드 3세가 두 번째이자 마지막 왕이다. 승자 헨리 튜더는 그 자리에서 스스로 영국 왕이라고 선포한다. 그가 바로 헨리 8세의 아버지 헨리 7세다.

헨리 7세는 왕족이 아니었기에 혈통에 대한 콤플렉스가 있었다. 그래서 그는 요크 가문 에드워드 4세의 딸 엘리자베스와 결혼해 튜더 가문을 플랜태저넷 왕조와 연결했다. 그리고 장미 전쟁과 같은 내란이 다시는 재발하지 않도록 왕권을 견고하게 다졌다. 그러기 위해서 그는 남계(男系)를 통해 왕위를 물려주는 것이 최선이라고 생각했다.

왕은 하늘이 내린다

헨리 7세는 장남 이름을 아서Arthur라고 지었다. 본래 튜더 가문이 웨일스 출신이라서 켈트족 전설에 등장하는 아서왕의 이름을 아들에게 지어 준 것이다. 헨리 7세는 아서가 결혼할 나이가 되자 누구와 결혼시킬지 고민에 빠졌다. 그리고 장고(長考) 끝에 당시 유럽 최강국인 통합 스페인 왕국(아라곤)의 왕녀 캐서린과 결혼시킬 것을 결정한다. 캐서린은 아라곤의 페르디난도 국왕과 카스티야의 이사벨라 여왕 사이에서 태어났는데, 훗날 신성 로마 제국 황제가 되는 카를 5세의 이모가 된다. 당시 유럽은 합스부르크 왕실이 신성 로마 제국과 스페인 왕국을 호령하고 있었으므로, 스페인과의 혼인은 잉글랜드가 강대국으로 도약할 수 있는 발판과 같았다.

1501년 캐서린이 엄청난 지참금을 가지고 잉글랜드에 왔다. 캐서린은 왕세자 아서와 웨스트민스터 사원에서 결혼식을 올리고, 그해 크리스마스이브에 웨일스로 신혼여행을 떠난다. 만사가 예정대로 잘 풀리는 것 같았다. 그러나 아서의 운명은 여기까지였다. 아서 왕세자가 1502년 4월 2일 부활절에 갑자기 세상을 떠났기 때문이다. 아서의 나이는 열다섯 살에 불과했다. 왕세자는 우스터 대성당에 묻혔다.

이제 헨리 7세는 심각한 고민에 빠졌다. 말하자면 혼인 신고도 제대로 하지 않은 상태에서 아들이 세상을 떠난 것이다. 현대인의 관점에서 보면, 신부는 짐을 챙겨 친정으로 돌아가면 그뿐이다. 하지만 이 결혼은 국가 간 결혼, 즉 정략결혼이었다. 만약 이 결혼을 무효로 한다면 헨리 7세는 캐서린이 지참금으로 가져온 20만 에스쿠도스를 고스란히 돌려주어야 했다. 권모술수와 이재에 밝은 헨리 7세는 손해를 보며 장사를 할 위인이 아니었다. 그는 두 가지 복안을 가지고 있었다.

첫 번째 계획은 자신이 며느리 캐서린을 왕비로 삼는 것이다. 실제로 헨리 7세는 그 무렵 상처한 홀아비였다. 이 소식이 스페인에 전달되자 스페인 국왕 부부는 격노했다. 금지옥엽 키운 딸을 늙은 홀아비 왕에게 후처로 준다는 것은 상상할 수도 없는 일이었다. 분위기를 감지한 헨리 7세도 더는 이 계획을 밀어붙이지 않았다.

플랜 B는 좀 더 현실적인 계획이었다. 둘째 아들인 헨리와 캐서린을 결혼시키는 것이었다. 그런데 문제가 하나 있었다. 만약 형수 캐서린이 진짜 결혼 생활을 했다면 어떻게 될 것인가? 성서에 '네 형수의 나신을 보면 안 된다'라는 말이 있듯이 형수를 아내로 맞이할 수는 없지 아니한가? 스페인에 있는 부모 역시 캐서린의 재혼을 어떻게 받아들여야 할지 고민에 빠졌다. 이때 캐서린의 샤프롱인 도나 엘비라는 캐서린이 정숙한 왕세자비로 처신하도록 잘 살폈다고 스페인 국왕 부부에게 보고했다. 국왕 부부는 이 소식을 듣고 일단 안심했다. 캐서린은 왕세자와 결혼식을 치렀음에도 여전히 숫처녀virgo intacta로 인정받은 것이다. 이렇게 해서 헨리는 자신보다 다섯 살이 많은 형수 캐서린과 결혼했다. 1509년 부왕 헨리 7세가 세상을 떠난 지 두 달이 지난 뒤였다. 헨리는 아버지를 이어 헨리 8세로 잉글랜드 왕위에 오른다. 헨리 7세는 자신의 조상이 켈트족이라는 사실을 왕세자 아서를 통해 세상에 알리고 싶었으나, 결국 헨리(헨리는 프랑스식 이름이다)라는 이름을 가진 아들이 왕조를 계승한다.

역사에 가정은 부질없지만, 그 전제 자체만으로도 흥미롭다. 만약 헨리의 형 아서가 요절하지 않고 아서 1세로 왕위에 올랐더라면 잉글랜드 역사는 어떻게 전개됐을까? 그리고 두 사람 사이에 왕자가 태어나서 순리대로 왕위를 계승했다면? 먼저 잉글랜드는 피비린내 나는 종교 전쟁의 소용돌이에 휩쓸렸을 것이다. 가톨릭 신자였던 캐서린의 아들이 왕이 되었다면 메리 1세가 개신교를 탄압했던 것처럼 구교와 신교 간 갈등이 극에 달했을 수 있다. 하지만 왕은 하늘이 내린다는 말처럼 역사의 수레바퀴는 그렇게 굴러가지 않았다.

위풍당당한 군주

인터넷을 검색하면 위풍당당한 헨리 8세의 초상화를 쉽게 찾을 수 있다. 당대 최고 화가인 한스 홀바인Hans Holbein이 1536년 무렵에 그린 초상화이다. 이해는 헨리의 첫 번째 왕비인 아라곤의 캐서린이 죽은 해이자, 두 번째 왕비인 앤 불린이 참수형을 당한 해이다. 일설에는 헨리 8세가 새 왕비(제인 시모어)를 점찍어 놓고 자신의 전신 초상화를 그리게 했다고 한다.

홀바인이 그린 헨리 8세 전신 초상화의 특징은 인물이 정면을 응시하고 있다는 사실이다. 수장령Acts of Supremacy(1534) 공포 이전의 초상화에서 헨리 8세는 정면에서 3/4 정도 몸을 틀어 자세를 잡고 있는데, 이 초상화에서는 정면을 응시하고 있다. 이제 자신이 잉글랜드 교회의 수장이라는 자신감을 대외적으로 드러내는 것 같다. 초상화 속 헨리는 다리를 벌리고 손은 주먹을 쥐고 있다. 자신감이 넘치는 중년 남자를 이보다 더 잘 표현하는 자세가 있을까? 여기에 떡 벌어진 어깨가 역삼각형 구도를 보여 줌으로써 보는 이로 하여금 압도감을 느

홀바인이 그린 헨리 8세. 고집 센 튜더 집안 남자의 모습이 고스란히 드러나 있다. 정면을 응시하는 눈매에 지나친 자신감이 넘쳐 보인다.

끼게 한다.♦

특히 초상화에서 헨리 8세는 남성성을 상징하는 코드피스codpiece를 착용하고 있다. 코드피스는 남성 바지 앞부분에 대는 삼각형 덮개로 남성의 성기를 보호하거나 과시하기 위하여 착용하는 복식 장식이다. 당시 유럽 군주들은 대부분 코드피스를 착용했는데, 헨리 8세도 자신이 후계자를 양산하는 데 아무 지장이 없음을 보여 준다.

헨리 8세가 걸친 더블릿Doublet(14~17세기에 남성이 입던 상의)은 패드를 넣어 과장했고, 그 주위에는 왕권의 상징인 모피를 두르고 있다. 헨리 8세가 살았던 시대는 아직 기사도 정신이 중시되던 때였다. 예를 들어 당시 유럽의 강대국이었던 프랑스의 프랑수아 1세는 전투에 직접 말을 타고 참전하는 프랑스 왕의 전통을 고수했고, 헨리 8세도 멋진 기사로 인정받고 싶어 했을 것이다. 그런 점에서 초상화 속 헨리 8세도 훌륭한 기사의 모습을 보여 준다. 수염과 코드피스, 단검 그리고 깃털의 베레모가 기사풍 군주를 표현한다. 베레모는 본래 프랑스에서 유행한 뒤에 영국으로 들어간 복식 요소이다.

화가 홀바인은 헨리 8세의 얼굴을 표현하면서 사각형의 하관과 날카로운 눈매, 꾹 다문 입을 통해 인물의 성격을 표현하고자 했다. 특히 꾹 다문 입은 고집불통인 튜더가 사람들의 성격을 그대로 보여 준다. 친딸 메리가 그런 아버지를 쏙 빼닮았다. 헨리의 복장에는 많은

♦ 천유진, 〈헨리 8세(Henri VIII)의 초상화에 나타난 성사적 신체 이미지 연구〉, 이화여자대학교 대학원 석사 논문, 2017, 8.

보석이 장식되어 있는데, 그중에서도 루비가 상의 곳곳에 박혀 있다. 특히 헨리 8세는 루비를 카보숑Cabochon(위를 둥글게 연마한 보석)으로 만든 것을 좋아했다고 한다. 당시는 귀족 남자가 여자보다 더 많은 보석으로 치장하던 시대였던 만큼 초상화 속 헨리는 부강한 왕국의 군주임을 과시하고 있다.

여섯 번의 결혼

헨리 8세의 여인을 열거하다 보면 거기에서 어떤 일관성도 발견하지 못하지만, 끈질기게 뇌리를 떠나지 않는 무언가를 떠올릴 수 있다. 아라곤의 캐서린, 앤 불린, 제인 시모어, 클레브스의 앤Ann of Cleves(독일명은 클레페), 캐서린 하워드, 캐서린 파 등 여섯 명의 왕비를 우리는 이혼, 참수, 사망, 이혼, 참수, 생존이라는 방식으로 기억하게 된다.

일부일처제의 기독교 국가에서 한 명의 왕에게 여섯 명의 배우자는 너무 많다. 위에서 언급한 여섯 중에서 참수를 당한 왕비는 앤 불린과 캐서린 하워드이다. 헨리 8세의 여성 편력은 그가 여색과 쾌락만을 추구했기 때문은 아니었다. 당대 상황에 비추어 보면, 헨리 8세는 과거 무정부 시대로 다시 돌아가서는 안 된다는 강박 관념에 사로잡혀 있었다.

이번 글에서는 헨리 8세의 첫 번째 왕비인 캐서린과 두 번째 왕비인 앤 불린을 이야기해 보자. 먼저 캐서린은 아라곤 왕국, 즉 스페인의 왕녀였다. 캐서린은 많은 하인을 거느리고 잉글랜드로 건너왔다.

이사벨라 여왕과 페르디난도 2세 사이에서 태어난 아라곤의 캐서린. 카를 5세의 이모이다. 헨리 7세의 아들 왕세자 아서와 결혼했으나 남편의 급작스러운 죽음으로 시동생인 헨리 8세와 결혼한다. 헨리 8세의 불행은 여기에서 시작되었다.

당시 유럽에서 강대국은 스페인과 프랑스였다. 특히 스페인 국왕 카를 5세는 독일 연합국이라고 부를 수 있는 신성 로마 제국 황제까지 겸하고 있었다. 여기에 신대륙에서 들어오는 엄청난 양의 은괴는 스페인을 유럽에서 가장 부강한 나라로 만들었다. 반면 잉글랜드는 아직 이류 국가였다. 대양은 스페인이 접수했고, 대륙은 전통의 강국 프랑스의 입김이 여전했다. 두 강대국 사이에서 줄타기하는 것이 잉글랜드의 운명이었다.

캐서린이 잉글랜드에 왔을 때 영어를 구사할 수 있었다는 기록은 없다. 즉 많은 스페인 하인을 데려왔으니 스페인어로 주위 사람과 의사소통을 했을 것이다. 물론 시간이 흘러 캐서린도 영어를 배워 사용했겠지만, 이방인으로서 캐서린이 느꼈을 소외감은 무척 컸을 것이다. 캐서린이 헨리 8세에게 버림받은 이유는 두 가지가 있었다. 하나는 왕자를 낳지 못했다는 것, 또 하나는 헨리 8세의 멈추지 않는 여성 편력이었다. 전자는 후자를 합리화시키는 데 이용되었고, 거기에 헨리 8세의 다소 포악한 성격도 한몫했다.

헨리 8세가 로마 교황청에서 파문당하면서까지 교권(敎權)을 놓지 않으려고 했던 것은 복잡하고 다양한 정치적 이유에서였다. 먼저 캐서린은 헨리 8세가 그렇게 기다리던 왕자를 낳아 주지 못했다. 딸만 하나 낳았을 뿐이다. 훗날 어머니의 원한을 영국민에게 복수로 갚은 '피의 메리'가 바로 그 딸이다. 정치적인 이유에서 헨리 8세는 개인적인 이혼 문제를 정치적으로 이용했다. 수장령을 공포해 자신이 잉글랜드 교회의 수장이 된 것이다. 이러한 조치는 단순히 잉글랜드 교회가 로마 교황청에서 독립한다는 사실만을 의미하는 것이 아니었다. 중요한 것은 잉글랜드에 있는 교회 재산의 소유권이 교황에서 영국 왕으로 넘어간다는 사실이다. 이 말은 잉글랜드 왕의 왕권이 절대적인 것이 되었음을 의미했다. 17세기에 유럽을 풍미했던 절대 왕정의 밑그림이 이때부터 그려지고 있었다.

헨리 8세와 그의 세 번째 왕비인 제인 시모어, 그녀가 낳은 왕세자 에드워드(훗날의 에드워드 6세)를 그린 작품을 보자. 제인 시모어는 이 그림이 완성될 때 이미 세상에 없었으므로 화가는 헨리 8세의 단란한 가정을 상상해서 그렸을 것이다. 헨리 8세가 교황에게 파문당하면서까지 국교회 수장이 된 이유는 아들에게 안정된 왕국을 물려주기 위함이었다. 그리고 그 소원은 제인 시모어가 들어주었다. 하지만 그녀는 에드워드를 낳고 얼마 뒤에 산욕열로 세상을 떠나고 만다. 그녀는 윈저성에 매장됐는데, 묘비에는 라틴어로 '여기 불사조가 잠들어 있으니 그 죽음으로 또 다른 불사조가 생명을 얻었도다'라고 적혀 있다. 하지만 이 바람은 헨리 8세의 개인적인 소망에 불과했다. 병약했던 에드워드 6세는 열다섯 살에 요절한다.

그림의 배경은 런던 근교의 햄프턴궁이다. 헨리 8세는 햄프턴궁에 앤 불린과의 신방을 꾸몄으며, 그녀가 런던탑에서 처형되자마자 이 궁에서 제인 시모어와 약혼식을 올렸다. 이 그림에서 시선을 끄는 인물은 가운데에 있는 헨리 8세와 에드워드 왕자가 아니라 좌우에 있는 인물들이다. 왼쪽은 캐서린의 딸 메리(훗날의 메리 1세)이고, 오른쪽의 처녀는 앤 불린의 딸 엘리자베스(훗날의 엘리자베스 1세)이다. 캐서린

이 그림에서는 시간이 역방향으로 흐르고 있다. 제인 시모어는 에드워드 왕자를 낳다가 죽었는데, 그림에는 에드워드 왕자와 제인 시모어가 같은 공간에 있다. 헨리 8세는 아마 이런 가족을 꿈꾸었을 것이다.

은 어머니를 병으로 죽게 한 사람이 헨리 8세라는 원한을 가지고 있었을 것이고, 엘리자베스 역시 어머니를 처형한 장본인이 헨리 8세라고 생각했을 것이다. 당시 메리와 엘리자베스는 서출로 격하돼 왕위 계승권 후보에서 일찌감치 배제된 상태였지만, 헨리 8세 이후 튜더 왕조의 주역은 메리와 엘리자베스였다. 그렇다면 에드워드 6세를 이어 왕위에 오른 메리 여왕은 어떤 언어를 구사했을까?

메리 1세의 어머니는 아라곤의 캐서린 왕비이다. 그녀는 어린 시절부터 어머니와 함께 있으면서 스페인어(카탈루냐어)를 배웠다. 그러다 어머니가 병사하고 홀로 남겨진 메리에게 스페인어는 점점 잊힌 언어가 됐을 것이다. 하지만 그녀에게 다시 스페인어를 사용할 기회가 찾아왔다. 메리 1세는 스페인의 펠리페 2세와 결혼한다. 펠리페 2세는 스페인 국왕이자 신성 로마 제국 황제인 카를 5세의 아들이다. 그런데 카를 5세는 메리 1세의 이모, 즉 광녀 후아나의 아들이다. 그러므로 카를 5세와 메리 1세는 이종사촌 간이다. 이제 촌수 정리가 마무리됐다. 메리 1세가 결혼한 펠리페 2세는 그녀의 오촌 조카였다. 그렇다면 메리 1세와 펠리페 2세는 어떤 말로 의사소통을 했을까? 일단 메리가 어린 시절 어머니 캐서린 왕비로부터 배운 스페인어로 말했을 것이다. 하지만 메리의 스페인어는 카탈루냐어이고, 펠리페 2세의 스페인어는 카스티야어였다. 즉 부부 사이에 통역이 필요했다. 해가 지지 않는 제국의 카를 5세와 잉글랜드의 절대 군주 헨리 8세는 이렇게 사돈이 되었다. 물론 카를 5세는 살아 있었지만, 헨리 8세는 이미 세상을 떠난 뒤였다.

앤 불린, 팜므 파탈

그녀의 이름은 앤 불린Anne Bolyen, 헨리 8세의 두 번째 왕비이자 엘리자베스 1세 여왕의 생모이다. 앤 불린은 1501년 혹은 1507년에 태어났다고 하는데 정확한 연도는 알 수 없다. 그녀의 집안은 사회적 위상이 급상승한 집안이었다. 당시 잉글랜드 사회에는 신분 상승의 기회가 많았다. 그녀의 아버지인 토마스 불린Thomas Boleyn은 가부장적인 사람으로, 노포크Norfolk 공작의 딸인 엘리자베스 하워드Elizabeth Howard와 결혼한다. 우리가 알고 있는 엘리자베스 1세 여왕의 이름이 바로 외할머니의 이름이다. 그녀의 아버지와 어머니 모두 에드워드 1세의 먼 후손이었기에 앤은 가문에 긍지가 컸다. 불린 가문은 런던의 신흥 부르주아 출신이었고, 조상 중 한 명인 제프리 불린Geoffrey Boleyn은 잡화상동업 조합의 일원이자 런던 시장을 보필하는 중요한 역할을 맡고 있었다. 하지만 불린 집안이 내세울 수 있는 최고의 자랑은 앤의 언니 메리였다. 메리는 헨리 8세의 사랑을 한 몸에 받고 있었기 때문이다. 한편 앤 불린의 젊은 시절에 가장 중요했던 순간은 아마도 오스트리아 마르가레테 대공녀의 궁정에 소개됐을 때였을 것이다.

마르가레테 대공녀는 합스부르크 왕실 출신으로 부르고뉴 제후이자 스페인 왕녀, 사부아Savoie 공국의 공녀였다. 신성 로마 제국 막시밀리안 1세의 딸이자 카를 5세의 고모인 마르가레테는 프랑스 왕비가 될 뻔했으나 샤를 7세가 안 드 브르타뉴Anne de Bretagne를 선택하는 바람에 그렇게 되지 못했다. 그래서 그녀는 프랑스 왕실에 대한 앙금을 가지고 있었다. 그녀는 두 명의 남편과 사별했는데, 첫 번째는 아스투리아(스페인 북서부 지방)의 후안이고, 두 번째는 사부아의 필리프이다. 벨기에 출신의 시인 장 르메르Jean Lemaire는 그녀를 '상갓집의 부인'이라고 비유했다. 하지만 그래도 마르가레테는 자신의 조카(훗날의 카를 5세)인 카를의 교육에 혼신을 다한 고모였다. 그녀는 플랑드르 말린(현재의 벨기에)에서 네덜란드 총독으로 있었는데, 은밀히 앤 불린을 자신의 거처로 부르고는 했다. 장차 앤 앞에 어떤 운명이 기다리고 있을지 마르가레테는 짐작이나 했을까?

1521년 앤은 잉글랜드 왕실로부터 부름을 받아 왕실 연회에서 데뷔한다. 이 자리에서 그녀는 당대 사교계를 주름잡고 있던 사람들에게 강한 인상을 심어 주었다. 이 모든 것들이 울시Woolsey궁에서 이루어졌는데, 울시궁은 훗날 웨스트민스터시의 중심이 되는 화이트홀의 전신이었다. 앤은 음악과 미술에 높은 관심과 심미안을 가지고 있었다. 특히 그녀는 당대 북서유럽의 르네상스를 이끌던 독일 출신의 저명한 초상화가 한스 홀바인의 재능에 특히 큰 관심을 보였다. 이렇게 교양이 넘치는 앤이 헨리 8세에게 왕자를 낳아 준다면 이보다 더

엘리자베스 1세의 생모인 앤 불린의 초상화. 헨리 8세의 결혼은 형수를 아내로 맞은 첫 번째 결혼부터 출발이 좋지 않았다. 앤 불린은 그런 헨리 8세를 잡아 줄 수 있는 여인이었지만, 운명은 그녀에게 너무 가혹했다.

큰 축복이 어디 있겠는가? 하지만 앤은 헨리 8세의 정부였다가 버림받은 언니 메리와는 달랐다. 헨리는 메리를 정부로 만들었지만, 앤은 그렇게 하지 못했다. 그녀는 헨리의 정부가 되는 것을 거부하고 정조를 지켜달라고 신에게 가호를 빌기까지 했다. 그리고 잉글랜드에서 여자가 오를 수 있는 가장 높은 자리를 헨리에게 요구했다. 잉글랜드 왕비를 원한 것이다.

헨리는 앤을 차지하려는 조급함에 마음을 잡지 못했다. 그는 마음만 먹으면 쉽게 자신의 충동을 만족시킬 수 있는 인물이었다. 그런데 이번에는 사정이 달랐다. 상황이 너무 진지했던 것이다. 헨리는 이제 막 캐서린을 잊었지만, 슬픔에 잠겨 있던 캐서린은 헨리에게 연민의 정만 남겨 주었다. 캐서린을 보면 절망과 추문만이 떠오를 뿐이었다. 마침내 헨리는 캐서린을 증오하기 시작했고, 앤 불린에 대한 연정은 반대로 더욱 커지고 있었다.

당시 영국인은 앤 불린을 다음과 같이 생각하고 있었다고 한다.♦

그녀는 노래를 잘 부르고 춤을 잘 추었으며
그녀의 입에서 나오는 말은 막힘이 없었고
우울한 생각을 잊도록
류트와 다른 악기도 잘 다룰 줄 알았다.

이런 여인을 본 헨리 8세가 그녀와 사랑에 빠지지 않을 수 있었을까? 하지만 앤 불린을 부정적인 이미지로 표현한 사람도 있다. 가톨릭 역사가인 니콜라스 샌더스Nicholas Sanders는 앤의 외모가 기형이라며 지독히 악의적으로 그리고 있다. 앤을 중상모략하는 사람들에게 그녀는 마녀처럼 보였을 것이다. 샌더스는 이렇게 앤 불린을 묘사하고 있다.

그녀는 갈색 머리에 키는 중간 정도였다. 얼굴형은 갸름했고 얼굴색은 다소 창백한 편이었다. 특히 윗니가 고르지 못했고 오른손가락은 여섯 개였다. 목에는 종기가 나 있었는데 비정상적인 모습을 감추기 위해서 주름 장식깃으로 목을 감쌌다. 그러자 궁정의 귀부인들은 전에는 목 주위에 아무것도 치장하지 않았으나, 그녀를 따라 하기 위해 주름 장식깃을 착용했다. 게다가 앤 불린은 아름다운 장식을 몸에 두르고 재치가 넘치는 대화로 주변 사람들을 매료시켰다. 그리고 당시 그 어떤 처녀들보다 류트를 잘 연주했다. 그녀의 우아한 춤 솜씨는 비할 사람이 없었고, 매일 새로운 유행을 창조해 새롭게 옷을 입었다. 한마디로 말해서 그녀는 궁전의 모델이었다.◆◆

앤 불린을 정부에서 왕비로 만들 수 있는 사람은 헨리 8세뿐이었다. 헨리는 항간의 소문에도 불구하고 앤의 매력에서 벗어날 수가 없

◆ Bernard Cottret, *Ces reines qui font l'Angleterre*, Tallandier, Paris, 2016

◆◆ Bernard Cottret, 같은 책.

었다. 만약 앤이 왕자를 낳아 준다면 그녀가 팜므 파탈이라도 상관이 없다고 생각했을 것이다. 하지만 헨리는 지독한 이기주의자에다 변덕이 심하고 가부장적인 마초였다. 게다가 그는 잉글랜드의 절대 군주였다. 두 사람은 공존할 수 없는 운명의 굴레 속에 있었다.

헨리 8세의 프랑스어

헨리의 결심은 확고했다. 캐서린과의 결혼은 악몽이었고, 앤과의 새 출발은 새로운 사랑의 시작을 의미했다. 늘 우울한 캐서린을 보는 것이 그에게는 곤욕이었으며, 무엇보다도 자신이 아직도 정력적인 남자라는 사실을 확인해 보고 싶었다. 그럴 무렵 캐서린의 시녀인 앤이 그에게 큐피드의 화살을 쏜 것이다.

헨리 8세와 불린 집안의 인연은 이번이 두 번째였다. 그 뿌리를 설명하려면 앤의 언니인 메리 불린을 언급할 필요가 있다. 메리는 아버지와 함께 프랑스에 있었을 때 프랑수아 1세의 정부가 되었다. 정확한 기록은 아니지만, 프랑수아 1세는 그녀를 '헤픈 창녀'라고 불렀다고 하는데 아마도 이런 이유에서 프랑스 궁정에서 쫓겨나 잉글랜드로 돌아왔을 것이다. 그리고 이번에는 헨리 8세의 정부가 된다. 일설에는 그녀가 헨리의 사생아를 낳았다는 설도 있다. 어쨌든 메리는 헨리의 정부로 만족해야 했다. 그러던 중 이번에는 헨리의 눈에 동생 앤이 들어온 것이다. 하지만 언니와는 품성이 다른 앤은 헨리 8세의 정부로 인생을 마감하고 싶지 않았다. 자기를 왕비로 만든 이후에야 동침할 수 있다고 헨리에게 말한 것이다. 앤은 헨리를 조급하게 만들었다. 이렇게 두 연인은 수년 동안 사랑싸움을 하게 된다. 헨리 8세는 1527년 5월 무렵부터 1528년 10월까지 무려 19개월에 걸쳐 앤에게 구애를 했다. 그리고 그 증거들이 연서(戀書)로 남아 있다.

헨리 8세는 잉글랜드의 왕 중에서 최초의 르네상스 군주로 꼽힌다. 그의 라이벌인 프랑스의 프랑수아 1세가 프랑스 르네상스의 아버지로 불리는 것과 마찬가지이다. 음악의 후원자로 류트와 오르간 같은 악기 수집에 관심이 많았고, 그 자신도 류트의 훌륭한 연주자였다. 연주자인 동시에 작곡가였고, 작가이자 시인이었다. 한마디로 르네상스 시대의 만능 예술가였다.

또한 헨리 8세는 잉글랜드 왕 중 최초로 인문주의 교육을 받은 군주로, 여러 외국어에 능통했다. 당시 유럽 왕실과 귀족의 교양어인 프랑스어뿐만 아니라, 사법부의 언어인 라틴어도 구사할 줄 알았다. 사실 프랑스어는 노르만 왕조를 개창한 정복왕 윌리엄부터 에드워드 3세의 손자인 리처드 2세까지 잉글랜드 왕의 모국어는 프랑스어였다. 물론 이후 잉글랜드 왕의 모국어는 영어가 되었다. 하지만 헨리 8세가 프랑스어를 말할 줄 알았던 근본적인 이유는 프랑스어가 유럽 귀족의 교양어라는 사실 말고 다른 데 있었다. 헨리 8세는 법적으로 프랑스 왕국의 군주였기 때문이다.

헨리 8세의 공식 문장에는 사자와 백합꽃이 있다. 노르만 왕조부터 사용하던 붉은 바탕의 세 마리 사자는 잉글랜드의 상징 동물이고,

———— 헨리 8세의 문장. 현재 영국 왕실 문장에는 잉글랜드의 사자와 스코틀랜드의 일각수가 있지만, 헨리 8세 시절에는 헨리 7세부터 사용하기 시작한 붉은 용이 있었다. 이 용은 웨일스의 왕이 대대로 사용한 것으로, 튜더 가문이 웨일스 출신이라는 사실을 천하에 알리고 있다.

백합꽃은 프랑스 왕실의 문장이다. 잘 알려진 것처럼 에드워드 3세는 백년 전쟁을 일으키면서 자신이 프랑스 왕국의 적법한 계승자라고 주장했다. 그리고 백합꽃을 영국 왕의 문장에 넣었다. 이런 전통은 헨리 8세의 통치 시기에도 그대로 지켜지고 있었다. 그런데 국제법상 잉글랜드 왕이 프랑스 왕을 겸하는 것은 적법한 것으로 볼 수 있었다. 이런 주장은 백년 전쟁 당시 에드워드가 주장한 일방적인 주장과는 차원이 다른 것이었다. 이 주장의 뿌리는 백년 전쟁 때 아쟁쿠르에서 대승을 거둔 영국의 헨리 5세까지 거슬러 올라간다.

백년 전쟁 후반기의 영웅은 당연히 헨리 5세였다. 젊고 유능한 헨리 5세는 뛰어난 전략가였다. 그는 아쟁쿠르에서 프랑스군을 궤멸시키고 전쟁의 흐름을 잉글랜드 쪽으로 바꾸어 놓은 군주였다. 아쟁쿠르 전투에서 대승을 거둔 헨리 5세는 프랑스 국왕과 트루아 조약을 체결한다. 이 조약에는 헨리 5세가 프랑스 국왕 샤를 6세의 후계자로 명시되어 있었다. 게다가 헨리 5세는 샤를 6세의 딸 카트린 드 발루아Cathrine de Valois와 결혼해 프랑스 왕실의 적법한 후계자로 인정받았다. 헨리 5세는 젊은 자신이 병약한 샤를 6세보다 더 오래 살 것으로 확신했을 것이다. 하지만 헨리 5세는 샤를 6세보다 두 달 먼저 세상을 떠났다. 그때 헨리 5세의 나이는 35세에 불과했다. 이제 프랑스 왕위는 헨리 5세의 아들인 헨리 6세에게 돌아가게 되어 있었다. 하지만 조약이라는 것도 당사자가 지키지 않으면 효력을 발휘하지 못한다. 샤를 6세에 이어 프랑스 왕위에 오른 샤를 7세는 잉글랜드 왕에게 왕위를 양보할 생각이 추호도 없었다. 잉글랜드의 입장은 단호했다. 법적 효력을 지닌 트루아 조약을 프랑스가 준수하라는 것이었다. 이후 잉글랜드 왕은 끊임없이 자신이 프랑스 왕국의 합법적인 군주라고 주장했다.

그런 점에서 헨리 8세도 마찬가지였다. 그의 공식적인 지위는 잉글랜드와 아일랜드 영주 그리고 프랑스의 왕이었다. 자신이 프랑스 왕이므로 프랑스어를 배워야 한다는 것은 당연하지 않은가? 거기에 개인적인 이유도 첨가되었다. 자신이 사랑하는 앤 불린이 프랑스어에 능통했을 뿐만 아니라, 연애할 때 프랑스어보다 더 감미로운 언어가 어디 있단 말인가?

헨리가 앤에게 보낸 프랑스어 연애편지

현재 남아 있는 헨리 8세와 앤의 편지는 총 열여덟 통인데, 이 중 여덟 번째 편지는 앤 불린이 국왕의 최측근인 울지Wolsey 추기경에게 보낸 것이고, 나머지 열일곱 통은 모두 헨리 8세가 앤 불린에게 보낸 편지이다. 그런데 이 편지들은 런던이 아닌 바티칸 도서관에 소장되어 있다. 왜 잉글랜드 왕의 연애편지가 바티칸에 있는 것일까? 역사학자들은 몇 가지 가설을 제시한다.

첫 번째 가설은 헨리 8세의 딸인 메리 여왕 시대(1553~1558)에 이 편지들이 바티칸에 보내졌다는 것이다. 잘 알려진 것처럼 메리 여왕은 캐서린이 낳은 딸이고, 프로테스탄트 신자들을 박해한 여왕이다. 그래서 가톨릭 신자였던 메리 여왕이 부왕(父王)의 편지들을 가톨릭의 본산인 바티칸으로 보냈다는 주장이다. 아버지에 대한 복수의 일환이라는 것이 이 가설을 주장하는 학자들의 근거이다.

두 번째 가설은 첫 번째보다 다소 신빙성이 높아 보인다. 히버Hever 성에 있는 앤의 방에서 편지들이 도난당했다는 주장이다. 그 이유는 헨리 8세의 '중대한 사건', 즉 아라곤의 캐서린과의 이혼 사건에서 헨리 8세에게 불리하게 작용할 증거를 확보하기 위해 누군가 이 편지들을 빼돌렸다는 설이다. 다시 말해 엄연히 부인이 있는 남편이 정부에게 보낸 편지는 이혼 소송에서 불리한 증거로 작용하기 때문이다. 이런 주장을 하는 역사학자는 한 걸음 더 나아가 헨리 8세의 편지에 대한 앤 불린의 답신은 모두 폐기됐다고 주장한다. 앤에 대한 헨리의 사랑이 증오로 변했기 때문이라는 것이다.

헨리 8세의 편지들을 보면 그가 편지 쓰는 것을 그리 좋아하지 않았다는 사실을 알 수 있다. 그 근거로 편지의 분량이 짧으며, 내용이 다소 진부하단 사실을 들 수 있다. 이 편지들을 통해 헨리는 자신의 다양한 역할을 보여 준다. 편지에서 헨리는 연인에서 통치자로, 또는 리포터 역할도 하고 있다. 그는 전염병 희생자들에 대한 뉴스, 혹은 법정에서의 이혼 소송 등을 전하고 있다.

그가 편지 쓰는 것을 그리 좋아하지 않았다는 또 다른 증거로는 몇몇 문장의 경우 시간이 부족해서 마무리가 덜 되었다는 사실이다. 편지의 서명도 그는 이름 전부를 쓰지 않고 'Henry R'(라틴어로 왕을 뜻하는 Rex의 약자)이라고 적고 있다. 앤 불린에게 쓴 편지에서도 헨리는 'H. R'이라고 쓰고 있는데, 그가 약자를 쓴 이유 중의 하나는 자신의 정체를 숨기기 위한 것이었다는 설도 있다.

헨리 8세가 앤 불린에게 보낸 열일곱 통의 편지 중 절반은 프랑스어로, 나머지 절반은 영어로 쓴 것들이다. 물론 헨리 8세는 모국어인 영어 외에도 프랑스어를 능숙하게 구사했던 군주였다. 그렇다면 그가 프랑스어로 연애편지를 작성한 데에는 특별한 이유가 있었던 것일까?

먼저 이 편지들은 왕의 개인적인 편지이다. 그러므로 국왕의 감정을 최대한 감출 필요가 있었을 것이다. 그런 관점에서 본다면 모국어인 영어보다 프랑스어가 훨씬 더 안전했을 것이다. 두 번째 이유는 앤 불린이 프랑스 궁정에서 살았던 경험 덕분에 프랑스어를 능숙하게 구사했기 때문이다. 게다가 당시 프랑스어는 잉글랜드 궁정에서 통용되는 교양어였다. 헨리 8세는 자신의 감정을 더 세련되게 표현할 수 있고, 프랑스어에 능통한 앤 불린을 위해서 프랑스어로 연애편지를 썼을 것이다.

앤 불린은 프랑스 궁정에 소개되기 전 플랑드르 지방에서 프랑스어를 배웠다. 부르고뉴 공국에 속하던 플랑드르 지방에서 프랑스어를 사용했기 때문이다. 앤은 앤트워프와 브뤼셀 사이에 있던 말린성에서 당시 엘리트층 언어인 프랑스어와 예법을 배웠다. 그녀는 프랑스 루이 12세의 왕비인 메리 튜더(헨리 8세의 여동생)의 시중을 들었는데, 루이 12세는 노년에 색정에 빠져 생을 마감한 군주였다. 루이 12세와 메리 튜더의 나이 차가 서른두 살이었으니 루이 12세가 일찍 죽을 법도 하다.

앤 불린은 프랑수아 1세의 클로드 왕비를 모셨던 적이 있었다. 앤에 관한 기록이 공식적으로 남아 있는 것은 없으나, 아마도 프랑수아 1세가 이탈리아의 마리냥 전투에서 승리를 거두자, 왕에게 축하 인사를 하려고 이탈리아를 찾은 클로드 왕비를 동행했을 것이다. 그리고 그녀는 틀림없이 1520년 프랑스 프랑수아 1세와 영국 헨리 8세가 만난 칼레 근처의 황금 천 캠프Camp du Drap d'Or에서 두 군주가 만나는 자리에 있었을 것이다. 이 자리에서 두 군주는 덕담을 주고받았지만, 여전히 어색한 두 왕국의 관계가 그대로 노출되었다. 헨리 8세는 자신이 프랑스의 정식 왕이라고 생각하고 있었기 때문이다. 이듬해에 앤은 잉글랜드 왕실로부터 부름을 받아 왕실 연회에서 데뷔한다. 이 자리에서 그녀는 당대 사교계를 주름잡고 있던 사람들에게 강력한 인상을 심어 주었다.

그러나 헨리 8세와 앤 불린의 결혼은 뜻하지 않은 암초를 만난다. 앤은 메리 불린의 전철을 되풀이하고 싶지 않았던 것이다. 이 편지들은 두 연인이 '밀당'하던 1527년 5월부터 1528년 10월까지의 러브스토리를 고스란히 보여 준다. 교황청에서 파문당했지만 잉글랜드 교회의 수장으로서 군림하던 헨리 8세도 한 여인의 사랑을 얻으려는 순수한 남자에 불과했던 것일까? 헨리가 앤에게 보낸 애틋한 사랑의 노래를 보자.

이 무렵 헨리는 진심으로 앤과 사랑에 빠졌다. 그것도 정신을 못 차릴 정도로 사랑에 빠졌다. 그는 마치 짝을 찾아 울부짖는 사슴 같았다. 헨리는 앤의 마음을 사로잡기 위해 프랑스어로 편지를 썼지만, 그의 정신 상태는 영국인이었다. 헨리는 프랑스어로 쓴 편지에서 다음과 같이 자신의 감정을 솔직하게 드러냈다.

나는 지금 사랑하는 당신에게 편지를 쓰고 있다오. 당신이 건

헨리 8세와 프랑수아 1세는 1519년 카를 5세가 신성 로마 제국의 황제가 되자 동맹을 맺는다. 1520년 프랑스 서북부의 중립 지대인 발린겜에서 두 군주는 조우한다. 왼편에 보이는 헨리 8세 일행은 수행원만 4,500명에 달했다. 두 왕은 '황금 천' 막사를 세우고 자기 세를 과시했다. 이 자리에서 헨리 8세는 앤 불린을 보았을 것이다.

강한지, 또 당신이 행복한지 이 모든 것이 내가 당신으로부터 알고 싶어 하는 것이요. 나는 신에게 우리를 곧 하나로 합쳐 주기를 기도하고 있다오. 우리 사랑이 언제 이루어질지 모르지만, 이 순간을 오래전부터 기다려 왔소. 나의 진실한 사랑인 당신이 지금 내 곁에 없기에 당신에게 사슴고기를 보낼 수밖에 없구려. 내 마음의 선물이라 생각해 주길 바라오. 당신을 위해 큰 성찬을 준비할 것을 약속하오.♦

헨리 8세는 앤과의 연애에 다소 소극적인 태도를 보이면서도 사랑의 열정을 감추지 않았다. 또 다른 프랑스어 편지를 보자.

내 사랑 앤, 이 편지는 당신이 내 곁을 떠난 뒤 내가 겪는 고통을 알려 주려고 쓰는 것이오. 당신이 떠난 뒤에 시간은 너무 천천히 흘러 하루가 보름인 것처럼 느껴지오. 이 모두가 착한 당신과 사랑의 열정이 그 원인이오. 나는 당신과 얼마 떨어져 있지 않았는데도 이렇게 큰 사랑의 슬픔을 느끼리라고는 상상도 못 했소. 이제 우리는 다시 만날 수 있을 것이오. 그러면 내가 받는 고통의 절반도 곧 사라질 것이오. 나는 이 편지를 쓰면서 당신으로부터 큰 위안을 얻고 있소. 이런 작업이 내게는 매우 중요한 일이 되어 버렸소. 오늘은 4시간 동안이나 당신 생각을 하고 글을 썼소. 그래서 머리도 조금 아프고 편지의 길이도 조금 짧아졌소. 당신을 내 품 안에 안길 바라며 당신에게

입맞춤을 보내오.[◆◆]

헨리 8세는 전술한 바와 같이 절반은 프랑스어, 나머지 절반은 영어로 편지를 썼다. 〈헨리 8세의 서간문에 관한 연구〉[◆◆◆]에 의하면 두 언어의 사용은 문체상 차이를 보인다. 먼저 프랑스어로 쓴 편지에는 왕의 감정, 연인의 부재에 대한 그리움, 기사도적인 사랑이 담겨 있다. 동시에 이 편지에는 통치자로서의 국왕과 봉사자의 역할이 잘 표현되어 있다. 하지만 그의 프랑스어 실력은 영어보다 뛰어나지 않은 편이었고, 그 결과 편지 전반에 문법적인 오류들이 발견된다. 하지만 이런 오류는 왕이 지향했던 기사도적 사랑을 표현하는 데 전혀 걸림돌이 되지 않았다. 헨리는 프랑스어를 통해 자신이 사랑하는 여인에게 노래, 시, 선물을 바치며 사랑을 얻으려는 중세 기사의 모습을 보인다.

헨리가 앤에게 가졌던 사랑의 증거는 홀바인이 그린 그의 전신 초상화에도 잘 나타나 있다. 헨리는 자신의 복장에 'HA' 혹은 'HISA'라는 프랑스어 약자를 새긴 보석을 달았는데, 그 의미는 'Henry Immuable Serviteur de Anne', 즉 '결코 변하지 않는 앤의 종'이라는 뜻

◆ https://www.nationalarchives.gov.uk

◆◆ https://www.nationalarchives.gov.uk

◆◆◆ Susi Bellinello, *The Love Letters of Henry VIII to Anne Boleyn*, Sources of the Love that changed England Forever, Università Ca' Foscari Venezia, 2016

이다.

이번에는 헨리 8세의 영어 편지에 관해 이야기해 보자. 일단 영어로 쓰인 편지는 문장이 복잡하고, 연애 감정에 관한 내용보다는 궁정의 일상, 행정 업무 등과 관련된 내용이 주를 이루고 있다. 영어 편지 속 헨리에게는 앤을 향한 하인의 이미지와 연애 감정들은 보이지 않는다. 편지 분량도 프랑스어 편지보다 적으며, 서둘러서 편지를 마무리했음을 확인할 수 있다. 예를 들어 영어로 편지를 쓰다가 두통이나 늦은 시간 때문에 편지를 끝맺는 경우도 보인다. 다시 말해 헨리는 진정한 자신의 연애 감정을 표현할 때는 공을 들여 프랑스어로 편지를 썼지만, 일상생활의 이야기는 영어로 썼다.

파국

사랑과 미움은 그 뿌리가 같다고 하지 않던가. 위에서 소개한 편지들만 보면 이 사랑은 분명히 해피 엔딩으로 끝났을 것 같았다. 하지만 두 사람의 사랑이 어떻게 끝났는지 우리는 너무나 잘 알고 있다. 부부의 파탄은 원인을 아무리 객관적으로 설명하려고 해도 답을 찾을 수가 없다. 하지만 헨리 8세가 앤 불린을 여러 죄목(간통, 근친상간 등)으로 처형한 것이 공정한 처사였을까? 당시에는 앤의 죄가 누구의 책임에서 비롯됐는지 판단하기 어려웠겠지만, 그 이후 헨리 8세의 행동을 종합해 보면 최소한 누구의 책임이 더 큰지 유추할 수 있을 것이다. 헨리 8세가 여섯 왕비와 결혼하면서 보낸 주요 사건을 연대별로 정리해 보자. 그러면 인간 헨리 8세의 진짜 모습을 발견할 수 있지 않을까?

1509년 6월 11일	헨리 8세, 아라곤의 캐서린과 결혼
1524년	캐서린의 가임 나이가 넘으면서 부부 관

	계가 사실상 끝남
1527년 5월 17일	캐서린과의 이혼 소송이 시작됨(*)
1531년 7월 14일	캐서린과 이혼, 캐서린이 궁에서 쫓겨남
1533년 1월 25일	헨리 8세, 앤 불린과 비밀리에 결혼(**)
4월 12일	앤 불린, 왕비 자격으로 공식 석상에 처음으로 나타남
1533년 9월 7일	엘리자베스 공주 출생
1535년 6월 말	앤 불린, 사산
11월	헨리 8세, 제인 시모어에게 청혼(***)
1536년 1월 7일	캐서린 사망
1월 29일	앤 불린, 왕자 사산
5월 2일	앤 불린, 런던탑에 갇힘
5월 19일	앤 불린 처형
5월 20일	헨리 8세, 제인 시모어와 정혼
5월 30일	헨리 8세, 제인 시모어와 결혼
1537년 10월 12일	헨리와 제인 시모어 사이에서 에드워드 왕자 출생
10월 24일	제인 시모어 사망
1540년 1월 6일	헨리, 클레브스의 앤과 결혼
4월	헨리, 캐서린 하워드에게 청혼(****)
7월 9일	헨리, 클레브스의 앤과의 혼인 무효화
7월 28일	헨리, 캐서린 하워드와 결혼

1542년 2월 13일 캐서린 하워드 간통으로 처형(*****)

1543년 7월 12일 헨리, 캐서린 파와 결혼결혼(******)

1547년 1월 28일 헨리 8세 사망, 에드워드 6세 등극

아라곤의 캐서린이 가임 나이를 넘기면서 왕자를 낳을 수 없게 되자, 헨리는 그녀와 이혼을 결심한다. 가부장적인 인간으로서 한 결정이었다. 게다가 선왕(先王)의 유지가 안정된 왕권을 수호하기 위해 왕자에게 왕위를 넘기라는 것이었기에, 헨리 8세는 일종의 강박 관념이 있었던 것으로 보인다. 그리고 캐서린과의 지루한 이혼 소송이 시작되고(*), 캐서린의 시녀 앤 불린과 비밀리에 결혼식을 올린다(**). 여기까지는 조강지처를 버린 지아비로서 보란 듯이 결혼할 수 없었던 헨리의 입장에 공감이 간다. 하지만 이후 행동들은 인간 헨리 8세의 민낯을 보여 준다.

1533년 앤 불린이 엘리자베스 공주를 낳자, 헨리는 다음에는 아들을 낳으면 된다고 왕비를 위로했다. 하지만 2년 뒤에 왕자를 사산하자 헨리의 마음은 앤으로부터 영원히 떠난다. 그해 11월 헨리는 제인 시모어에게 청혼한다(***). 이제 헨리는 타인의 아픔에 털끝만큼의 고통도 느끼지 않는 사이코패스형 인간으로 변하고 있었다. 절대 권력을 가진 자가 사이코패스가 된다면 그 피해는 익히 짐작할 수가 있다.

헨리의 결혼은 점차 막장 드라마로 치닫고 있었다. 독일에서 온 클레브스의 앤을 직접 보고 그는 이루 말할 수 없을 만큼 실망했다.

유명한 화가 홀바인의 잘못이었을까? 클레브스의 앤을 실물보다 너무 아름답게 그렸던 것이다. 헨리는 이 결혼을 당장 무효화하고 앤과 오누이 사이로 지낼 것을 제안한다. 그리고 앤 클레브스는 죽을 때까지 자신이 왜 소박을 맞았는지도 모른 채 살다가 런던에서 생을 마감했다.

이제 헨리의 결혼 드라마도 종말에 이르고 있었다. 쉰 살이 넘어 대머리가 된 헨리는 극도의 비만 체형을 지닌 노인이었는데 또다시 젊은 여자를 탐한 것이다. 그런데 이번에 고른 여인은 품행이 좋지 않았다. 헨리는 앤 클레브스를 내쫓자마자 젊은 캐서린 하워드에게 청혼한다(****). 하지만 젊은 여인을 부인으로 옆에 두기에 헨리는 이미 너무 늙어버렸다. 그러던 중에 하워드의 간통 사건이 터진다. 인색하고 화를 잘 내는 성미만 남은 헨리는 그녀를 당장 처형했다(*****). 앤 불린에 이어 두 번째 참수형을 당한 왕비였다. 아이러니하게도 앤과 캐서린 하워드는 사촌 간이었다. 운명이란 이런 것이다.

이제 헨리에게 결혼은 헤라클레스의 열두 과업처럼 숙명이 되어버렸다. 하지만 운명은 헨리에게 편안하게 죽을 수 있는 행운을 선사했다. 그녀의 이름은 캐서린 파. 또 캐서린이었다(******). 헨리가 결혼한 여섯 왕비의 이름은 캐서린이 세 명, 앤이 두 명 그리고 제인이 한 명이었다. 마지막으로 결혼한 캐서린 파는 헨리에게 안식처를 제공한 여인이었다. 그런데 이 여인에게도 문제가 하나 있었다. 인문학적 소양이 너무 높았던 것이었다. 헨리는 이런 점이 마음에 안 들었다. 여자는 유전적으로 남자보다 열등하다는 것이 헨리의 평소 생각이었는데, 여섯 번째 왕비는 남자보다 지적 수준이 높았던 것이다.

헨리는 늙어 가면서 더욱 포악해졌다. 캐서린 파는 주군인 헨리 앞에서 자신의 죄를 인정했다. 여성이 '선천적으로' 남성보다 열등하다는 것을 인정한 것이다. 특히 학문과 같은 지적인 영역에서는 더욱 그렇다고 시인했다. 그녀는 아내가 남자를 교육시킬 소명을 받지 못했다며 남편을 안심시켰다. 헨리는 그런 그녀를 다정하게 포옹하며 말했다.

"당신은 참 현명하구려. 자, 이제 예전처럼 화목하게 삽시다."

이렇게 말하고 얼마 뒤에 헨리는 숨을 거두었다. 1547년 1월 28일, 쉰다섯을 일기로 헨리 8세는 세상을 떠났다.

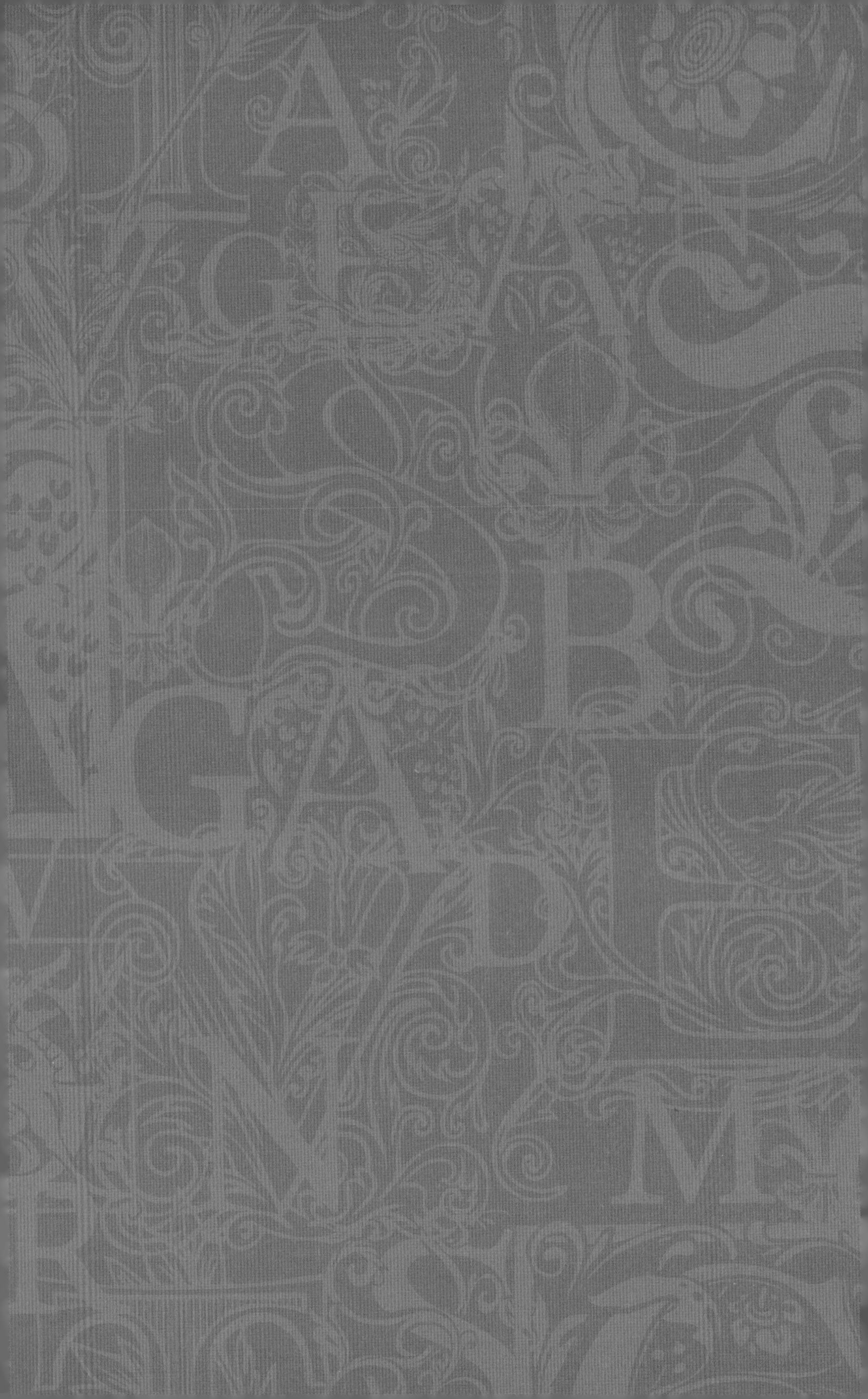

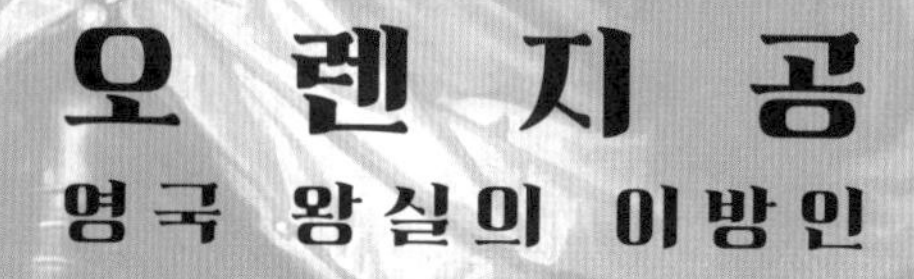
오렌지공
영국 왕실의 이방인

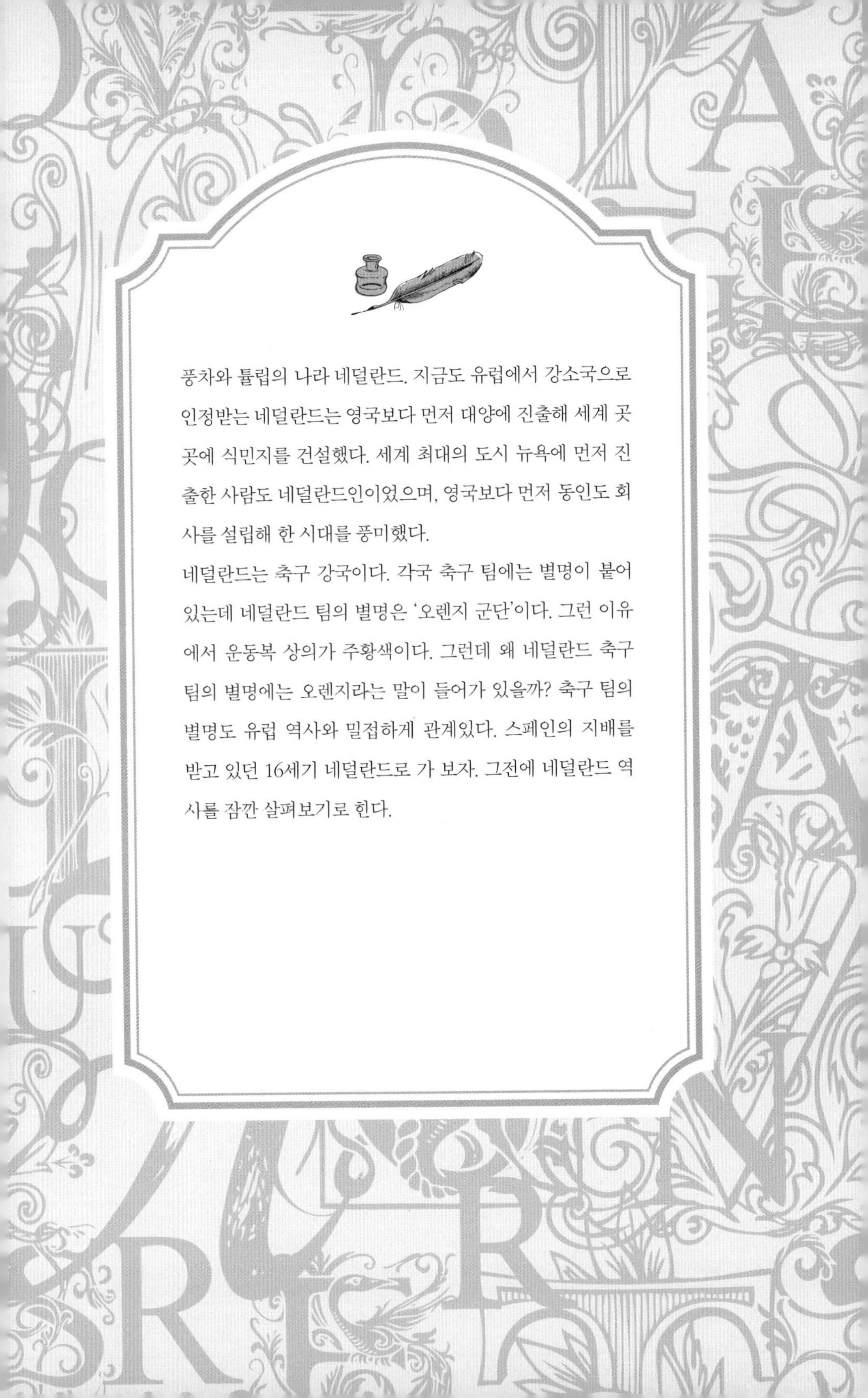

풍차와 튤립의 나라 네덜란드. 지금도 유럽에서 강소국으로 인정받는 네덜란드는 영국보다 먼저 대양에 진출해 세계 곳곳에 식민지를 건설했다. 세계 최대의 도시 뉴욕에 먼저 진출한 사람도 네덜란드인이었으며, 영국보다 먼저 동인도 회사를 설립해 한 시대를 풍미했다.

네덜란드는 축구 강국이다. 각국 축구 팀에는 별명이 붙어 있는데 네덜란드 팀의 별명은 '오렌지 군단'이다. 그런 이유에서 운동복 상의가 주황색이다. 그런데 왜 네덜란드 축구 팀의 별명에는 오렌지라는 말이 들어가 있을까? 축구 팀의 별명도 유럽 역사와 밀접하게 관계있다. 스페인의 지배를 받고 있던 16세기 네덜란드로 가 보자. 그전에 네덜란드 역사를 잠깐 살펴보기로 한다.

네덜란드의 역사

네덜란드가 역사의 전면에 등장한 때는 기원전 50년경 로마인이 이 지방에 들어오면서부터이다. 이 지방의 남쪽에는 켈트족, 북쪽에는 게르만족이 거주하고 있었는데, 색슨족과 프리스족이 이 지방에 거주하던 게르만족이었다. 색슨족은 서기 5세기경에 잉글랜드로 이주한다. 현재 네덜란드에는 두 개의 공용어가 있다. 하나는 네덜란드어이고, 또 하나는 네덜란드 남쪽 지방에서 사용하던 프리슬란트어(프리스족의 언어)이다. 프리슬란트어는 언어 계통상 영어와 가장 가까운 언어라고 학자들은 말한다. 네덜란드인이 영어를 유창하게 구사하는 이유가 여기에 있다.

14세기에 네덜란드는 프랑스 동부에 있는 부르고뉴 공국의 지배하에 들어간다. 프랑스 왕국의 제후국 중에서 가장 강력한 부르고뉴 공국은 공국 경계를 서쪽 끝까지 확대하여 저지대 지방, 즉 네덜란드와 벨기에를 손에 넣었다. 그런데 앞에서 살펴본 바와 같이 신성 로마 제국의 막시밀리안 황제는 부르고뉴의 상속녀 마리와 결혼해 부르고뉴 공작령을 접수했다. 합스부르크 왕가의 모토가 보여 주듯 결혼으로 부르고뉴 공국을 송두리째 손에 넣은 것이다. 이렇게 마리 공의 결혼으로 네덜란드의 영유권이 신성 로마 제국으로 넘어갔다. 제후국과 왕국을 결혼을 통해 상속받을 수 있었던 유럽 역사의 단면이다. 당시 네덜란드의 열일곱 개 주는 지금의 네덜란드, 룩셈부르크, 벨기에, 프랑스 북서부 지방(벨기에와 국경을 맞대고 있는 지방)을 아우르는 광대한 지역이었다. 이렇게 많은 지방을 부르고뉴의 상속녀 마리가 신성 로마 제국 황제 막시밀리안에게 지참금으로 가져간 것이다. 그리고 황제의 손자인 카를 5세가 스페인 국왕도 겸직하면서 네덜란드의 영유권은 스페인으로 넘어가고 말았다.

네덜란드 독립의 결정적인 도화선은 합스부르크 왕가가 제공했다. 1556년 카를 5세가 아들인 펠리페 2세에게 스페인 왕위를 양위하고, 신성 로마 제국은 동생인 페르디난도(독일어로는 페르디난트)에게 물려준 것이다. 그런데 펠리페 2세는 스페인에서 태어나서 성장했기 때문에 네덜란드어는 물론이고 프랑스어와 독일어도 할 줄 몰랐다. 다시 말해 펠리페 2세는 네덜란드인에게 완전한 이방인이었다. 네덜란드인은 자신들도 모르는 사이에 국가의 운명이 바뀐 것에 경악했다. 이제 방법은 하나밖에 남지 않았다. 스페인에 선전포고하는 것이다. 1568년 네덜란드 독립 전쟁의 서막이 오른 순간이다.

네덜란드가 스페인에 항거하며 독립 전쟁을 선언한 배경에는 스페인이 이 지방에 과도한 세금을 부과한 것도 큰 요인으로 작용했다. 카를 5세는 유럽 전 지역에 많은 영지를 가지고 있었기 때문에 끊임없이 전쟁을 하고 있었다. 이 전쟁 비용을 마련하려고 당시 제국에서 가장 부유했던 네덜란드에 과도한 세금을 부과한 것이다. 당연히 네덜란드인은 크게 반발했다. 게다가 새로 스페인 국왕이 된 펠리페 2세가 부왕(父王)보다 더 가혹하게 네덜란드를 통치했던 것도 불에 기름을 부은 격이었다. 그는 크게 확산하던 네덜란드의 개신교를 이단으로 간주해 신자들을 탄압했고, 네덜란드를 가톨릭 국가로 회귀시키려고 했다. 네덜란드의 독립 전쟁은 이렇게 시작됐다.

1581년 네덜란드 북부 일곱 개 주는 동맹을 맺고 독립을 선언했는데, 그 중심에는 오라녜Oranje공 빌렘Willem(영어명 윌리엄) 1세가 있었다. 오라녜 공국은 프랑스 프로방스 지방에 있던 공국이었는데, 프랑스어로 옮기면 오랑주Orange 공국이 된다. 그런데 네덜란드 영주가 남프랑스의 공국을 상속받은 데는 그만한 사정이 있었다.

본래 오랑주 공국은 백작령이었다. 그런데 1163년 신성 로마 제국의 프리드리히 1세가 공작령으로 승격시켰다. 그 후 나사우Nassau 공국의 빌렘 1세가 사촌 르네René로부터 오랑주 공국을 상속받았다. 나사우 공국은 지금의 독일 헤센주 서부와 라인란트팔츠주 일부로 이루어졌던 신성 로마 제국의 연방 제후국이었다. 이렇게 해서 빌렘 1세는 나사우 공국과 오랑주 공국을 모두 소유하게 되었다.

남프랑스에 있던 오랑주 공국의 이름은 켈트족 신의 이름인 아라우지오Arausio가 중세 프로방스어에서 오레냐Aurenja가 되고, 나중에 오랑주로 바뀐 것이다. 그러다가 이 지방이 오렌지 재배지가 되면서 자연스럽게 과일 오렌지와 연결됐다. 정리하자면 네덜란드 독립의 아버

——— 네덜란드 독립의 영웅 빌렘 1세의 증손자인 윌리엄 3세. 북미 패권을 놓고 영국과 전쟁을 벌이기도 했지만, 스튜어트 왕녀인 어머니 덕분에 영국 왕이 된다. 영국 왕 후보 자격에서 중요한 것은 혈통이지 국적이 아니었다.

지 빌렘 1세가 오레냐 공국의 군주였고, 오레냐 공국은 프랑스어와 영어로 옮기면 오랑주(프랑스어)와 오렌지(영어)가 된다. 오늘날 네덜란드 국기에 있는 주황색은 이렇게 네덜란드의 상징색이 되었다.

지금까지 네덜란드 독립의 역사와 오렌지 공국의 유래를 살펴보았는데, 정작 이 장(章)에서 하고 싶은 이야기의 주인공은 오렌지공 빌렘 1세의 증손자인 빌렘 3세이다. 이제부터 빌렘 3세의 이름을 윌리엄 3세라고 부르자. 그 이유는 그가 영국 왕이 되었기 때문이다. 자, 어떻게 네덜란드의 오렌지공 윌리엄 3세가 영국 왕이 됐는지 그 과정을 살펴보자. 이제부터는 잉글랜드 왕 대신 영국 왕으로 표기한다. 왜냐하면 제임스 1세(재위 1603~1625)가 잉글랜드와 스코틀랜드의 공동 국왕이 되어 그레이트 브리튼의 왕이 됐기 때문이다.

윌리엄 3세의 야망

유럽 왕실의 혼맥은 거미줄처럼 얽혀 있다. 그런데 혼인의 규칙은 생각보다 단순하다. 먼저 혼인은 일종의 외교적 거래이다. 그리고 그 거래의 당사자는 여인들이었다. 어떤 왕실에 왕녀를 시집보내느냐에 따라 그 왕국의 상속자가 될 수도 있었다. 대표적인 예가 합스부르크 왕가의 막시밀리안 황제가 부르고뉴 공작녀 마리와 결혼한 것이다. 이 결혼의 파장은 이미 예견된 것이었다. 마리의 아버지 용담공 샤를에게는 아들이 없었기 때문이다. 그런 점에서 프랑스의 루이 11세가 마리와 결혼하지 못한 것은 프랑스 왕국에 거의 재앙 수준이었다. 왜냐하면 부르고뉴 공국은 애당초 프랑스 왕국에서 떨어져 나온 제후국이었기 때문이었다.

이제 이번 글의 주인공인 윌리엄 3세의 이야기로 돌아가자. 그는 네덜란드 독립의 아버지 빌렘 1세의 증손자로 태어났다. 당시 네덜란드는 공화국이었고, 윌리엄은 지금의 헤이그에서 태어났다. 먼저 윌리엄 3세의 부모에 대해 알아보자. 그의 아버지 윌리엄 2세는 네덜란드 총독stadtholder이었는데, 윌리엄이 태어나고 8일 만에 천연두로 사망했다. 아이가 태어나자 이름을 짓는 문제로 어머니(프린세스 로열 메리)와 할머니(아말리아 졸름스 브라운펠스)가 서로의 주장을 굽히지 않았다. 어머니 메리는 찰스 2세의 누나였기 때문에 찰스라는 이름을 지어 주고자 했고, 할머니는 네덜란드 총독이 되려면 증조부와 아버지의 이름인 빌렘 또는 윌리엄으로 불러야 한다고 주장했다. 결국 할머니의 주장이 받아들여졌다. 훗날 영국의 찰스 1세가 청교도 혁명으로 처형되자, 크롬웰이 호국경 자격으로 영국을 통치한다. 그리고 다시 왕정이 복고되어 메리의 동생인 찰스 2세와 제임스 2세가 차례로 왕위에 오른다. 만약 윌리엄 3세에게 찰스라는 이름을 붙여 주었다면 그는 찰스 3세로 영국 왕위에 올랐을 것이다. 다시 말해 윌리엄의 외삼촌 두 명이 영국 왕위에 오른 것이다. 그렇다면 오렌지공 윌리엄의 영국 왕위 승계는 현실적으로 가능했을까? 이론적으로 이러했다. 윌리엄의 외삼촌 제임스 2세에게는 두 명의 공주가 있었는데, 메리와 앤이었다. 윌리엄은 왕위 승계권자로서 세 번째에 있었다. 하지만 그는 네덜란드인이었다.

윌리엄의 아버지는 죽기 전에 자식의 후견인으로 부인 프린세스 로열 메리를 유언장에 적었다. 하지만 서명이 누락돼 있었다. 유언장의 효력이 없었던 것이다. 이 문제는 결국 세 명의 후견인이 윌리엄의 양육을 맡는 것으로 결론이 났다. 어머니와 할머니, 고모부 프리드리히 빌헬름 1세(브란덴부르크 선제후)가 윌리엄의 후견인이었다.

개신교 신자들이 대부분이었던 네덜란드에서 윌리엄은 칼뱅파 신부에게 교육받았다. 그는 자신의 뿌리인 오렌지 나사우 가문의 역사적 운명을 위해 신의 도구가 될 것을 맹세했다고 한다. 1659년이면 윌리엄의 나이가 아홉 살인 해다. 그는 이때부터 7년 동안 네덜란드 최고 대학인 레이덴 대학에서 수학한다. 윌리엄의 증조부인 오렌지공 빌렘 1세가 1575년 설립한 이곳에서 프랑스 작가 사무엘 샤퓌조 Samuel Chappuzeau로부터 프랑스어를 배운다. 그렇다면 윌리엄은 모국어인 네덜란드어 외에도 어머니인 프린세스 로열 메리와는 영어로 말했을 것이고, 할머니나 고모부와는 독일어로, 대학에서 라틴어와 프랑스어도 배웠으니 적어도 다섯 개 국어를 구사했을 것이다.

당시 영국의 왕위 계승권자는 제임스 2세의 딸 메리와 앤 그리고 오렌지공 윌리엄이 있었다. 그러므로 윌리엄에게 영국 왕위가 돌아올 확률은 높지 않았다. 하지만 윌리엄은 자신이 가진 핸디캡을 결혼을 통해 정면 돌파를 시도한다. 상대는 외삼촌인 제임스 2세의 맏딸 메리 공주였다. 당시 영국은 스튜어트 왕조였으니, 윌리엄의 배우자 이름은 메리 스튜어트였다. 그런데 윌리엄의 어머니도 찰스 1세의 동생인 메리 스튜어트였다. 다시 말해 윌리엄의 어머니와 아내의 이름이 똑같이 메리 스튜어트였다. 이런 관습은 장남은 아버지 이름을, 장녀는 어머니 이름을 물려받는 유럽 전통에서 유래한 것이었다. 당시 네덜란드 공화주의자들은 윌리엄의 어머니인 메리 스튜어트를 증오하고 있던 터라, 또다시 스튜어트 왕녀가 오렌지공의 배우자가 되는 것을 못마땅하게 생각하고 있었다.

윌리엄이 메리 스튜어트와 1677년에 결혼한 것은 조금이라도 영국 왕위에 가까이 가고 싶었기 때문이었다. 게다가 이 결혼을 통해 네덜란드의 안전을 위협하는 영국과 프랑스의 동맹을 다소 와해시킬 수도 있었다. 훗날 제임스 2세가 되는 메리의 아버지는 이 결혼을 탐탁지 않게 여겼으나 형인 찰스 2세가 동생 제임스에게 압력을 넣어 결혼을 성사시킨다. 그는 이 결혼을 전후(戰後) 네덜란드와의 협상에서 조커로 이용하려고 생각했다.

메리 공주와의 결혼은 헨리 컴턴Henry Compton 주교가 맡았다. 메리는 결혼한 지 얼마 되지 않아 임신했지만, 곧 유산한다. 이후 메리는 아이를 갖지 못했다. 촌수로 따지면 메리와 윌리엄은 외사촌지간이었다. 즉 윌리엄에게 메리는 외삼촌의 딸이었다. 근친 간 혼인이 열성적으로 작용한 탓일까? 역대 영국 왕조 중에서 유난히 인기가 없었던 스튜어트 왕조에 이렇게 황혼이 깃들고 있었다.

종교 때문에 갈라선 부녀,
제임스 2세와 메리 2세

튜더 왕조의 마지막 군주는 엘리자베스 1세 여왕이다. 평생을 독신으로 살았던 여왕에게는 후계자가 없었다. 하지만 왕이 될 수 있는 왕족은 항상 있는 법이다. 튜더 왕조를 계승한 왕조는 스코틀랜드 계통의 스튜어트 왕조였다.

엘리자베스 1세가 후사 없이 세상을 떠날 것이 확실해지자 사람들의 관심은 왕위 계승 후보에게 집중됐다. 튜더 왕조의 후손은 헨리 7세의 장녀 마거릿 튜더의 후손만 남아 있었다. 그중에서도 제임스 5세의 딸이자 마거릿 튜더의 손녀 메리 스튜어트(*)가 유력한 왕위 계승자로 떠올랐다. 메리 스튜어트는 프랑스의 앙리 2세와 결혼했지만, 앙리 2세가 요절하는 바람에 스코틀랜드의 여왕으로 복귀한 터였다. 또 한 명의 후보 역시 마거릿 튜더의 외손 헨리 스튜어트(**)였다. 그는 단리 경Lord Danrley으로 불렸다. 그런데 메리 스튜어트가 단리 경과 결혼을 한 것이다. 물론 정략결혼이었다. 그리고 그 사이에서 제임스(훗날 스코틀랜드의 제임스 6세)가 태어났다. 이제 잉글랜드 왕위는 제임스에게 돌아갈 것이 확실했다. 실제로 스코틀랜드 왕이 된 제임스 6세는 잉글랜드에서는 제임스 1세가 되고, 스코틀랜드와 아일랜드를 포함한 브리튼섬의 통합 군주가 된다. 스튜어트 왕조가 열린 것이다. 한 가지 특이한 사실은 단리 경부터 제임스 1세의 스튜어트 철자를 'Stewart'가 아닌 프랑스식 철자인 'Stuart'로 바꾸었다는 것이다. 단리 경의 조상이 프랑스에 머문 적이 있고, 메리 스튜어트 역시 프랑스 출신 왕비였기 때문일 것이다. 이후 제임스 1세의 뒤를 이어 찰스 1세가 즉위하지만, 찰스 1세는 올리버 크롬웰이 이끄는 청교도 혁명의 희생양이 된다. 그 뒤에 왕정복고가 이루어져서 찰스 2세, 그의 동생 제임스 2세가 영국 왕위를 차례로 계승한다.

여기까지는 다소 굴곡진 역사가 있더라도 영국 역사는 앞으로 움직이고 있었다. 이 시기의 영국은 청교도 혁명을 거치면서 개신교의 나라임을 대외적으로 천명했고, 찰스 1세 같은 절대 군주는 신민의 사랑을 받지 못한다는 것을 유혈 혁명을 통해 입증했다. 그런데 왕정복고 뒤에 다시 왕좌를 찾은 제임스 2세는 역사에서 얻은 교훈을 잊고 있었다. 그렇다고 제임스 2세가 부왕처럼 철권 통치를 한 것도 아니었다. 그는 국교회가 자리 잡은 영국에서 가톨릭의 정체성을 보호하기 위한 모든 방법을 강구하고 있었다. 제임스 2세의 치세에도 서서히 어두운 그림자가 드리우고 있었다.

실제로 제임스 2세는 유능한 군주였다. 그는 북아메리카에서 네덜란드를 몰아내고 지금의 뉴욕을 영국 식민지로 만들었다. 당시 제임스 2세의 작위가 요크공이었기 때문에 찰스 2세는 동생의 공을 치하

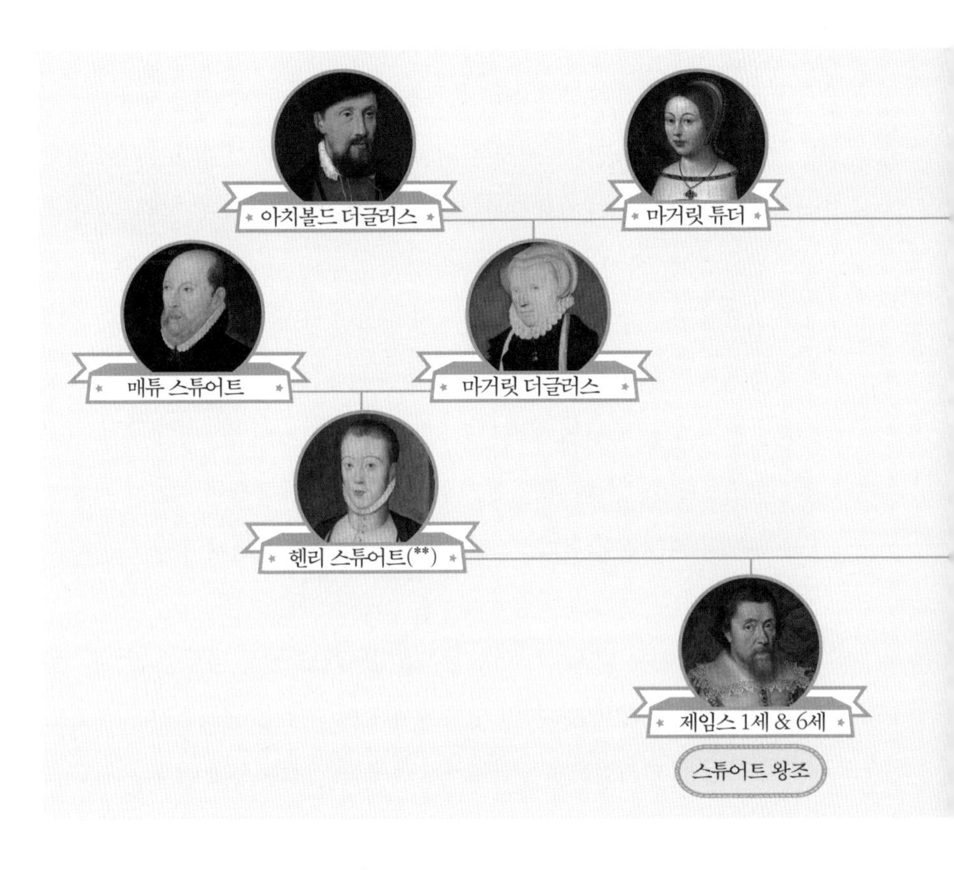

하며 '뉴욕'이라는 지명을 붙였다. 그는 한창 발전하는 영국 경제를 바탕으로 안정된 나라를 경영하고 있었다. 하지만 제임스 2세는 부왕처럼 외골수적인 종교관을 가진 군주는 아니었다고 할지라도, 신민과의 소통이 부족한 군주였다. 게다가 그의 두 딸, 즉 메리와 앤은 국교회 신자, 즉 개신교도였다. 아버지와 딸들의 종교가 달랐다는 사실은 영국의 미래를 위태롭게 만드는 요인으로 작용한다. 특히 큰딸 메리는 네덜란드의 오렌지공과 결혼하지 않았는가? 오렌지공 윌리

엄은 개신교 중에서 칼뱅주의를 추종하고 있었다. 동생 앤도 덴마크의 개신교 왕자와 결혼을 한다.

부녀간의 종교적 입장 차이는 언제 터질지 모르는 시한폭탄과도 같았다. 그런데 그 와중에 제임스 2세가 쉰이 넘은 나이로 왕자를 얻었다. 제임스 2세는 아들의 이름을 에드워드라고 지었다. 이제 메리와 앤 공주는 사태의 심각성을 직감했다. 만약 에드워드에게 왕위가 넘어가면 영국은 가톨릭 국가로 회귀할 것이다. 또 다른 혁명이 필요했다.

명예혁명

영국을 정복한 마지막 이민족을 뽑으라면 노르만족을 들 수 있다. 1066년에 노르망디공 윌리엄이 잉글랜드의 해럴드 2세를 헤이스팅스 전투에서 제압하고 영국 왕위에 오른 사건이 이민족의 마지막 침략이었다. 그런데 엄밀히 말해서 600년이 지난 뒤에 또 윌리엄이라는 군주가 영국 침공에 나선다. 바로 메리 공주의 남편인 오렌지공 윌리엄 3세였다. 윌리엄이라는 이름과 영국 정복의 인연은 이렇게 수백 년이 지나도 반복되고 있었다.

권력은 나눌 수 없다, 역사는 되풀이된다는 진리를 가장 잘 보여주는 사례가 영국의 명예혁명Glorious Revolution이다. 명예혁명은 이 두 가지 교훈을 역사의 무대에서 생생하게 증거한다.

결론부터 말하자면 명예혁명은 부녀간 갈등, 즉 가톨릭 옹호자였던 제임스 2세와 개신교도였던 메리 공주 사이의 반목에서 시작됐다. 하지만 종교적 갈등은 피상적인 이유에 불과했다. 제임스 2세가 왕자를 보았기 때문에 왕위 계승 서열 1위였던 메리 공주가 왕위에 오르지 못할 수도 있게 된 것이다. 게다가 남편인 오렌지공 윌리엄 3세의 야심도 만만치 않았다. 자신도 왕위 계승 서열 3위이고, 메리 공주와 결혼한 것도 자신이 여왕의 부군king consort이자 공동 왕이 될 수 있었기 때문이었다.

명예혁명은 이렇게 시작됐다. 간단히 말해 의회와 국왕의 사위 부부가 결탁해 아버지와 장인에게 칼을 들이댄 혁명이었다. 당시 영국은 청교도가 주류인 휘그당(현재의 자유당)과 토리당(현재의 보수당)이 정국을 이끌고 있었다. 토리당은 영국 국교회 신도들로 구성돼 있었기 때문에 가톨릭의 부활을 꿈꾸는 제임스 2세에게 적대적인 입장이었다. 하지만 제임스 2세도 무모한 사람이 아니었다. 그는 가톨릭의 부활보다는 신민이 종교의 자유를 누려야 한다고 생각했고, 종교 선택의 자유를 통해 가톨릭의 부활을 꾀했다. 하지만 제임스 2세가 종교적 관용을 이유로 가톨릭 신도를 관리로 임명하자 국교회를 비롯한 개신교의 반발이 비등했다.

명예혁명은 종교적인 차원에서 보면 가톨릭과 개신교의 투쟁이었고, 정치적인 시각에서 보면 왕권신수설을 주장하는 제임스 2세와 의회의 싸움이었다. 그런데 제임스 2세는 이 싸움이 자신에게 불리하다는 사실을 인식하지 못하고 있었을까? 아버지 찰스 2세가 청교도 혁명으로 목숨을 잃었던 사실을 잊었던 것일까? 이미 권력의 축은 왕에서 의회로 넘어갔고, 종교의 중심도 개신교로 넘어간 것을 본인만 몰랐을까?

제임스 2세는 아버지 찰스 1세처럼 우직한 성품의 소유자였다. 아마 그래서 아버지는 청교도 혁명으로, 아들은 명예혁명으로 권좌에서 내려왔을지 모른다. 게다가 제임스 2세는 아버지처럼 사생활도 깨끗했다. 다만 자신을 반대하는 사람들의 목소리에 귀를 기울이지 않았던 것이 단점이었다. 아무리 선한 의도에서 종교의 관용을 인정한다고 해도, 그런 의도는 국민에게 가톨릭의 부활로 비칠 수밖에 없었다. 게다가 형인 찰스 2세는 필요한 경우 양심과 원칙을 버릴 수 있는 사람이었으나, 제임스 2세는 이런 면에서 꽉 막힌 사람이었다. 과연 자신의 신앙을 지킨다는 것이 부녀간 인연을 끊을 만큼 중요한 것이었을까? 이 질문에 대한 답은 '그렇다'이다. 제임스 2세의 딸들, 즉 메리 공주와 앤 공주는 자신들이 개신교를 믿게 된 것을 평생을 통해 받은 은총이라고 여기고 있었다. 실제로 네덜란드로 시집간 메리 공주는 동생 앤에게 보내는 편지에 이렇게 적었다.

> *우리가 가톨릭교회에서 자라지 않은 것이 얼마나 다행이니? 국교회야말로 결점도 없으며 모든 점에서 성경의 교리와 부합한단다.*

영국과 전쟁을 벌였던 오렌지공

윌리엄 3세는 영국 국왕이 되기 이전에 네덜란드의 총독 오렌지공이었다. 훗날 그는 영국 의회와의 연합을 통해 영국 왕이 되지만, 그 이전에는 영국과 프랑스를 상대로 전쟁을 벌이던 군주였다. 지금 생각하면 소국(小國) 네덜란드가 강대국 영국과 전쟁을 벌였다는 것이 상상이안 되지만, 승자 독식이라는 엄연한 국제 질서 앞에서는 네덜란드도 가만히 있을 수 없었다.

영국이 1588년 스페인 무적함대를 격파할 때 동맹국이었던 네덜란드는 여전히 스페인의 통치를 받던 나라였다. 이후 네덜란드는 스페인과 80년 동안 전쟁을 벌여 승리를 쟁취하는데, 독립 전쟁의 영웅은 오렌지공 윌리엄의 증조부인 윌리엄 1세였다.

17세기에 들어서서 네덜란드는 해상을 지배하는 강력한 나라로 성장한다. 하지만 또 다른 강대국 영국은 넘기 어려운 숙명의 라이벌이었다. 스페인이 역사의 무대에서 내려오자 영국과 네덜란드 동맹의 끈도 느슨해지기 시작했다. 승리의 전리품을 나눠 가질 수 없기 때문이다.

17세기에 네덜란드가 세운 동인도 회사는 영국 동인도 회사의 규모를 능가하고 있었고, 영국은 동아시아에서 철수할 수밖에 없는 상태에 놓인다. 결국 두 나라는 해외 무역의 패권을 놓고 전쟁에 돌입한다. 이 무렵 영국은 스튜어트 왕조였고, 네덜란드의 군주는 훗날 영국 왕으로 등극하는 오렌지공 윌리엄이었다. 적국의 군주를 자신들의 왕으로 모셔 온 영국인의 혈통 우선주의는 아무리 보아도 이해하기 힘들다.

역사에서 '영란 전쟁'이라고 부르는 영국과 네덜란드 전쟁은 1652년에 시작된다. 오렌지공이 네덜란드 총독에 오른 지 3년째 되던 해이다. 전쟁이 발발하기 1년 전인 1651년에 당시 영국 통치자였던 호국경 크롬웰은 항해 조례 법안을 통과시킨다. 이 법안에 의하면 오직 영국 배만 영국 식민지로 상품을 옮길 수 있었다. 그리고 배의 선원은 최소한 절반 이상이 영국인이어야 한다는 내용을 골자로 한다. 이 법안은 네덜란드가 절대로 받아들일 수 없는 것이었다.

이 무렵 북미 대륙 식민지의 개척사는 영국의 독무대가 아니었다. 특히 17세기 초 지금의 뉴욕에 식민지를 개척한 사람들은 네덜란드인이었다. 그들은 뉴욕 지방을 중심으로 정착했는데, 자신들의 고향 이름에 따라 그곳을 뉴네덜란드라고 불렀고, 뉴욕은 뉴암스테르담이라고 명명했다. 하지만 라이벌 영국도 이 지방에 눈독을 들이고 있었다. 결국 두 나라 사이에는 전쟁이 불가피했다. 전쟁 결과는 뉴욕이라는 이름으로도 짐작할 수 있다. 당시 영국 찰스 2세의 동생이 제임스 2세였는데, 그는 요크공이었다. 이렇게 요크공의 이름을 따서 세계 최대의 도시 뉴욕이 태어났다. 하지만 순순히 뉴암스테르담을 영국에게 넘겨줄 네덜란드가 아니었다. 오렌지공 윌리엄은 다시 영국과 전쟁을 벌여 뉴욕을 되찾아 온다. 그리고 이번에는 뉴오렌지New Orange라는 이름을 붙인다. 그러나 최후의 승자는 영국이었다. 1674년 웨스트민스터 조약을 통해 네덜란드는 뉴욕을 영국에 돌려준다. 그리고 14년이 지난 1689년에 오렌지공 윌리엄은 영국 왕에 오른다. 영원한 적도, 동맹도 없는 유럽 역사의 단편이다.

혁명의 서막

제임스 2세는 1685년에 왕위에 올라 3년 뒤 명예혁명으로 권좌에서 축출됐으니 3년 정도 영국 왕위에 있었다. 제임스 2세에 대한 반역의 기운은 그가 왕위에 오르면서 행한 일련의 행위로 촉발된 것이었다. 그는 악한 인간은 아니었지만, 그가 보여 준 행위들은 신민의 등을 돌리게 했다.

먼저 그는 찰스 2세의 서자 몬머스Monmouth 공을 왕위를 노린다는 죄목으로 잔인하게 처형했다. 실제로 몬머스 공을 참수형에 처했을 때, 죄인의 목이 한 번에 잘리지 않았다고 한다. 국왕에 대한 민심은 무관심에서 분노로 바뀌었다. 제임스 2세는 상비군을 창설했는데, 평화 시에 의회 동의도 없이 상비군을 유지한다는 것은 엄연한 불법이었다. 게다가 교황청과의 관계를 개선하려고 교황 대사를 런던에 주재하게 하는 등 노골적으로 친가톨릭 정책을 펴자 국민의 원성은 커져만 갔다.

1687년 4월 왕위 계승권 3위이자 메리 공주의 남편인 오렌지공 윌리엄이 영국의 의회 지도자들에게 은밀히 편지를 보낸다. 그는 편지에서 자신이 영국 왕실의 왕위 계승권자로서 영국 의회와 함께할 것이라는 언질을 주었다. 그해 9월 오렌지공은 수석 행정관을 통해 영국 국민에게 공개서한을 보냈다. 제임스 2세의 종교 관용 정책은 가톨릭의 부활을 의미하며, 개신교 탄압의 신호탄이라는 내용이었다. 이 서한은 오렌지공이 본격적으로 영국 왕위를 요구한다는 의미로 해석될 수 있었다.

윌리엄의 영국 원정 혹은 침공에는 정당한 명분이 필요했다. 자신이 감행하는 원정이 단지 영국의 왕위를 찬탈하려는 이방인 군주의 탐욕으로 비칠 수 있었기 때문이다. 하지만 윌리엄은 제임스 2세의 조카이자 사위였으므로 이 문제도 걸림돌이 되지 않을 것으로 판단했다. 윌리엄은 자신이 폭군으로부터 억압당하는 영국 개신교도를 해방하기 위해 영국에 왔다는 명분을 내세웠다.

이제 외교적인 문제만이 남았다. 중세 이래 플랑드르 지방에 종주권을 행사하고 있던 프랑스가 이 원정에 개입하지 않도록 하는 것이 오렌지공의 계획이었다. 당시 프랑스에는 절대왕정의 상징 루이 14세가 왕위에 있었다. 오렌지공이 영국 침공에 나섰을 때 프랑스가 플랑드르로 들어와서 네덜란드를 침공한다면? 마치 6세기 전에 노르망디의 윌리엄이 잉글랜드 정복에 나섰을 때 플랑드르의 중립을 요구했던 상황과 같았다.

이듬해인 1688년 5월 루이 14세는 네덜란드 의회에 두 통의 서신을 보냈다. 서신에서는 제임스 2세에 대한 반란을 일으키지 말 것과 프랑스는 네덜란드 내정에 간섭할 의향이 없음을 분명히 했다. 오렌지공은 자신이 영국 원정에 나갔을 때 프랑스의 침공이 없을 것으로 판단했다.

1688년 9월 윌리엄의 원정대는 출항 준비를 마쳤다. 이제 동풍만 불면 함대는 닻을 올릴 것이다. 하지만 원하던 동풍은 불지 않았다. 마치 1066년 정복왕 윌리엄이 여름 내내 남풍을 기다렸지만 바람이 불지 않아 잉글랜드 정복이 지체되었던 것과 비슷했다. 가톨릭 진영에서는 이 바람을 '교황의 바람'이라고 불렀다. 하지만 바람의 방향이 바뀌기 시작했다. 이제는 개신교 신자들이 이 바람을 '개신교의 바람'이라고 불렀다.

바람의 방향이 바뀌자 윌리엄은 신속히 함대를 출항시켰다. 이 소식을 들은 제임스 2세는 윌리엄이 단순한 왕위 찬탈자라고 국민에게 호소했다. 하지만 이미 민심은 제임스 2세를 떠나 있었다. 1688년 11월 5일, 윌리엄의 대규모 군대가 데번주 토베이에 상륙했다. 주민들은 윌리엄의 군대를 열렬히 환영했다. 네덜란드 군대 깃발에는 '잉글랜드의 자유와 개신교의 신앙, 나는 지켜낼 것이다'라고 적혀 있었다. 마지막 문장 '나는 지킬 것이다Je maintiendrai'는 윌리엄의 가문인 오라녜 공국의 모토였는데, 프랑스어로 쓰여 있었다. 지금도 네덜란드 왕실 문장에는 이 모토가 프랑스어로 적혀 있다.

윌리엄 군대는 보병 1만 명과 기병 3천 명으로 이루어져 있었는데, 네덜란드 군대 이외에도 독일, 스코틀랜드, 스위스의 개신교 용병들로 구성됐다. 그리고 기병들은 프랑스 위그노가 주축이었다. 말하자면 중세의 십자군 원정과 같이 다양한 국적의 개신교도들이 이번 원정에 참여한 것이다. 십자군 전쟁이 이교도와의 전쟁이었다면, 윌리엄의 원정은 개신교와 가톨릭의 전쟁이었다.

윌리엄 공의 영국 원정 사실을 이미 간파하고 있었던 루이 14세는 제임스 2세에게 원군을 제안한다. 하지만 제임스 2세는 나중에 지불해야 될 막대한 대가를 생각하여 제안을 거절한다. 그러면 루이 14세는 제임스 2세에게 왜 군사적인 도움을 제안했고, 훗날 제임스 2세가 실각하자 왜 그에게 프랑스의 피신처를 제공했던 것일까? 물론 프랑스가 가톨릭의 '장녀'로서 개신교의 영국이 지나치게 팽창하는 것을 우려했던 것도 있지만, 또 다른 이유도 있었다.

제임스 2세의 아버지는 청교도 혁명에서 처형당한 찰스 1세다. 찰스 1세의 왕비는 프랑스의 왕녀 앙리에트 마리Henriette-Marie였는데, 그녀의 아버지는 루이 14세의 조부 앙리 4세였다. 다시 말해 제임스 2세는 루이 14세의 고모인 앙리에트 마리의 아들이었다. 촌수로 치면 루이 14세와 제임스 2세는 고종사촌 간이다. 나이는 제임스 2세가 다섯 살 더 많다.

민심이 떠난 왕권은 종잇조각에 불과했다. 윌리엄의 군대는 별 저항 없이 런던까지 입성했다. 국왕의 최고 사령관 루이 드 듀라Louis de Duras가 윌리엄 측에 투항했고, 11월 26일에는 메리 공주의 동생인 앤 공주까지 윌리엄 진영에 항복했다. 제임스 2세는 궁지에 몰리기 시작한다. 네덜란드에 다양한 협상 카드를 제시했지만, 이미 전세는 기울어져 버린 뒤였다. 결국 제임스 2세는 12월 11일 왕실 국새를 템

네덜란드를 떠나 영국 토베이에 상륙하려는 오렌지공 윌리엄의 함대. 1066년 노르망디공 윌리엄이 잉글랜드를 정복한 이래 600년이 흘렀는데, 이번에도 정복자의 이름은 윌리엄이었다.

스강에 버리고 도주한다. 프랑스 혁명 때 루이 16세가 파리를 탈출한 것과 판박이로 닮았다. 게다가 도주 중에 붙잡힌 것도 루이 16세와 그대로 닮았다. 제임스 2세는 자신도 부왕처럼 사형당할 수 있다는 극도의 불안감에 사로잡혔다. 하지만 윌리엄은 그를 프랑스로 보내 주었다. 이렇게 제임스 2세는 왕위에 오른 지 3년 만에 프랑스 망명길에 올랐다.

윌리엄 3세의 영어

또 윌리엄이다. 600년 전 잉글랜드를 정복한 노르망디공 윌리엄은 프랑스인이었고, 명예혁명으로 영국 왕이 된 윌리엄 3세는 네덜란드인이었다. 윌리엄이라는 이름은 영국 왕으로 타고난 이름이었을까? 정복왕 윌리엄, 곧 윌리엄 1세는 죽을 때까지 영어를 배우지 않았다. 대관식에서 영어로 선서했을 뿐이다. 하지만 윌리엄 3세의 어머니는 찰스 1세의 딸 프린세스 로열 메리였다.

정복왕은 큰아들 윌리엄에게 잉글랜드의 왕위를 물려주었다. 그가 바로 '윌리엄 루푸스', 즉 '붉은 얼굴 윌리엄'이고, 아버지 윌리엄에 이어 윌리엄 2세가 된다. 그런데 윌리엄 2세는 앞에서 언급한 것처럼 성격이 고약한 인물이었다. 그는 건장하고 폭력적이었으며, 용맹스럽기보다는 음흉한 성격에 낭비벽이 있고, 융통성이 없는 성격의 소유자였다. 갑자기 유쾌해지고, 교만하지만 교양도 없고, 게다가 잔인하기까지 한 그는 모든 성직자의 적이었다. 그의 단점 중 최악은 동성애자였다는 사실이다. 결국 윌리엄 2세는 사냥을 나갔다가 의문의 화살을 맞고 절명한다. 그러다 보니 이후 영국 왕실에서는 윌리엄이라는 이름을 찾아보기 힘들었다. 그리고 무려 600년이 지나서 바다 건너 이방인이 윌리엄이라는 이름으로 다시 영국 왕위에 오른 것이다.

한 나라의 군주가 어떤 언어를 구사했는지 살펴보려면 다음과 같은 세 가지 조건을 먼저 확인해야 한다.

1. 가정 환경, 즉 부모의 언어
2. 어린 시절 주변에서 사용하던 언어
3. 교육 환경과 사회적 제1언어

먼저 윌리엄 3세의 가정 환경과 어린 시절에 주변에서 사용한 언어를 살펴보자. 그는 오라녜 나사우 왕가의 왕자로 태어났다. 그의 가문은 네덜란드 왕가이었으므로 모국어는 네덜란드어이다. 그런데 그의 어머니는 찰스 1세의 맏딸 프린세스 로열 메리, 즉 영국인이었다. 그는 영어를 구사하는 어머니와 많은 영국 하인 사이에서 어린 시절을 보냈을 것이다. 그가 태어난 지 여드레 만에 아버지 윌리엄 2세가 세상을 떠났으므로 윌리엄은 영어를 사용하는 어머니와 네덜란드어를 사용하는 할머니 사이에서 자랐다. 이 경우 우리는 이런 가정을 할 수 있다. 윌리엄의 섭정 자리를 놓고 어머니와 할머니는 서로 경쟁했을 것이다. 그리고 그 경쟁은 아들 혹은 손자를 자신의 언어 세계로 끌어들이려는 경쟁이었을 것이다. 윌리엄의 입장에서는 여러 개의 언어를 구사할 좋은 기회를 맞이한 것이다. 실제로 윌리엄 3세의 책상에서 발견된 서신과 메모를 보면 네덜란드어 외에도 프랑스어, 영어, 스페인어, 이탈리아어 그리고 라틴어로 작성된 걸 확인할 수 있다.

윌리엄의 어머니가 영국인이었으니 그가 자연스럽게 영어를 모국어처럼 구사했을 것으로 생각할 수 있지만, 현실은 그렇지 않았다. 과부가 된 메리가 항상 아들 곁에 있지 않았던 것이다. 그녀는 항상 네덜란드 사회에서 벗어나려고 했으며, 아들과 많은 시간을 보내지 않았다. 실제로 메리는 프랑스 궁전에서 몇 년씩 호화로운 생활을 만끽하며 보냈다.

이번에는 윌리엄의 교육 환경에 대해 알아보자. 그는 당대 최고 학자인 크리스티안 하위헌스Christiaan Huygens로부터 교육을 받았는데, 하위헌스는 그에게 영어는 당연히 잘 구사해야 하고, 네덜란드어와 프랑스어도 잘해야 한다고 충고한다. 윌리엄이 아홉 살 때의 일이다. 아마도 어머니로부터 충분한 영어 교육을 제대로 못 받았기 때문일 것이다. 윌리엄은 헤이그 레이덴 대학에서 공부하면서 네덜란드어를 모국어 수준으로 익혔을 것이고, 당시 유럽 왕실의 교양어였던 프랑스어도 배웠다.

명예혁명 이후 영국 왕이 된 윌리엄 3세는 신하들과의 회의도 영어로 했다고 한다. 하지만 영국인의 눈에 비친 윌리엄 3세의 언어는 그리 유창하지 않았던 것 같다. 역사학자인 토머스 매콜리Thomas Babington Macaulay는 다음과 같이 지적했다.

윌리엄 3세는 영어를 구사했지만 그리 유창하지 않았다. 억양은 외국인의 억양이었고, 발음도 우아하지 않았다. 그리고 그가 구사하는 어휘들은 비즈니스에 필요한 어휘로는 부족한 편이었다.♦

이번에는 윌리엄 3세의 영국 생활을 살펴보자. 왕비 메리와의 사이에 한 번의 유산이 있었고, 이후 부부에게 아이가 들어서지 않았다. 그렇다면 칼뱅파 신도였던 윌리엄은 영국 생활에 만족하고 있었을까? 그 대답은 '전혀 그렇지 않았다'이다. 청빈한 성격의 윌리엄은 호사스러운 궁정 생활을 혐오했고, 런던 생활도 못마땅하게 생각했다. 예를 들어 그의 솔직한 어법은 아첨과 위선 그리고 감언이설에 익숙한 런던 사회와 어울리지 않았다. 게다가 국교회 사람들 말고도 무종교주의자들마저 그의 칼뱅주의를 역겨워하는 분위기였다.

종합해 보면 윌리엄 3세는 영국 왕의 자리가 불편했던 군주였다. 그나마 공동 국왕인 메리 여왕이 있었기에 영국 생활을 버틸 수가 있었다. 그는 런던보다 대륙에서 보내는 시간이 더 많았고, 새로운 조국인 영국은 낯선 땅이었다. 그러던 중 명예혁명이 일어난 지 5년 후인 1694년, 윌리엄의 보호막이었던 메리 여왕이 세상을 떠났다. 이제 윌리엄은 고립무원의 처지에 놓인 것이다. 윌리엄은 자신에

♦ Thomas Babington Macaulay, *The History of England from the Accession of James II,* Cambridge University Press, 2011, p.41

게 점점 더 적대적인 영국민에게 무방비로 노출됐다. 이후 영국 왕의 계승권은 앤 공주에게 돌아갔다. 하지만 메리 여왕과 윌리엄 3세 사이에 자식이 없었듯이, 앤 여왕도 후사를 남기지 못하고 세상을 떠났다. 그렇게 스튜어트 왕조는 영국 역사에서 사라졌다.

영어의 친형제 네덜란드어

유럽 언어를 친족성이라는 기준으로 분류해 보면 영어와 친족상 가장 가까운 언어는 네덜란드어이다. 두 언어는 넓게 보면 게르만어에 속한다. 하지만 친척 중에도 가까운 친척과 그렇지 않은 친척이 있듯이, 같은 게르만어군에 속한 언어들도 마찬가지다. 윌리엄 3세의 모국어는 네덜란드어였지만, 그는 영국 왕이 된 뒤 왕실에서 영어를 사용했다고 한다. 그의 영어는 비록 완벽하지는 않았지만 무난했다고 한다. 여기에서 한 가지 문제를 짚고 넘어가자. 윌리엄 3세가 별문제 없이 영어를 습득하고 사용했던 이유는 어디에 있었을까? 몇 가지 가정을 해 보자.

첫째, 윌리엄의 모친은 찰스 1세의 딸 프린세스 메리였다. 윌리엄은 어머니의 모국어인 영어를 어린 시절부터 배웠을 것이다. 하지만 그의 모국어는 영어가 아니라 네덜란드어였다.

두 번째 가정은 영어와 네덜란드어가 친족상 가장 가까운 언어라는 것이다. 두 언어가 유사할 때 언어 습득은 쉽게 이루어질 수 있다.

:: 영어와 네덜란드어의 동사

영어	네덜란드어
to begin	beginnen[브히넨]*
to sleep	slapen[슬라펜]
to hate	haten[하텐]
to bring	brengen[브레헨]
to run	rennen[흐렌넨]
to learn	leren[레넨]
to find	vinden[핀덴]**
to make	maken[마켄]
to come	komen[코멘]
to forget	vergeten[페르흐텐]
to steal	stelen[스텔렌]
to feel	voelen[풀렌]
to cook	koken[코켄]

:: 기본 어휘

영어	네덜란드어
milk	melk[멜크]
beer	bier[비어]
bread	brood[브로트]
apple	appel[아프펠]
butter	boter[보터]
bakery	bakkerijp[바크헤]
street	straat[스트하트]
field	veld[펠트]
house	huis[하슈]
sea	zee[제이]
world	wereld[브헬트]
market	markt[마르트]
waterfall	waterval[바터폴]

* 네덜란드어의 발음을 최대한 우리말로 옮겼다.
** 네덜란드어의 'v'는 [f]로 발음된다.

영어와 네덜란드어 동사 13개를 비교해 보면 두 언어의 동사 형태와 발음이 얼마나 유사한지 잘 알 수 있다. 물론 영어는 프랑스어의 영향을 많이 받아 'k'를 'c'로 옮겼고 'v'를 'f'로 옮겼지만, 발음은 동일하다. 이렇게 밀접한 유사성을 가진 언어라면 상호 간 습득은 매우 용이했을 것이다. 윌리엄 3세 역시 네덜란드어와 가장 유사한 영어를 습득하는 데 별 어려움이 없었으리라 추측할 수 있다. 위의 표에서 '바다'를 의미하는 영어의 sea는 네덜란드어로 zee(제이)인데, 여기에서 유래한 지명이 뉴질랜드[Newzealand]이다. 뉴질랜드 이름은 1642년 네덜란드 탐험가인 아벨 타스만[Abel Tasman]이 붙인 이름으로, 그는 새롭게 발견한 섬에 제일란트[Zeeland]라는 네덜란드의 주 이름을 붙였다.

정복왕 윌리엄은 영국에 이질적인 프랑스어를 가져왔다. 그래서 영어는 게르만어의 특성을 많이 상실하고 프랑스어와 유사한 모습으로 바뀌었다. 하지만 윌리엄 3세는 영어와 가장 유사한 네덜란드어를 영어에 전해 주었다. 언어가 유사하다는 말은 인종적 친족성이 그만큼 가깝다는 말이다. 서양인이 국적의 차이에도 스스럼없이 잘 어울리는 데는 동일한 인종, 동일한 언어 그리고 기독교라는 큰 울타리에서 함께 살아왔다는 배경이 있기 때문일 것이다.

조지 1세

독일 출신 영국 왕

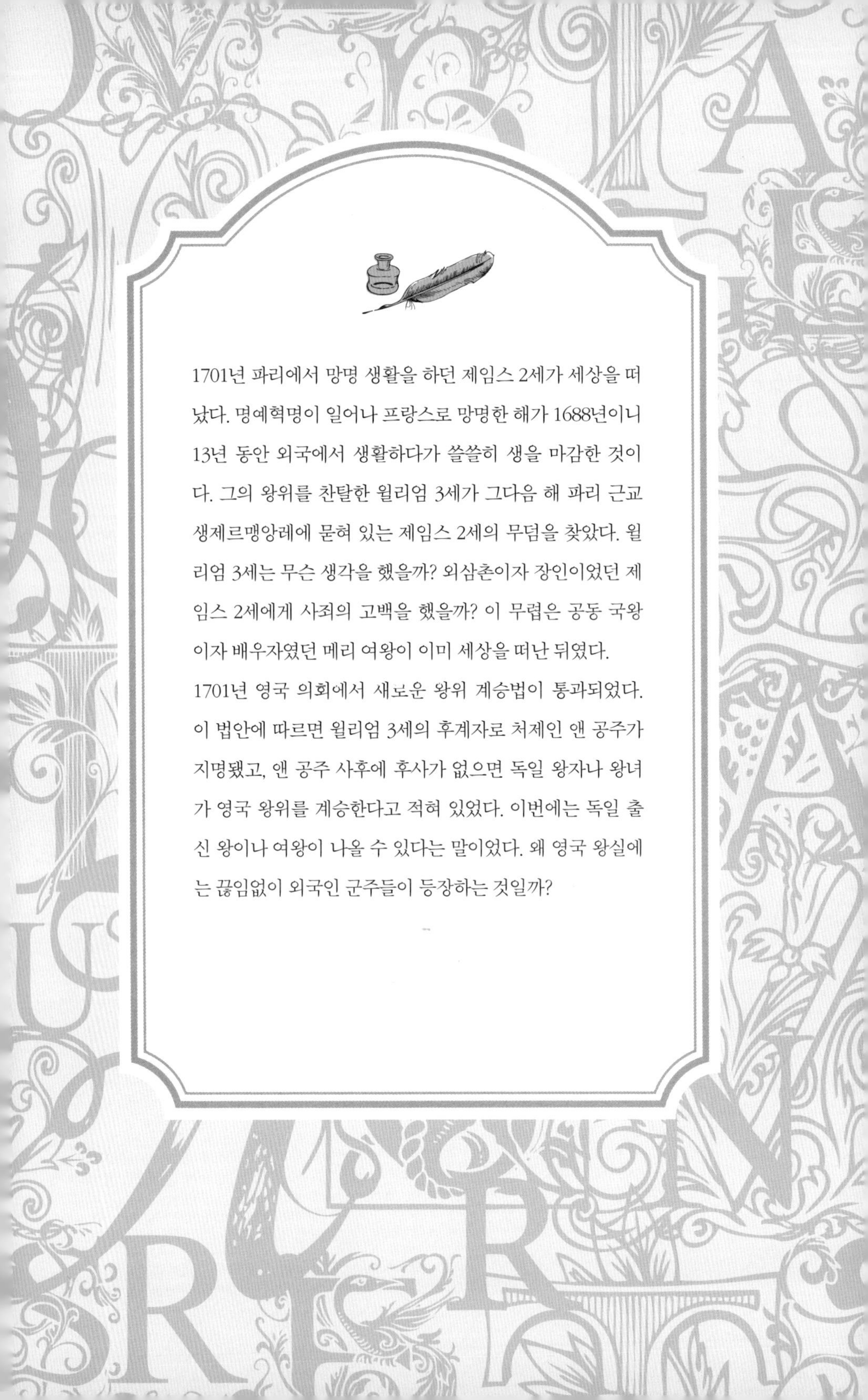

1701년 파리에서 망명 생활을 하던 제임스 2세가 세상을 떠났다. 명예혁명이 일어나 프랑스로 망명한 해가 1688년이니 13년 동안 외국에서 생활하다가 쓸쓸히 생을 마감한 것이다. 그의 왕위를 찬탈한 윌리엄 3세가 그다음 해 파리 근교 생제르맹앙레에 묻혀 있는 제임스 2세의 무덤을 찾았다. 윌리엄 3세는 무슨 생각을 했을까? 외삼촌이자 장인이었던 제임스 2세에게 사죄의 고백을 했을까? 이 무렵은 공동 국왕이자 배우자였던 메리 여왕이 이미 세상을 떠난 뒤였다.

1701년 영국 의회에서 새로운 왕위 계승법이 통과되었다. 이 법안에 따르면 윌리엄 3세의 후계자로 처제인 앤 공주가 지명됐고, 앤 공주 사후에 후사가 없으면 독일 왕자나 왕녀가 영국 왕위를 계승한다고 적혀 있었다. 이번에는 독일 출신 왕이나 여왕이 나올 수 있다는 말이었다. 왜 영국 왕실에는 끊임없이 외국인 군주들이 등장하는 것일까?

제임스 1세의 씨앗

시간을 엘리자베스 1세가 세상을 떠난 1603년으로 돌려보자. 잘 알려진 것처럼 여왕에게는 자식이 없었다. 그렇다면 여왕 사후에 누가 잉글랜드 왕위를 계승할 것인가? 사실 여왕에게는 왕위 계승권자가 있었다. 그녀의 이름은 메리 스튜어트(1542~1587)였는데, 스코틀랜드의 제임스 5세와 프랑스 로렌 출신의 공작녀 마리 드 기즈 사이에서 태어났다. 그런데 어떻게 메리 스튜어트가 엘리자베스 1세의 왕위 계승권자가 됐을까? 그 이유는 이러하다. 메리 스튜어트의 아버지 제임스 1세의 모친이 마거릿 튜더, 즉 헨리 8세의 누이였기 때문이다. 다시 말해 메리 스튜어트와 엘리자베스 1세는 헨리 8세를 중심으로 연결된 친척이었다. 촌수로 따지면 메리 스튜어트에게 엘리자베스 1세는 외조모의 동생(헨리 8세)의 딸이었다.

그렇다면 엘리자베스 1세가 후사를 남기지 못하고 죽으면 메리 스튜어트에게 잉글랜드 왕위를 물려주면 될 것이 아닌가? 하지만 인간관계는 그렇게 간단한 것이 아니다. 동시대를 살았던 이 두 여인은 당대 최고의 라이벌이었다. 엘리자베스 1세가 1533년생이고 메리 스튜어트가 1542년생이니까 엘리자베스가 아홉 살 연상이다.

인생 초년기에 더 잘 나갔던 여인은 메리 스튜어트였다. 그녀는 부왕인 제임스 5세가 요절하자 한 살도 안 되어 스코틀랜드 여왕이 됐고, 열여섯 살이 되던 해인 1558년 당시 유럽 최강국인 프랑스의 왕세자 프랑수아와 결혼한다. 이제 메리의 머리에는 스코틀랜드 왕관에 프랑스 왕비의 왕관이 더해졌다. 하지만 메리의 운세는 여기까지였다. 남편인 프랑수아 왕세자가 1560년에 요절하고 만 것이다. 이제 메리에게는 선택의 순간이 도래한다. 프랑스 궁정에서 힘이 없는 왕세자비로 살 것이냐, 아니면 스코틀랜드의 여왕으로 복귀하느냐? 메리는 후자를 선택했다. 하지만 이 선택이 메리를 죽음으로 몰고 간다. 결국 메리는 천적 엘리자베스에 의해 제거되고, 잉글랜드 왕위는 메리 스튜어트의 아들인 제임스 1세(스코틀랜드에서는 제임스 6세)에게 돌아간다.

제임스 1세는 엘리자베스 1세 여왕이 후사를 남기지 못하고 세상을 떠나자 잉글랜드와 스코틀랜드의 공동 국왕으로 즉위한다. 튜더 왕조를 계승한 스튜어트 왕조는 이렇게 시작됐다. 스튜어트 왕조는 앤 여왕을 마지막으로 대가 끊어졌지만, 제임스 1세의 후손은 여전히 살아 있었다. 찰스 1세에게는 엘리자베스(1596~1662)라는 누이가 있었는데, 정략결혼의 일환으로 독일 팔츠 선제후 프리드리히 5세에게 시집을 갔다. 선제후란 신성 로마 제국의 황제를 선출할 수 있는 강력한 제후를 말한다.

______ 제임스 2세에 이어 영국 왕에 오른 메리 2세(1)와 앤 여왕(2). 메리 2세는 오렌지 공 윌리엄 3세와 공동 왕으로 영국을 통치했다. 그런데 두 여왕 모두 자식이 없었다. 결국 독일 하노버 공국으로 시집간 제임스 2세의 고모가 낳은 왕녀 소피아 선제후비(3)가 차기 여왕이었다. 하지만 그녀는 앤 여왕보다 두 달 먼저 세상을 떠난다. 소피아의 아들 조지는 조지 1세로 영국 왕에 오른다.

프리드리히 5세와 엘리자베스 사이에서는 공주가 한 명 태어났는데, 그녀의 이름은 소피아였다. 영국 의회는 새로운 왕위 계승법에 의거해 그녀를 앤 여왕(1707~1714)의 후계자로 지목한다. 영국은 이제 네덜란드 출신의 윌리엄 3세를 군주로 모셔 온 것도 모자라서, 이번에는 독일 출신 선제후비를 여왕으로 모셔 올 처지에 놓인 것이다.

독일 출신 왕족을 영국의 차기 군주로 내정한 배경은 이러했다. 1640년 청교도 혁명이 한창일 때 독일 출신의 영국 왕족이 혁혁한 전공을 세운 것도 한몫했을 것이다. 하지만 그런 이야기는 과거의 추억에 불과했다. 영국인은 영국을 싫어했던 윌리엄 3세에게 지쳤고, 독일 출신 왕족을 모셔 와야 한다는 사실도 결코 유쾌한 일이 아니었다.

소피아 선제후비는 84세까지 살았으니, 당시에는 매우 장수했다. 그런데 앤 여왕을 승계할 소피아는 1714년 7월 8일에 세상을 떠나고 만다. 앤 여왕은 24일 뒤인 1714년 8월 1일에 사망한다. 만약 소피아 선제후비가 한 달만 더 살았어도 그녀는 영국 여왕 자리에 올랐을 것이다. 이래서 '왕은 하늘이 내린다'라는 말이 나왔는지 모른다. 이후 앤 여왕의 자리는 소피아 선제후비의 아들 조지George 공이 물려받았다. 조지는 순수 독일인이었으므로 정식 이름은 게오르크 루트비히Georg Ludwig였다. 게오르크는 영국의 조지 1세가 됐으므로 이 책에서는 영어 이름인 조지로 부르기로 하자.

소피아 선제후비는 하노버 공국의 선제후인 에르네스트 아우구스투스Ernest Augustus와 결혼했다. 하노버 공국은 독일 서부 및 네덜란드 북

소피아 선제후비 가계도

부 지방과 경계를 맞대고 있는 독일 연방의 많은 제후국 중 하나였다. 스튜어트 왕조에서 독일 왕조인 하노버 왕조로 그 이름이 바뀐 순간이다. 왕위 계승 1순위였던 소피아 선제후비가 시집가서 낳은 조지가 영국 왕에 오르고, 왕조 이름도 하노버 선제후국의 이름을 따서 하노버 왕조가 시작된다. 다시 말해 영국 왕실은 모계 승계(소피아 선제후비)를 인정하지만, 왕조 이름은 남편 성(하노버)을 따라간다. 지금부터 하는 이야기는 하노버 왕조의 이야기다.

하노버 왕조

아무리 혈통을 우선시하는 유럽 왕조라 할지라도 영국을 떠난 지 이미 100년의 세월이 흘렀고, 게다가 영어를 전혀 못 하는 영국 왕조의 후손을 영국 왕으로 맞이한다는 것은 상식적으로 이해하기 어렵다. 여기에는 두 가지 기준이 철칙으로 작용했다. 첫 번째 기준은 가톨릭 신자는 왕의 적자라 할지라도 왕위 계승에서 배제된다는 것이다. 제임스 1세가 늦게 얻은 제임스 프란시스 에드워드 왕세자는 가톨릭 신자인 아버지 때문에 왕위 계승에서 제외되었고, 결국 명예혁명이 일어나지 않았던가? 두 번째 기준에 따르면 부계 혈통이 끊어지면 모계 혈통의 후손이 왕위에 오를 수 있었다. 스튜어트 왕조를 계승한 하노버 왕조는 제임스 1세의 딸 엘리자베스 왕녀로부터 내려오는 스튜어트 왕조의 모계 집안이었다. 그런데 문제는 하노버 왕조가 순수한 독일 왕조였다는 데 있었다.

하노버 왕조는 하노버 선제후국으로 알려져 있다. 라인강 중류에 있는 니더작센주(州, '저지대 작센'이라는 의미)의 주도인 하노버는 공국으

하노버 공국은 독일 북서부 지방에 있던 공국이었다. 훗날 프로이센에 흡수돼 사라졌지만, 공국의 후손들이 영국 왕조를 개창해 지금의 윈저 왕조까지 이어지고 있다.

로 출발한 제후국이었다. 본래 명칭은 브라운슈바이크 뤼네부르크 공국Braunschweig-Lüneburg이고, 영어로는 브런즈윅 루네버그Brunswick-Lunebourg라고 부른다. 이후 하노버 공국은 프로이센과 오스트리아 전쟁에서 오스트리아 편을 들었다가 1803년 프로이센에 합병된다. 그러다가 1805년 신성 로마 제국의 해체로 하노버 공국은 왕국으로 승격돼 다시 역사에 등장한다. 전성기 하노버 왕국은 현재의 벨기에보다 조금 컸고, 영국과 비교하자면 스코틀랜드의 절반 정도 크기였다.

하노버 공국이 신성 로마 제국에 존재했던 많은 제후국 중에서 선제후국이었다는 사실은 그만큼 하노버 공국의 위상이 제국 내에서 높았다는 말이다. 선제후Prince-elector는 '선거권이 있는 제후'를 말한다. 그러면 누구를 선출하는 제후인가? 바로 범독일어권을 아우르는 신성 로마 제국 황제를 선출하는 제후이다. 게다가 신성 로마 제국에는 왕이 존재하지 않았고 한 명의 황제만 있었으니, 선제후는 사실상 황제 바로 아래의 지위를 가진 제후였다. 하지만 하노버 공국은 본래 선제후국이 아니었다. 1356년 신성 로마 제국 황제인 카를 4세가 공포한 금인칙서Golden Bull of Emperor Charles IV에 따르면 신성 로마 제국 황제 선출을 일곱 명의 선제후에게 완전히 일임하고, 다수결로 뽑힌 후보가 이의 없이 황제의 자리를 계승하도록 보장하고 있다.

세속 제후(4명)

✠ 보헤미아 국왕

✠ 라인 궁정백

✠ 작센 공작

✠ 브란덴부르크 변경백

성직 제후(3명)

✠ 마인츠 대주교

✠ 트리어 대주교

✠ 쾰른 대주교

선제후단은 네 명의 세속 제후와 세 명의 성직 주교들로 구성되어 있었다. 그중에서 보헤미아는 현재 체코 공화국이고, 라인 궁정백은 황제가 파견한 라인팔츠 백작이다. 궁정백[Pfalzgraf]은 독일어로 Pfalzgraf(팔츠그라프)라고 하는데, 'Pfalz'는 독일어로 궁정, 'Graf'는 백작을 뜻한다. 세속 제후 중에서 눈에 띄는 선제후는 브란덴부르크 변경백으로, 신성 로마 제국 북동쪽 변방에 있었던 제후국이었다. 이후 브란덴부르크 변경백국은 프로이센 왕국으로 성장해 1871년에 탄생한 독일 제국의 모태가 된다. 이번 이야기의 주인공인 하노버공은 1692년에 선제후로 이름을 올린다. 그러니까 하노버공은 가장 늦게 선제후에 합류한 신흥 군주였다.

영국인은 하노버 왕조를 어떻게 보았을까? 보수적인 토리당의 볼링브로크는 하노버 왕족을 '독일 여행객'이라고 비난했는데, 이 표현은 하노버 왕실과 떼려야 뗄 수 없는 독일 신민과의 관계를 빗대어 한 말이었다. 그런 점에서 하노버 왕조 출신인 조지 1세와 그의 아들 조지 2세는 영국민에게 외국인으로 비춰졌다. 게다가 하노버 왕조를 보는 영국인의 민심은 단순한 무관심에 머무르지 않았다. 조지 1세가 왕위에 오른 이듬해인 1715년에 버밍엄, 브리스틀, 노리치 같은 도시에서 폭동이 일어났기 때문이다. 성난 민심이 폭발하고 만 것이다.

이 혼란을 틈타 그해 크리스마스에 한 남자가 스코틀랜드 피터헤드에 상륙했다. 그의 이름은 제임스 프란시스 에드워드였다. 그는 이미 세상을 떠난 제임스 2세의 아들이자, 끊임없이 영국 왕이라고 주장하는 인물이었다. 하지만 영국인은 에드워드의 말에 귀를 기울이지 않았다. 가톨릭 신자는 결코 영국 왕이 될 수 없다는 불문율이 이번에도 확인되었다. 결국 그는 자신을 반기지 않는 조국을 등지고 다시 프랑스로 돌아갈 수밖에 없었다.

영국인에게 배척받던 하노버 왕실은 이후 여러 명의 왕을 배출했고, 완전히 영국 왕실에 적응한다. 그리고 하노버 왕조 후반기에 저 유명한 빅토리아 여왕이 영국 역사상 가장 위대한 대영 제국을 일구었으니, 나라의 운명도 개인의 운명처럼 미래를 예단하기 어려운 법이다.

독일인 조지 1세

앤 여왕이 군림하고 있던 1701년에 하노버 공국의 조지 공이 런던을 찾아 왔다. 이해에 영국 의회는 새로운 왕위 계승법을 통과시켰는데, 그 법에 따르면 조지 공이 영국 왕이 될 수 있었다. 물론 어머니인 소피아 선제후비가 1순위였지만, 그녀는 나이가 많았으므로 조지 자신이 영국 왕이 되는 것은 시간문제였다. 그는 차기 영국 왕 후보로서 앤 여왕을 만나고 싶어 했다. 하지만 여왕은 임신했다는 핑계로 조지 공과의 만남을 거절했다. 물론 앤 여왕이 임신을 했다는 것은 사실이 아니었다. 이렇게 조지 공은 김칫국만 마시고 다시 하노버 공국으로 돌아갔다.

1714년 조지 공의 어머니 소피아가 세상을 떠나고 24일 뒤에 앤 여왕이 서거했다. 하노버궁에서 이 소식을 접한 조지 공은 이제 자신이 영국 왕이 된다는 사실을 기정사실로 받아들였다. 그의 나이 54세 때로, 당시에는 노년층에 접어든 나이였다. 조지 공은 가족과 가신을 데리고 런던으로 갈 준비를 했다.

독일인이었던 조지 1세. 어머니 소피아 선제후비가 스튜어트 왕녀였기 때문에 영국 왕이 될 수 있었다. 그는 헨리 4세 이후 영어를 모르는 최초의 왕이었다. 조지 1세가 영국 왕위에 오르자 안절부절하는 사람이 영국에 한 명 있었다. 그 주인공은 '음악의 어머니' 헨델이었다.

영국민 입장에서 조지 1세의 왕위 즉위를 바라보자. 영국 생활을 좋아하지 않았던 윌리엄 3세에 이어 또다시 이방인 군주를 왕으로 받아들여야 한다는 사실은 분명히 영국인의 감정을 상하게 했다. 게다가 조지 1세의 나이는 무려 54세였고, 당시 31세였던 왕세자 조지(훗날의 조지 2세) 역시 뼛속까지 독일인이었다. 하지만 영국 왕실은 조지 1세를 앤 여왕의 후계자로 받아들인다. 사실 당시 조지 1세의 왕위 계승권은 50위가 넘었다. 하지만 그보다 왕위 계승 서열이 앞섰던 후보들은 모두 가톨릭이었다. 가톨릭 신자는 결코 영국 왕이 될 수 없었다.

1714년 9월 조지 공 부자(父子)는 지체하지 않고 하노버를 떠나 영국 그리니치에 도착하여 세인트제임스궁으로 향했다. 그리고 그해 10월 20일 웨스트민스터 사원에서 대관식을 올렸다. 어머니 소피아 선제후비보다 카리스마가 없었던 조지 1세는 나이도 많고 영어도 한마디 할 줄 모르는 외국인 군주였다. 당연히 영국민은 그에 대한 애정이 없었다. 대관식 날에 런던 시민들은 조지 1세에 대한 항의 시위를 벌이기까지 했다.

영국에 정치적 기반이 없었던 조지 1세는 정치에 애써 무관심했다. 하지만 당시 정세를 수수방관하며 지켜볼 수만은 없었다. 제임스 2세의 아들 제임스 에드워드가 이미 영국에 상륙해 영국민을 선동한 적이 있지 않았던가? 언제라도 스튜어트 왕조의 부활을 꾀하는 반란이 일어날 수도 있었기 때문이다. 조지 1세는 비록 자신이 꼭두각시 왕일지 몰라도 그 자리를 지키려면 정치적 노선을 분명하게 할 필요성을 인식하고 있었다.

조지 1세의 문제는 또 있었다. 하노버공 시절에 결혼했던 소피아 도로테아Sophia Dorothea와의 부부 관계가 최악이었기 때문이다. 가뜩이나 인기와 카리스마가 없던 군주가 사생활도 문제가 많았다. 이 부부의 악연은 1682년 11월 21일로 거슬러 올라간다. 전승에 따르면, 소피아는 결혼식에서 "저 돼지 코와 절대 결혼 안 해!"라고 소리쳤다고 한다. 조지 공의 외모나 성격을 모두 아우르는 별명이었다. 심지어 생모조차 고집이 세고 괴팍한 아들의 성격에 혀를 내둘렀다고 한다. 불행의 씨앗은 이때부터 이미 잉태되고 있었다.

소피아와 조지는 사촌이었고, 하노버 공국은 독일 내에서 강력한 제후국이었다. 따라서 니더작센주 첼레 출신인 소피아에게 조지는 괜찮은 신랑감이었다. 게다가 조지는 영국 왕위의 유력한 계승권자였다. 이 결혼은 정략결혼이었지만 부부는 결혼한 이듬해 아들을 보았고, 이름을 조지 어거스트George August라고 지었다. 그러나 이미 사생아 자식을 보았던 조지는 자유분방하고 다소 경박한 소피아를 증오했다. 게다가 조지 공은 정부(情婦) 멜루진Melusine을 공공연하게 대동했다. 그녀는 조지보다 머리 하나 더 컸기 때문에 이 커플은 어디에서나 쉽게 눈에 띄었다. 하루는 소피아가 불륜을 따지자 조지 공은 폭력적으로 아내를 죽이겠다며 협박했다고 한다. 이미 부부 관계는 끝이 난 것이었다. 그러자 이번에는 소피아가 연인을 찾아 나섰다.

소피아의 상대는 하노버 공국의 대령인 쾨니스마르크Königsmarck 백작이었다. 감수성이 풍부했던 스웨덴 출신의 쾨니스마르크 백작은

한 여인은 간통했다는 이유로 남편이 영국 왕이 되었음에도 평생 유폐 생활을 했고, 한 여인은 한 남자의 정부(情婦)로 영국에서 사교계를 주름잡았다. 전자는 조지 1세의 아내인 소피아 도로테아(왼쪽)이고, 후자는 조지 1세의 정부 멜루진(오른쪽)이다.

남편으로부터 버림받은 소피아의 영혼을 사로잡았다. 두 사람의 사랑은 비밀 쪽지를 수차례 교환하면서 무르익어 갔다. 하지만 이 사랑은 금지된 사랑이었고, 쾨니스마르크가 살해되면서 사랑은 끝이 난다. 함께 하노버 공국을 탈출하려던 소피아의 꿈이 산산조각났다. 영국 왕이 된 조지 1세는 그녀를 영원히 유폐한다. 조지 1세는 소피아를 알덴Ahlden성에 감금하라고 명령을 내렸다. 이후 그녀는 알덴성에서 무려 33년 동안 감금 생활을 하다가 1726년 11월 3일 63세의 나이로 세상을 떠났다.

여기까지가 영국의 새로운 국왕 조지 1세가 독일에서 뿌렸던 추문의 기록이다. 이런 사람을 새로운 왕으로 맞이하게 된 영국인이 왜 그를 좋아하지 않았는지 알 수 있는 대목이다.

원수지간 부자

왕조사에서 왕과 그의 아들, 즉 세자(世子)와의 관계는 그리 좋지 않다. 대표적인 경우가 루이 14세와 왕세자 그랑 도팽Grand Dauphin이다. 프랑스어로 '도팽Dauphin'은 영국에서 왕세자를 '웨일스공Prince of Wales'으로 부르는 호칭과 같다. 루이 14세는 왕세자를 끊임없이 경계했다. 왕세자가 국무 참사회의에 참석한 것도 서른 살이 넘어서였다. 이렇듯 세자의 정치 역량이 인정받지 못하자 권력의 축은 당시 아홉 살밖에 되지 않는 왕손 주위에 모이기 시작했다. 왕손이 아버지보다 총명했기 때문이다. 자신이 살아 있는 한 그랑 도팽에게 권력이 집중되는 것을 금지했던 루이 14세도 손자 앞에서는 어쩔 수 없었던 것일까? 비운의 왕세자 그랑 도팽은 아버지의 견제 대상이자 아들의 경쟁 상대였다.

왕세자가 누군가에게 호의를 보이기만 해도 그 당사자는 이로 인해 악영향을 받는다는 것을 충분히 느낄 수 있었다. 왕이 악

착같이 왕세자의 무능력을 입증하는 데 집착했기 때문에 세자는 자신에게 접근하려고 애쓰는 사람들을 위해, 심지어 자신의 시종들을 위해서도 아무것도 하지 못했다.♦

노년의 나이에 왕위에 오른 조지 1세 역시 왕세자 조지 어거스트와 사이가 좋지 않았다. 조지 1세는 왕비 소피아가 부정을 저질렀다는 이유로 그녀를 감금하고, 왕세자 조지와도 만나지 못하게 했기 때문이다. 왕세자는 어머니를 유폐시킨 부왕을 용서하지 않았고, 아버지도 그런 아들을 이해하지 않았다. 왕세자는 부왕이 죽으면 어머니를 다시 왕비로 복귀시키려는 계획이 있었을 것이다. 하지만 그는 그럴 위인이 되지 못했다.

완고한 조지 1세는 독일에서 태어났기 때문에 영어를 한마디도 하지 못했다. 하지만 당시 유럽 왕족의 교양어이자 외교어인 프랑스어를 유창하게 구사했다. 조지 1세와 아들 조지 어거스트의 사이는 반목의 연속이었지만, 다행히 조지 1세는 며느리인 캐롤라인 안스바흐Caroline Ansbach를 총애했다. 1715년 여름에 조지 1세는 아들 문제로 마음에 깊은 상처를 받고 있었는데, 며느리 캐롤라인에게 프랑스어로 다음과 같은 편지를 보낸다.

♦ 이영림, 《루이 14세는 없다》, 푸른역사, 2009, 322쪽

아들이 아버지에게 어떤 권리를 자신에게 줄 수 있는지 말할 것을 명령한다면 그것은 세상이 거꾸로 된 것이다. 게다가 나는 대신이나 신하들의 운명을 좌지우지할 수도 없다. 당신(캐롤라인)이 우리 부자간에 중재를 잘해 준다면 우리 부자의 관계도 예전처럼 돌아갈 수 있을 것이다. (중략)
나는 당신과 진실한 우정을 나누기를 바란다.♦

자식을 이기는 부모가 없듯이 조지 1세는 아들과 화해하고 싶었던 것이다. 하지만 부자 관계는 뜻하지 않은 사건으로 파경을 맞는다. 1717년 왕세자 조지 어거스트의 부인 캐롤라인이 아들을 출산했는데, 왕자의 이름을 조지 윌리엄이라고 지었다. 여기까지는 왕실의 큰 경사였다. 문제는 왕자의 세례식에서 시작되었다. 세례식이 있던 날 조지 1세가 왕세자 부부에게 궁을 떠나라는 명령을 내린 것이다.

사건의 자초지종은 이러했다. 왕자가 태어나면 전통에 따라 국왕이 대부가 되고, 국왕은 주요 신하 중에서 두 번째 대부를 지명한다. 두 번째 대부는 뉴캐슬Newcastle 경으로 정해졌다. 그런데 아이의 아버지인 왕세자 조지가 세례식장에서 뉴캐슬 경을 모욕했다는 소문이 국왕의 귀에 들어갔다. 가뜩이나 아들을 미워했던 조지 1세는 사건의 진위도 묻지 않고 아들 부부에게 궁 밖으로 나가라는 명령을 내렸

♦ Bernard Cottret, 같은 책.

다. 조지 1세는 이 사건에 대한 해명을 프랑스어로 작성해 〈암스테르담 가제트〉에 실었고, 국왕과 왕세자 부부의 불화는 온 유럽에 알려졌다.

조지 1세의 진노가 수그러들 기미가 보이지 않자, 왕세자는 자신이 잘못했다며 부왕에게 용서를 빌었다. 자신은 부왕이 총애하는 뉴캐슬 경을 모욕할 의도가 전혀 없었다고 분명하게 해명했다. 물론 왕세자는 두 번째 대부로서 최근에 요크공에 임명된 에른스트 어거스트를 선호하긴 했다. 그는 왕세자의 숙부이자 하노버 경이었다. 왕세자는 자신이 뉴캐슬 경에게 어떤 원한도 없다며 용서해 줄 것을 부왕에게 빌었다. 또한 부왕에게 가진 존경심의 깊이는 가늠할 수 없다고 말했다. 그러나 아들에 대한 증오심이 쌓여 있던 아버지는 아들을 용서하지 않았다. 결국 왕세자 조지는 세자비와 함께 세인트폴궁을 떠났다.

왕세자가 궁을 떠나면서 보낸 참회의 편지를 두고 국왕 측근은 둘로 나뉘었다. 왕의 처사가 너무 가혹하다는 신하와 이번 기회에 왕세자의 버릇을 고쳐야 한다는 신하로 나뉜 것이다. 후자들은 앞으로 왕세자에게 국왕이 불편해하는 사람과의 서신 왕래도 허락해서는 안 된다고 국왕에게 강력히 충고했다. 하지만 '불편하다'라는 말의 의미가 애매모호했다.

조지 1세는 비록 영어를 못했지만, 프랑스어로 편하게 의사 표현을 했다. 그는 아들의 초상화를 보면서 다정하게 "얼굴이 다소 격정적으로 보이지만 명예가 있어 보인다."라고 프랑스어로 말했다고 한

조지 2세와 캐롤라인

다. 18세기 유럽 왕실에서 프랑스어는 예의범절의 언어였던 것이다. 조지 1세가 아들을 왕궁에서 쫓아낸 경위를 프랑스어로 작성해 네덜란드 신문에 실었던 이유도 여기에 있었다.

왕세자 조지 어거스트는 하노버에서 태어났다. 그는 독일어와 프랑스어만 말할 줄 아는 아버지와 달리 모국어인 독일어 외에도 어린 시절부터 영어, 프랑스어, 이탈리아어를 배웠다. 하지만 그는 학구적인 사람도 아니었고, 교양도 그리 높지 않은 사람이었다. 그는 문학과 철학에 심취해 있던 부인 캐롤라인에게 자신은 회화나 시 따위에는 전혀 관심이 없다고 투박한 독일어로 고백한 적도 있었다.

국왕과 왕세자의 반목은 시간이 지나도 풀릴 기미가 보이지 않고 있었다. 두 사람 사이에서 입장이 난처한 사람은 바로 캐롤라인이었다. 그런데 부자간의 반목은 손자 대에서도 반복이 되었다. 조지 2세와 왕세자 프레드릭 사이도 좋지 않았다. 프레드릭 왕세자는 어린 시절부터 할아버지인 조지 1세 편을 들었기 때문에 조지 2세는 그런 아들을 좋아하지 않았다. 프레드릭 왕세자는 어린 시절부터 부모의 관심을 받지 못했고, 조지 2세 부부는 프레드릭의 동생인 윌리엄을 편애했다. 이런 분위기에서 프레드릭은 아버지의 정적(政敵)인 볼링브로크와 손잡고 부왕(父王)을 곤경에 빠뜨리려고 시도하기도 했다. 부자간에도 권력은 나눌 수 없는 법이다. 프레드릭은 당시 야당인 토리당과 여당인 휘그당의 비주류 사람들과 자주 어울렸다. 이런 아들을 둔 조지 2세와 캐롤라인 왕비의 마음은 어떠했을까? 캐롤라인은 죽을 때까지 프레드릭을 용서하지 않았다.

프레드릭 왕자는 어머니의 임종을 지키는 것이 허락되지 않았다. 캐롤라인은 이렇게 말했다고 한다.

"내가 프레드릭을 허락하면 그는 나의 임종 모습을 지켜보면서 희열을 느끼지 않겠는가? 내가 그런 어리석은 짓을 왜 한다는 말인가?"

그녀는 또 "모든 귀족이 나의 죽음을 알기 5분 전에 프레드릭은 누구보다도 먼저 나의 죽음을 기뻐할 것이다."라며 마지막까지 아들에 대한 원한을 드러냈다.♦

♦ Bernard Cottret, 같은 책.

독일인 '여행객'

조지 1세는 영어를 구사하지 못하는 영국 왕이었다. 주변 사람과는 당시 왕실의 교양어인 프랑스어로 의사소통했으니, 그가 영국 왕실 생활에 적응하지 못한 것은 당연했을지 모른다.

조지 1세는 영국 왕으로 12년 동안 군림했다. 하지만 그의 마음은 항상 바다 건너에 있는 하노버 공국에 있었다. 독일은 조지가 50년 이상을 살았던 고향이 아니던가? 게다가 그가 영국 왕으로서 할 수 있는 일은 별로 없었다. 이미 왕의 권력은 대부분 의회로 넘어가 있었기 때문이다. 설상가상으로 제임스 2세의 아들 제임스 에드워드와 그의 추종자들이 호시탐탐 왕권을 찬탈할 기회만 엿보고 있었다. 그러니 마음 편하게 하노버 공국에 있는 것이 더 좋았을 것이라고 조지 1세는 생각하지 않았을까? 하지만 권력에 대한 인간의 욕심은 본능적인 것이다. 당시 유럽의 강대국인 영국 왕으로 군림한다는 것 자체가 얼마나 큰 영광이란 말인가! 하지만 조지 1세는 영국민에게 인기가 없는 왕이었다. 그의 아들 조지 2세도 별명이 '보이지 않는 자'였으니 부전자전이었다. 그래도 영어를 한마디도 못했던 조지 1세와는 달리 조지 2세는 영어로 신민과 소통할 줄 아는 군주였다.

조지 1세는 영어를 전혀 하지 못했고, 영국 왕실에 대해서도 아는 것이 없었다. 게다가 내성적인 성격 탓에 만찬도 베풀지 않았고, 식사도 혼자서 하는 날이 많았다. 그의 옆에서 독일에서 함께 온 정부 멜루진과 이복동생이 인의 장막을 치고 주변 사람의 접근을 막았다. 다시 말해 국왕을 만나려면 이 여인들을 통해야만 했다. 하지만 신하와는 프랑스어로 의사소통을 할 수 있었기에 왕실 회의에 큰 어려움은 없었다고 한다.

18세기 유럽 왕실에서는 프랑스어가 국제어와 교양어로 통용됐다. 프로이센의 프리드리히 2세는 계몽사상가인 볼테르를 궁정에 초빙할 정도로 프랑스어에 관심이 많았으며, 매일 볼테르와 프랑스어로 토론했다고 한다. 스웨덴과 러시아 궁정의 사정도 마찬가지였다. 러시아의 문호 톨스토이의 대작《전쟁과 평화》는 1812년 크림 전쟁을 배경으로 하는데, 이 작품에 등장하는 러시아 귀족은 하나같이 프랑스어를 사용한다.

조지 1세는 영국 왕으로 있으면서 일곱 번이나 하노버 공국에 다녀왔다. 하노버 공국에서 하노버 가문이 인기가 없었기에 집안 단속을 하기 위해서였다. 물론 외국 생활에 지친 조지 1세에게 고향인 하노버는 향수를 달래 줄 수 있는 유일한 창구였을 것이다. 조지 1세가 독일에 가면 영국 왕 자리는 왕세자인 조지 어거스트와 캐롤라인이 맡았다. 조지 1세의 부재(不在)는 가뜩이나 인기가 없던 왕의 빈 곳을 대신 채울 수 있는 절호의 기회였다. 사실 영국민은 영어를 한마디도 못 하고, 국민과 소통하지 않는 조지 1세보다는 영어를 사용하는 젊은 왕세자 부부를 좋아했다.

1726년 32년 동안 알덴성에 감금되어 있던 왕비 소피아가 세상을 떠났다. 이날 조지 1세는 헤이마켓 극장에서 연극을 보다가 이 소식을 들었다. 그런데 조지 1세는 장례를 지내라는 명령조차 내리지 않았다고 한다. 결국 왕비의 시신은 알덴성에서 무려 일곱 달 동안 방치됐다. 아무리 간통을 저지른 부인이라고 해도 이번에는 조지 1세가 너무 심했다. 남의 말하기 좋아하는 사람들은 조지 1세가 제명에 죽지 못할 것이라고 수군거렸다. 그래서 그랬을까? 조지 1세는 마지막으로 떠난 하노버 여행에서 고향 오스나브뤼크 근처를 지나다가 뇌출혈로 쓰러졌다. 조지 1세는 급히 하노버의 성으로 옮겨졌고, 자신이 태어난 방에서 사망한다. 1727년 6월 22일, 그의 나이 67세였다. 정말 저주의 예언이 들어맞은 것일까? 조지 1세는 왕비 소피아가 죽은 지 1년 만에 세상을 떠났다. 조지 1세가 죽자 영국에서 그의 죽음을 슬퍼하는 사람은 아무도 없었다. 그는 영국민에게 철저한 이방인이었다.

헨델과의 악연

헨델은 지금까지 살았던 작곡가 중 가장 위대한 작곡가이다.

나는 모자를 벗고 그의 무덤 앞에 무릎을 꿇을 것이다.

악성 베토벤은 바로크 음악의 거장이자 음악의 어머니인 헨델에게 이런 찬사를 보냈다. 이 글에서 헨델을 소개하는 이유는 당대 최고의 음악가인 헨델이 조지 1세와 깊은 인연이 있기 때문이다. 그런데 그 인연은 '악연'이라고 부를 수도 있다.

헨델은 영국 출신의 음악가로 알려졌지만, 본래 독일인이었다. 그의 본명은 독일어로 게오르크 프리드리히 헨델Georg Friedrich Händel이었다. 하지만 그는 영어식 이름 조지 프리데릭 헨델George Frideric Handel로 더 잘 알려져 있다. 헨델의 국적 변화와 조지 1세 사이에는 어떤 이야기가 숨어 있을까?

헨델은 1685년 지금의 독일 영토인 프로이센 할레에서 태어났다. 헨델은 하노버공 조지 1세보다 스무 살이 많았으며, 헨델이 태어났을 때 이발사였던 그의 아버지는 무려 63세였다. 그는 아들이 음악을 하는 것보다 법관이 되길 바랐으나, 헨델은 아버지의 충고를 따르지 않았다.

헨델의 운명에서 역사적인 전환점은 1701년 이탈리아 체류 때 하노버의 조지 공을 만난 것이었다. 그 후 그는 하노버 왕실 악장이 되어 음악 활동을 이어 갔다. 그리고 때만 되면 런던을 찾아 활동 영역을 넓혔고, 영국에서 성공한 작곡가로 이름을 올렸다. 하지만 그는 여전히 하노버 왕실의 악장이었다. 1711년 헨델은 조지 공에게 하노버로 돌아오겠다는 약속을 하고 다시 런던으로 갔다. 그리고 앤 여왕을 위해 〈앤 여왕의 탄생일을 위한 송가〉를 헌정했다. 사람은 누구나 큰 무대에서 자신의 능력을 인정받고 싶은 법이다. 헨델은 작은 하노버보다 유럽의 관문 런던에서 활동하고 싶었다. 결국 그는 하노버로 돌아가지 않고 1712년 런던에 정착한다. 하지만 헨델은 2년도 못 되어 자신의 판단이 잘못된 결정이었음을 후회하게 된다. 1714년 앤 여왕이 사망하자 조지 공이 영국 왕이 되기 위해 독일에서 온 것이다. 이때 헨델은 음악을 더 이상 할 수 없다는 생각보다 죽을 수도 있다고 생각했을 것이다. 영국 왕에 오른 조지 1세가 헨델에 대한 구원(舊怨)이 남아 있다는 소문이 파다했기 때문이었다.

헨델은 조지 1세에게 용서를 빌기 위해 여러 번 알현을 요청했으나 번번이 거절당한다. 게다가 런던의 궁에서 헨델의 음악은 금기시됐다. 과연 이 난국을 어떻게 돌파할 것인가? 불안한 나날을 보내고 있던 헨델에게 낭보가 날아왔다. 1717년 여름 조지 1세와 귀족이 템

스강에서 뱃놀이를 한다는 소식을 접한 것이다. 헨델은 이 기회를 놓치지 않았다. 그는 경쾌하고 웅장한 작품을 작곡했다. 작품의 제목은 〈수상 음악Water Music〉으로, 뱃놀이에 잘 어울리는 음악이었다. 이는 헨델의 친구이자 남작인 킬 만세그 남작의 아이디어였다. 이날 헨델은 조지 1세의 배를 따라다니며 〈수상 음악〉을 연주했다. 헨델은 국왕의 반응이 궁금했다. 결과는 대성공이었다. 국왕이 배를 타고 템스강을 이동하는 동안 무려 세 번이나 〈수상 음악〉을 연주한 것이다. 나중에 이 음악이 헨델의 작품이라는 사실을 안 조지 1세는 헨델에게 쌓였던 감정이 눈 녹듯이 사라졌다. 헨델은 드디어 용서를 받았다.

영어를 한마디도 못 했던 이방인 군주 조지 1세는 헨델 같은 위대한 음악가로부터 이렇게 위안을 받았다.

18세기 유럽의 프랑스어

조지 1세의 이야기를 마치기 전에 왜 그가 모국어인 독일어 외에 프랑스어를 유창하게 구사할 수 있었는지, 그 배경을 설명하고 이번 글을 마치기로 하자.

18세기는 계몽 시대였다. 그리고 계몽주의를 이끈 주역들은 볼테르Voltaire, 디드로Diderot 같은 프랑스 사상가였다. 18세기 유럽 지식인들은 국적에 상관없이 프랑스어로 정치와 철학, 사상을 토로하고 유럽에 '국경 없는 프랑스어권 공동체'를 구성했다고 한다. 다시 말해 18세기 프랑스어는 보편어로 확실히 자리 잡고 있었다. 그렇다면 프랑스어가 보편어로 인정받은 배경은 무엇일까?

한 언어가 보편어로 인정받으려면 두 가지 기준을 충족해야 한다. 하나는 보편어로서의 자격이 있는지, 두 번째는 정치적, 문화적인 면에서 다른 언어보다 우월한 위치에 있는지 확인해야 한다. 그런 면에서 18세기의 프랑스어는 두 가지 조건을 충족한 언어였다.

먼저 보편어로 인정을 받으려면 '중립적인 언어'의 특성이 필요하다. 그런 점에서 프랑스어에는 규칙적인 문법과 객관적 의미를 전달할 수 있다는 특징이 있다. 두 번째 조건은 정치적인 면에서 프랑스의 위상을 살펴보아야 한다. 프랑스어는 18세기부터 유럽 외교 분야에서 사용되고 있었다. 일반적으로 외교 문서는 중의성(重義性)이 없고 정확한 뜻을 지닌 언어로 작성해야 그 의미가 정확하게 전달될 수 있다. 그런 점에서 프랑스어는 정확하고 논리적인 언어였다. 1678년과 1679년 네이메헌 조약◆이 프랑스어로 작성됐고, 터키와 러시아 사이에 체결된 퀴치크카이나르카 조약◆◆ 역시 프랑스어로 작성됐다. 이후 18세기 유럽에서 체결된 조약은 대부분 프랑스어로 작성되었다.

프랑스어가 18세기에 유럽의 보편어로 자리 잡은 데는 문화적인 보편성도 빼놓을 수 없다. 예를 들어 17~18세기 프랑스 문학과 연극의 중요성, 프랑스인의 미각, 관습, 고상함과 품격 등도 중요한 역할을 했다. 게다가 프랑스어 자체의 명료함, 규칙성, 자연스러운 어순, 조화, 풍부한 표현력도 빼놓을 수 없다.◆◆◆

◆ 1678년 8월부터 1679년 12월 사이에 네덜란드 공화국 네이메헌에서 프랑스 왕국이 네덜란드 공화국 등과 체결한 조약. 1672년부터 1678년까지 일어난 프랑스-네덜란드 전쟁을 종식하기 위한 차원에서 체결됐다. 이 조약에 따라 프랑스는 상속 전쟁에서 얻지 못했던 프랑슈콩테, 플랑드르 지방의 여러 도시를 얻었다. 대신 프랑스는 마스트리흐트를 네덜란드에 반환하면서 철수했다.

◆◆ 1774년 도나우강 하류 남쪽 퀴치크카이나르카에서 러시아-튀르크 전쟁을 끝내고자 체결한 조약.

◆◆◆ 김병욱, 〈'프랑스어-보편언어'지향의 이면(裏面) - 18세기의 사례를 중심으로〉, 한국프랑스어문교육학회지 《프랑스어문교육》 제67집, 2019. 12, 81~106쪽

이 밖에도 유럽의 많은 궁정에서 프랑스의 품위와 예절을 고상하게 표현하고자 프랑스어를 사용했던 것도 그 이유로 꼽을 수 있다.

하지만 아무리 정확하고 아름다운 언어라고 해도 프랑스어의 위상은 국제 무대에서 자리 잡은 위치에 따라 변할 수밖에 없다. 1782년 베를린 아카데미는 프랑스어가 보편어로 자리 잡은 이유에 대한 논문을 공모했는데, 프랑스어의 미래에 대해 회의적인 입장이었던 슈밥Jean-Christophe Schwab의 논문을 보자. 그는 슈투트가르트 군사 아카데미 교수였는데, 프랑스의 미래를 스페인 인문학자 안토니오 데 네브리하Antonio de Nebrija가 말한 것을 인용해 예견했다. 데 네브리하는 '언어는 제국의 동반자'라고 표현하며 언어와 제국의 운명은 공동 운명체라는 사실을 강조하고 있다.

18세기 유럽의 보편어였던 프랑스어도 제국의 몰락과 같은 길을 걸었다. 그 조짐은 유럽 대륙에서뿐만 아니라 멀리 북미에서도 감지되었다. 1775년 영국에 패한 프랑스는 뉴프랑스의 수도 퀘벡을 빼앗겼다. 이에 대해 볼테르는 "나는 프랑스가 퀘벡 없이도 살 수 있다고 생각한다."라고 말할 정도로 프랑스 지성들은 국제 정치의 역학 관계를 인식하지 못하고 있었다. 이후 나폴레옹의 몰락과 함께 프랑스어의 몰락은 가속화됐고, 세계 곳곳에서 패권을 확장하던 영국의 언어, 즉 영어는 프랑스어가 가지고 있던 보편어의 위상을 물려받았다.

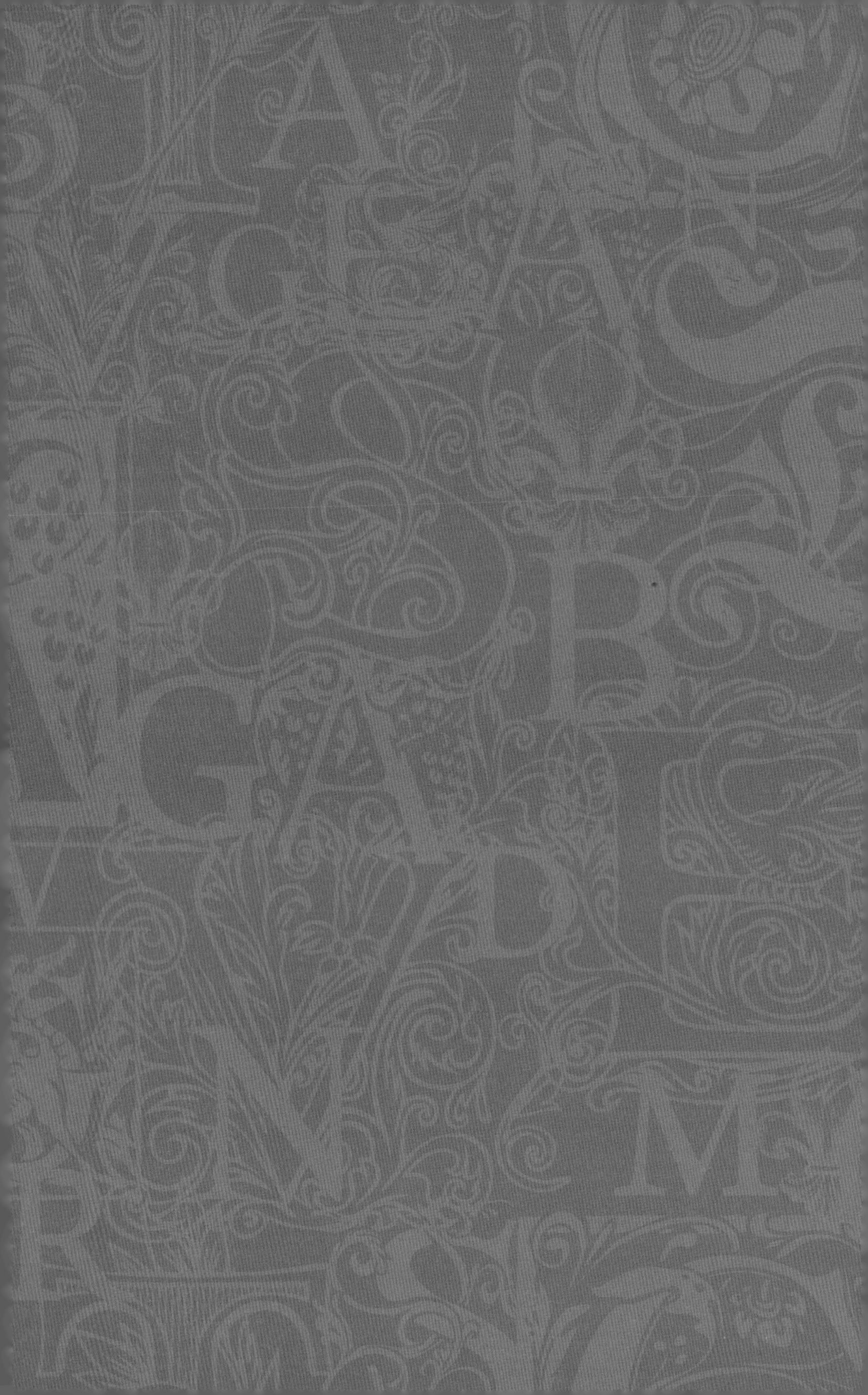

빅토리아 여왕

유럽 왕실의 그랜드마더

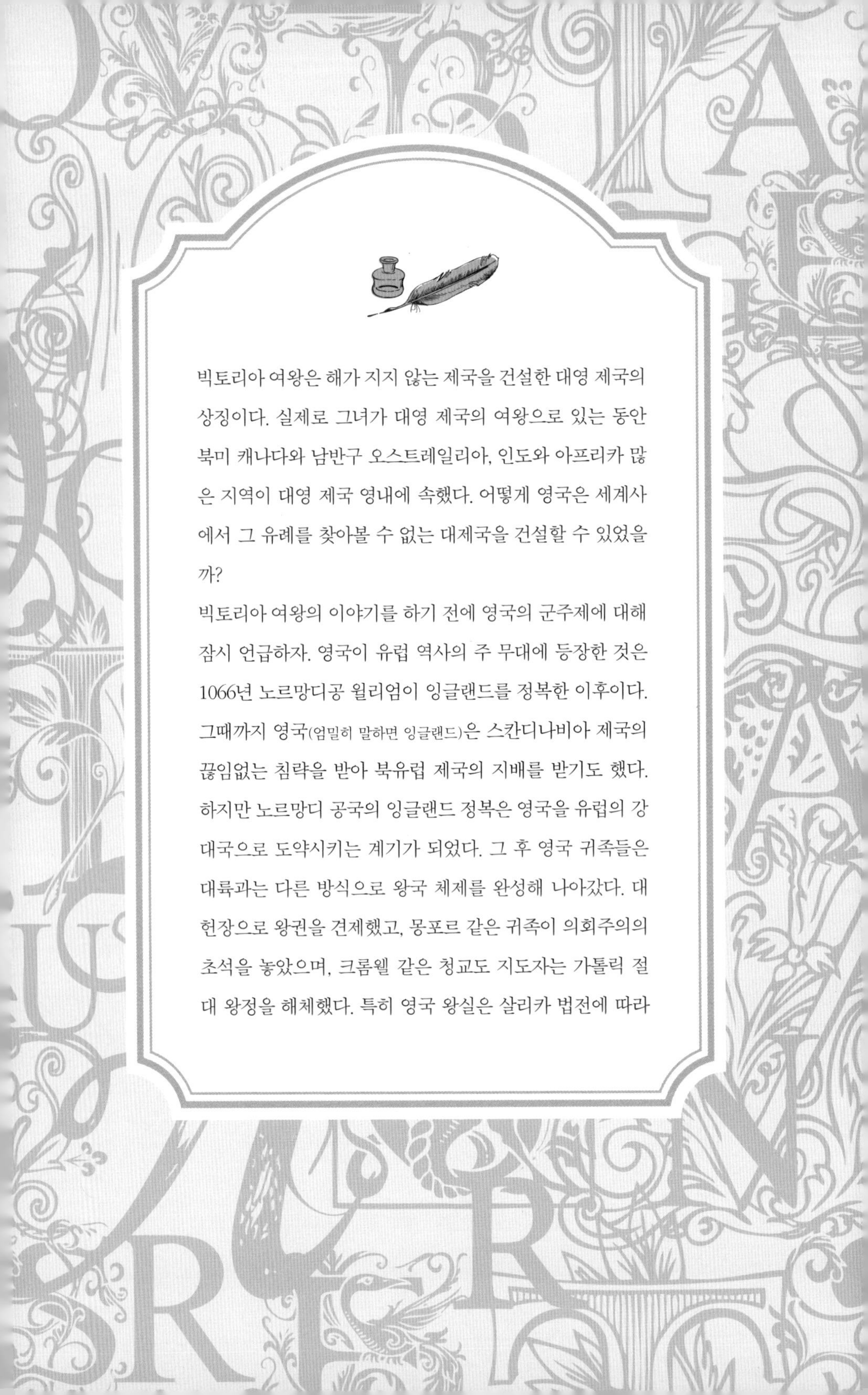

빅토리아 여왕은 해가 지지 않는 제국을 건설한 대영 제국의 상징이다. 실제로 그녀가 대영 제국의 여왕으로 있는 동안 북미 캐나다와 남반구 오스트레일리아, 인도와 아프리카 많은 지역이 대영 제국 영내에 속했다. 어떻게 영국은 세계사에서 그 유례를 찾아볼 수 없는 대제국을 건설할 수 있었을까?

빅토리아 여왕의 이야기를 하기 전에 영국의 군주제에 대해 잠시 언급하자. 영국이 유럽 역사의 주 무대에 등장한 것은 1066년 노르망디공 윌리엄이 잉글랜드를 정복한 이후이다. 그때까지 영국(엄밀히 말하면 잉글랜드)은 스칸디나비아 제국의 끊임없는 침략을 받아 북유럽 제국의 지배를 받기도 했다. 하지만 노르망디 공국의 잉글랜드 정복은 영국을 유럽의 강대국으로 도약시키는 계기가 되었다. 그 후 영국 귀족들은 대륙과는 다른 방식으로 왕국 체제를 완성해 나아갔다. 대헌장으로 왕권을 견제했고, 몽포르 같은 귀족이 의회주의의 초석을 놓았으며, 크롬웰 같은 청교도 지도자는 가톨릭 절대 왕정을 해체했다. 특히 영국 왕실은 살리카 법전에 따라

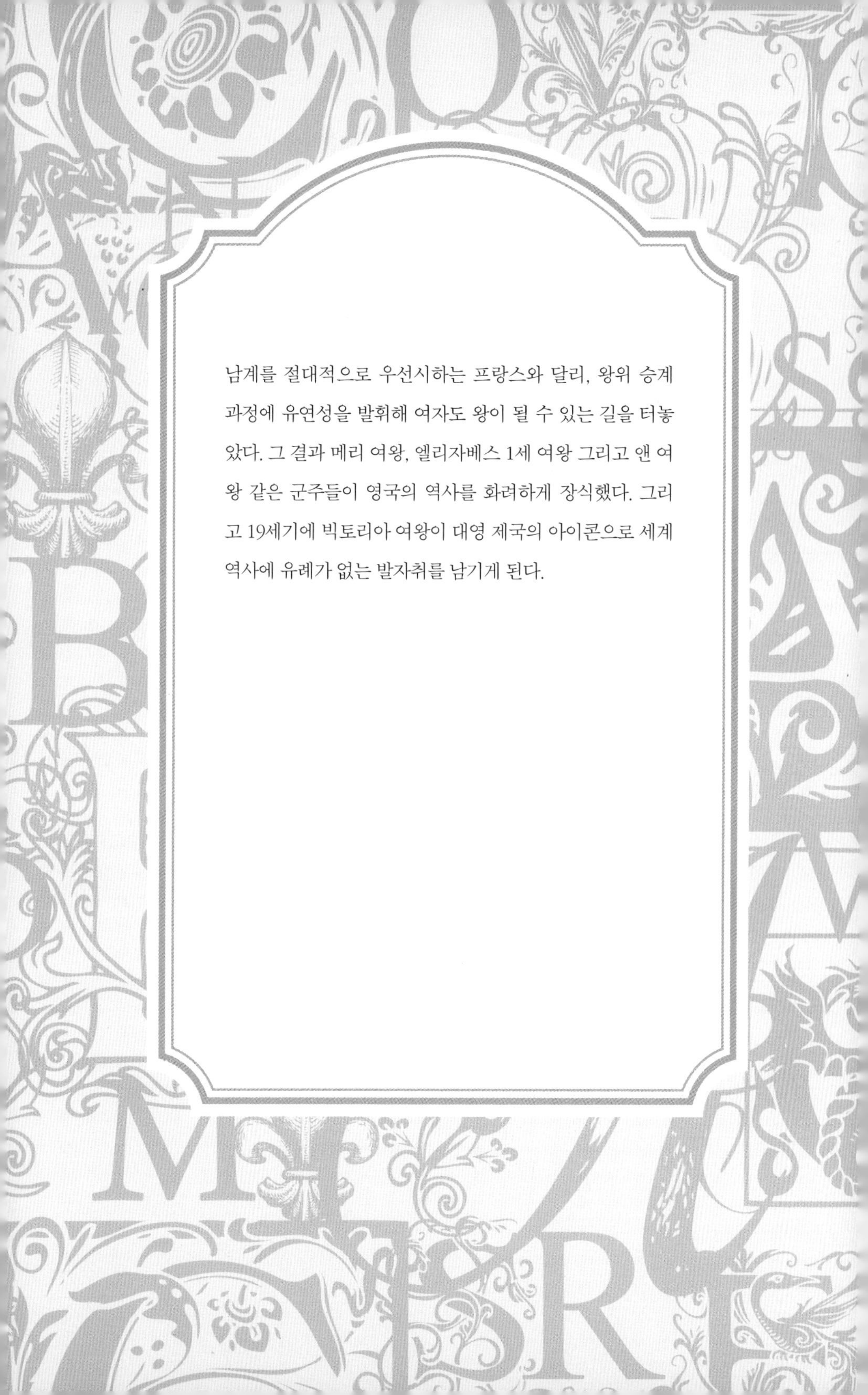

남계를 절대적으로 우선시하는 프랑스와 달리, 왕위 승계 과정에 유연성을 발휘해 여자도 왕이 될 수 있는 길을 터놓았다. 그 결과 메리 여왕, 엘리자베스 1세 여왕 그리고 앤 여왕 같은 군주들이 영국의 역사를 화려하게 장식했다. 그리고 19세기에 빅토리아 여왕이 대영 제국의 아이콘으로 세계 역사에 유례가 없는 발자취를 남기게 된다.

왜 여제가 아니고 여왕인가?

여왕의 공식 타이틀은 '그레이트 브리튼의 연합 왕국과 아일랜드의 여왕 그리고 인도의 여제'이다. 영어로 옮기면 'Queen of the United Kingdom of Great Britain and Ireland and Empress of India'이다. 그런데 왜 브리튼섬의 왕국(잉글랜드, 스코틀랜드)과 아일랜드의 군주이자 수많은 식민지의 통치권자였던 빅토리아 여왕에게는 인도 황제처럼 '여제(女帝)'라는 호칭을 안 붙일까? 중세 이후 유럽에서 황제 호칭을 사용했던 군주는 신성 로마 제국 황제와 러시아의 황제, 즉 차르Tsar밖에 없었다. 19세기에 온 세계를 호령했던 대영 제국 통치자는 왜 황제라고 불리지 않았던 것일까? 이 문제의 답은 차르에서 찾을 수 있다.

차르라는 호칭은 로마 황제 '카이사르Caesar'에서 나온 말이다. 다시 말해 러시아 차르는 로마의 황제인 카이사르와 그 뿌리가 닿아 있다는 말이다. 그런 이유에서 중세와 근대 유럽에서 황제라는 호칭은 로마 제국의 혈통을 계승한 자만이 사용할 수 있는 칭호였다. 물론 그 혈통이라는 것도 로마 교황이 인정하거나, 스스로를 황제라 칭하여 인정받는 경우도 있었다. 전자의 경우 샤를마뉴가 서로마 제국을 부활시켰다는 공을 인정받아 교황으로부터 황제 호칭을 받았다. 이후 황제 호칭은 동프랑크 왕국으로 적통이 넘어가 신성 로마 제국 군주가 황제 호칭을 사용할 수 있었다. 물론 신성 로마 제국 황제는 세습제가 아니고 선출제였기 때문에 유럽의 여러 왕조가 대물림했다. 그 중에서도 가장 유명한 왕조는 오스트리아 합스부르크 왕조였고, 카를 5세가 합스부르크 집안의 후예로서 신성 로마 제국의 최전성기를 이끈다. 그러므로 서로마 제국의 적통은 샤를마뉴를 거쳐 동프랑크 왕국 왕이 겸직했다. 그러다가 1806년 나폴레옹이 라인 동맹을 만들고 신성 로마 제국을 해체했다. 독일의 문호 괴테는 제국의 해체 소식을 듣고 "내 마부가 언쟁을 벌이는 것보다 더 관심 없다."라고 말했을 정도니 제국의 황제는 종이호랑이였다.

신성 로마 제국 황제가 서로마 제국의 적통을 계승했다면, 비잔틴 제국은 동로마 제국을 계승한 제국이었다. 그러므로 비잔틴 제국의 황제는 자신을 명실상부한 로마 제국의 계승권자라고 공언했다.

그런데 근대 러시아 군주는 왜 황제라는 칭호를 사용하게 됐을까? 동로마 제국을 계승했던 비잔틴 제국이 오스만 제국의 공격으로 멸망하자 황제 자리는 공석이 되었다. 이런 상황을 재빠르게 자신에게 유리하게 만든 인물이 나타난다. 1480년 모스크바 대공 이반 3세가 자신을 비잔틴 제국의 후계자로 선언하며 황제를 칭하고 나선 것이다. 그렇다면 이반 3세는 비잔틴 황제의 적통을 이어받은 인물이었을까? 사실 그의 왕비는 비잔틴 제국의 마지막 황제 콘스탄티노스

1838년 6월 28일 빅토리아 여왕의 대관식 모습. 메리 1세 이후 다섯 번째 영국 여왕이었다.

12세(재위 1449~1453)의 질녀 소피아 팔레올로기나Sophia Palaiologina였다. 그러니까 이반 3세는 콘스탄티노스 12세의 조카사위였던 것이다. 그 결과 그의 아들 이반 4세 때부터 모스크바 대공은 주변 나라에서 황제로 인정받는다. 17세기에 개창한 로마노프 왕조에 이르러 러시아 군주는 공식적으로 황제로 군림한다. 결국 유럽에서 황제 칭호는 로마 제국의 혈통을 이어받은 군주만이 사용할 수 있는 호칭이었다. 그러므로 태양왕 루이 14세와 엘리자베스 1세 여왕이 아무리 위대한 군주라고 할지라도, 로마 황제 혈통과는 무관하므로 황제 호칭을 사용할 수 없었다. 그렇다면 노트르담 대성당에서 스스로 황제의 관을 머리에 썼던 나폴레옹은? 그는 무력으로 정권을 잡고 스스로 황제라고 칭했으니 정통성이 있는 황제와는 거리가 멀다.

영국 왕은 서로마 제국의 혈통과 아무런 관계가 없으며, 신성 로마 제국과도 관계가 없다. 비록 대영 제국의 영토가 전 세계에 퍼져 있었지만, 유럽의 전통에 따라 영국의 왕은 왕일 뿐 황제가 될 수 없었다. 그런 이유에서 역사상 유례가 없는 대제국을 완성한 대영 제국의 빅토리아 역시 여제가 아니라 '여왕'이었다.

막내 승계의 법칙

그리스 신화의 주신(主神) 제우스의 아버지 크로노스는 불길한 예언을 듣는다. 아버지 우라노스처럼 자신도 자식에게 쫓겨날 것이라는 예언이었다. 그래서 크로노스는 레아 여신이 낳은 자식들을 차례로 삼켜버린다. 어머니 레아 여신에게 자식을 잡아먹는 아버지의 모습이 얼마나 미웠을까? 결국 레아 여신은 꾀를 하나 생각한다. 태어난 아이를 몰래 빼돌리고 크로노스에게는 강보에 싸인 돌을 건넨다. 이렇게 해서 목숨을 건진 막내아들 제우스는 염소젖을 먹고 성장한다. 그 뒤의 이야기는 잘 알려져 있다. 제우스가 돌아와서 크로노스에게 술을 먹여 뱃속 형제를 모두 구하고 크로노스를 쫓아낸다. 신탁이 정말로 이루어진 것이다.

빅토리아 여왕의 이야기를 하기 전에 제우스의 탄생 신화를 소개한 것은 신화나 역사에서 막내가 주인공으로 그 빛을 발하는 경우가 종종 있기 때문이다. 그러면 빅토리아 여왕은 어떻게 영국의 군주가 될 수 있었는지 그 과정을 거슬러 올라가 보자.

우리는 앞에서 하노버 왕조 시조인 조지 1세에 관해 이야기했다. 그는 독일어만 사용하던 이방인 군주였다. 그의 아들 조지 2세도 하노버 군주로서의 존재감은 미약했다. 마치 조선 시대 말에 강화 도령 이원범을 왕위에 앉히고 권력을 주물렀던 안동 김씨의 세도 정치와 쏙 닮았다. 안동 김씨 문중을 휘그당으로 치환하면 딱 맞아떨어진다. 조지 1세에서 시작된 하노버 왕조는 조지 3세(재위 1760~1820)에 이르러 최악의 국면을 맞이한다. 그의 통치 기간에 영국은 북미 대륙의 식민지를 상실했으며, 유럽은 나폴레옹의 등장으로 전쟁의 소용돌이에 빠졌다.

하노버 왕조 남자들은 전통적으로 부자간에 반목이 심했다. 조지 1세와 2세의 반목은 조지 2세와 그의 아들 왕세자 프레드릭에게도 그대로 반복됐다. 그 결과 조지 3세도 아버지를 미워했던 조부(祖父) 조지 2세를 좋아할 수가 없었다. 게다가 조지 3세는 어린 시절부터 자폐증을 앓고 있었다. 열세 살이 되던 해에 아버지 프레드릭 왕세자가 세상을 떠나고 조지 3세는 왕위에 올라 60년 동안 영국의 군주로 군림했다. 그러나 말년에는 광기가 찾아와서 주변 사람들을 괴롭혔다.

조지 3세에게는 세 명의 왕자가 있었다. 조지 4세는 알코올 중독자였으며, 윌리엄 4세도 7년 동안 왕위에 있었을 뿐이다. 마지막 남은 왕자는 켄트Kent공 에드워드였다. 독일에서 건너온 하노버 왕조의 대가 끊어질 처지에 놓인 것이다. 그렇다고 왕위를 계승할 왕족이 전혀 없던 것은 아니었다. 조지 3세가 죽기 전에 그에게는 56명의 손자가 있었다. 하지만 왕위를 계승할 자격이 있는 적통 왕족은 한 명도 없었다. 1772년에 공포된 왕실 결혼법에 따르면 국교회 신자인 적자(嫡子) 왕족만이 영국 왕의 자격이 있었기 때문이다.

빅토리아 여왕의 아버지 켄트공은 1818년 독일 작센코부르크잘펠트Saxen-Coburg-Saalfeld(영어로는 삭스코버그살펠트)의 공녀 빅토리아(여왕과 이름이 같다)와 결혼한다. 하지만 켄트공은 1년 뒤에 폐렴으로 세상을 떠난다. 빅토리아는 1819년 켄트공 에드워드의 무남독녀로 태어났는데, 하노버 왕조의 대가 끊어질 순간에 태어난 귀한 왕족이었다. 이렇게 하노버 왕조는 아슬아슬하게 막내 켄트공에 의해 명맥이 이어진다. 제우스가 막내로 태어나 형제들을 살리고 수많은 자손을 남긴 것처럼, 빅토리아 여왕도 같은 운명을 타고난 것은 아닐까?

유년 시절

빅토리아 여왕의 본명은 알렉산드리나 빅토리아 하노버Alexandrina Victoria Hanover였다. 조지 1세부터 내려오는 하노버가 성이었다. 그만큼 여왕은 독일 왕조의 뿌리를 그대로 물려받았다. 실제로 빅토리아 여왕은 많은 외국어 중에서 독일어를 가장 잘했다고 한다.

빅토리아 여왕의 유년 시절은 그리 행복하지 않았다. 아버지 켄트 공이 빅토리아가 태어난 지 1년 만에 세상을 떠났기 때문이다. 게다가 아버지가 빅토리아와 그녀의 어머니에게 남겨 준 것이라고는 빚뿐이었다. 결국 빅토리아 모녀는 데번에 있는 시드머스로 거처를 옮겼고, 우드브룩의 전원주택에 자리 잡았다. 이 집은 18세기 초에 지어졌는데 중세풍 장식을 가미한 건물이었다. 지붕의 창과 창문은 타원형이었고, 고딕풍 양식은 관청을 지을 때 자주 사용되는 건축 기법이었다. 이 건물은 훗날 호텔로 개조돼 19세기에 향수가 있는 사람들이 자주 찾는 명소가 되었다.

빅토리아의 어머니는 독일 작센코부르크잘펠트 출신의 공녀 빅토리아였다. 그녀는 독일어를 사용하는 순수한 독일인이었다. 모녀가 같은 이름을 사용하는 것은 유럽인이 자주 사용하는 작명 방식이었다. 어머니 빅토리아의 첫 번째 남편은 독일 레닌겐의 찰스였는데, 둘 사이에서 두 명의 자식이 태어났다. 찰스와 사별한 어머니 빅토리아는 켄트공과 재혼했지만, 훗날의 빅토리아 여왕만 낳고 두 번째 남편과도 사별했다. 이후 남편의 집사가 집안 살림을 맡게 되었다. 그는 존 콘로이Conroy 경으로, 준남작 신분이었고 켄트공 에드워드의 시종이었다. 웨일스 출신인 콘로이는 아일랜드계였는데, 군대에서 경력을 쌓은 뒤 켄트공의 집사가 되었다. 혹시 콘로이는 켄트 공작 부인의 애인이었을까? 역사에는 두 사람의 관계를 밝힐 만한 어떤 증거도 남아 있지 않다.

어머니 빅토리아는 켄트공의 사후에도 영국에 남았다. 비록 말은 통하지 않았지만 어린 빅토리아의 미래를 위해 남은 것이다. 당시 국왕인 조지 4세(재위 1820~1830)에게는 후손이 없었고, 훗날 조지 4세를 이어 왕위에 오르는 윌리엄 4세(재위 1830~1837)에게도 자식이 없었기 때문이었다. 만약 이대로 두 명의 왕이 후사를 남기지 못하고 세상을 떠나면 영국 왕위는 빅토리아에게 돌아올 것이 분명했다.

어린 빅토리아는 어머니와 독일어로 소통했고, 유모 역시 독일인이었다. 그래서 세 살까지 빅토리아는 독일어만 말할 줄 알았다. 어머니 켄트 공작 부인은 독일 하노버에서 루이즈 레전 남작 부인을 가정교사로 초빙해 독일어를 가르쳤다. 이후 그녀는 켄싱턴궁에서 가정교사들과는 영어로 의사소통을 했다. 하지만 빅토리아의 모국어인

어린 시절 빅토리아 여왕과 어머니 빅토리아

독일어 악센트가 영어에 남아 있었기 때문에 가정교사들은 독일어 악센트를 교정하는 것이 주요 임무였다고 한다. 빅토리아는 독일어와 영어 이외에도 프랑스어, 이탈리어, 라틴어를 배웠다. 어린 시절의 빅토리아는 어머니의 모국어인 독일어를 유창하게 구사했지만, 부군인 앨버트 공을 만날 때까지 독일어 수업 시간을 제외하고는 독일어를 거의 사용하지 않았다고 한다. 영국의 군주로서 당연했다. 소녀 시절 여왕의 영어는 원어민처럼 완벽하지 않았다고 한다. 아무래도 모국어인 독일어를 습득한 다음에 배운 언어였기 때문일 것이다.

빅토리아는 열일곱 살 때 부군 앨버트 공(그는 독일 왕족이었다)을 만났는데, 영어 실력이 매우 향상됐지만 두 사람만이 있을 때는 독일어를 사용했다고 한다. 앨버트가 영어를 못했던 것도 있지만, 어린 시절에 모국어로 사용하던 독일어가 편했기 때문이었을 것이다. 만약 독자 여러분들이 19세기 후반부에 버킹엄 궁전을 방문했다면 궁정 여기저기에서 독일어가 들리는 것에 아연실색할지도 모르겠다.

빅토리아 여왕이 가졌던 외국어에 대한 열정은 말년까지 이어졌다. 말년에 여왕은 가까이 두었던 인도 출신의 하인 압둘 카림으로부터 힌디어까지 배우는 열정을 보였다고 한다. 그 무렵 여왕은 일기에 이렇게 적었다.

나는 요즘 힌디어를 배우고 있습니다. 이제까지 한 번도 만나보지 못했던 사람과 그들의 언어를 배우는 것은 참으로 흥미가 있습니다.♦

'켄싱턴 시스템'이라는 말은 어린이가 엄격한 궁정 법도에 순응하는 시스템을 일컫는다. 이 시스템은 1837년 7월 콘로이가 창안했는데, 본래 켄트 공작 부인이 자녀를 교육하려고 사용한 교육 방법이다. 콘로이는 이 교육 방식을 빅토리아에게 그대로 적용해 그녀를 '국가의 정신' 혹은 '국민의 여왕'으로 준비시키고 있었다. 이 교육 방식은 군대식이었으며, 빅토리아 교육의 지향점은 군주가 양심과 효율성을 가지고 국가에 봉사하는 것이었다. 이 교육으로 빅토리아는 숙부인 조지 4세와 윌리엄 4세의 비통한 시대와 절연할 각오가 되어 있었다. 실제로 숙부들의 통치기는 빅토리아 시대와 비교할 때 혼돈의 시기였다. 그러므로 콘로이와 켄트 공작 부인은 악취가 나는 궁정의 인습으로부터 빅토리아를 보호하기 위해 최선을 다했다.

♦ Bernard Cottret, 같은 책.

영원한 사랑, 앨버트

빅토리아 여왕의 부군 앨버트 공은 독일 작센코부르크고타 공국에서 태어났다. 그의 아버지 에른스트 1세는 작센코부르크잘펠트의 프란츠 공작으로, 훗날 작센코부르크고타 공국의 초대 공작이 된다. 에른스트 1세의 동생 중에는 빅토리아 여왕의 어머니 빅토리아와 훗날 벨기에의 초대 국왕에 오르는 레오폴드 1세도 있었다. 그러니까 빅토리아 여왕에게 부군 앨버트 공은 외삼촌의 아들, 즉 외사촌이었다. 빅토리아 여왕의 외숙부인 레오폴드 1세는 조지 4세의 딸 웨일스 공녀 샬럿과 결혼하지만, 일찍 상처하고 프랑스의 루이즈 마리 도를레앙과 재혼한다. 레오폴드 1세와 빅토리아 여왕의 촌수는 조금 복잡하다. 레오폴드 1세는 빅토리아 여왕의 큰아버지인 조지 4세의 딸 샬럿의 배우자이므로 사촌 형부가 된다. 동시에 빅토리아 여왕의 어머니 빅토리아의 남동생이므로 외삼촌이기도 하다. 근친혼으로 얽힌 유럽 왕조 가계도는 이렇게 복잡하다. 레오폴드 1세를 여기에서 언급한 이유는 일찍 아버지를 여읜 어린 빅토리아에게 레오폴드 1세는 친아버지와 다름없었기 때문이다.

1836년에 빅토리아는 열일곱 살이 되었다. 자기 신분에 걸맞은 여인으로 처신해야 할 나이가 된 것이다. 왕위를 물려줄 후손을 보기 위해 결혼하는 것이 급선무였다. 하지만 당시 신교도 왕족은 유럽에 많지 않았다. 남부 유럽 왕국은 모두 가톨릭이었고, 그리스 정교회 왕족에서 배우자를 고를 수도 있었지만, 현실적으로 힘들었다. 이제 남은 경우는 셋이었다. 스칸디나비아, 네덜란드 그리고 독일 왕자 중에서 배우자를 찾는 것이다. 그중에서도 독일 왕가는 마르지 않는 샘처럼 영국 왕실에 배필을 제공하고 있었다. 숙부인 윌리엄 4세는 네덜란드에서 빅토리아의 배필을 찾으려고 했다. 하지만 켄트 공작 부인은 문화적이나 언어적으로 친숙한 독일에서 딸의 배우자를 찾고 있었다. 이 때문에 두 명의 독일 왕자가 영국에 초대됐다. 1836년 어느 날 하노버 왕실의 앨버트와 그의 형 에른스트가 영국을 찾았다. 윌리엄 4세는 진노했다. 그는 네덜란드의 알렉산더 오렌지공을 마음에 두고 있었기 때문이었다.

윌리엄 4세가 네덜란드의 오렌지공을 배우자로 생각하고 있다는 소식에 빅토리아의 외삼촌인 레오폴드 1세는 분노했다. 윌리엄 4세는 술도 못 마시는 레오폴드 1세를 비아냥거렸고, 레오폴드 1세는 볼모가 된 빅토리아를 측은하게 생각하고 있었다. 이런 상황에서 선수를 친 사람은 레오폴드 1세였다. 그는 자신의 가문, 즉 작센코부르크 고타 출신의 왕자 두 명을 빅토리아의 신랑감으로 추천했다. 그중에서 빅토리아의 마음을 사로잡은 남자는 에른스트 1세의 아들 앨버트였다. 빅토리아의 어머니가 에른스트 1세의 동생이므로 앨버트와 빅토리아는 외사촌 사이이다.

빅토리아는 영국에 온 앨버트를 보고 첫눈에 반했다. 그녀는 1836년 5월 23일 일기에 앨버트의 풍채에서 빛이 나고 얼굴에는 총명함이 가득하다고 적고 있다. 하지만 현명한 빅토리아는 이제 막 유년기를 지났으므로 인내심을 가지고 결혼을 기다리기로 마음먹는다. 이제 다급해진 사람은 앨버트였다. 그는 벨기에로 가서 숙부인 레오폴드 1세를 만나 어서 결혼을 성사시켜 달라고 요청했다.

빅토리아와 앨버트의 연애편지

앨버트도 사촌 동생인 빅토리아와 사랑에 빠졌다. 독일로 돌아간 앨버트와 런던에 남은 빅토리아 사이에는 물리적인 거리만 있을 뿐 서로의 마음은 아주 가까운 곳에 있었다. 두 사람이 첫 만남부터 결혼까지 주고받은 편지들이 지금도 전해 온다. 빅토리아는 영어가 서툴렀던 앨버트를 위해 독일어로 편지를 보낸다. 대영 제국의 여왕과 늠름한 독일 귀족 청년이 독일어로 주고받은 편지를 몇 통 소개해 보자.

가장 소중하고 사랑하는 나의 빅토리아에게

나는 당신에게 편지를 보낼 때 당신이 나에게 주는 신뢰의 증거와 그 안에서 나에게 표현하는 애정 어린 감정에 너무 감동받아 당신에게 어떻게 답장을 보내야 할지 잘 모르겠습니다. 내가 어떻게 그 많은 사랑과 따뜻한 친절을 얻었습니까?

Theuerste innigst
geliebte Victoria

Ich bin so gerührt von
den Beweisen von Vertrau-
en, den du mir giebst
durch Uebersendung dieser
Briefe, und die so liebevollen
Gesinnungen gegen mich,
welche du in denselben
aussprichst, daß ich kaum
weiß, wie ich dir antwor-
ten soll. Womit habe ich
so viel Liebe, so viel Herz-
lichkeit verdient? – Ich
kann mich an die Wahr-
heit alles dessen, was ich
sehe und höre noch gar nicht
gewöhnen und muß glau-
ben, der Himmel hat einen
Engel zu mir herabgesandt,
der durch seinen Glanz
mein Leben erheitern soll.
O sollte es mir gelingen,
dich recht, recht glücklich
zu machen, so glücklich
wie du es verdienst!!
Mit Leib und Leben
[illegible] [illegible] ewig dein
Sklave
dein
treuer
Albert
15 Oct. 1839.

1839년 앨버트 공이 빅토리아에게 보낸 편지

나는 여전히 내가 보고 듣는 모든 것의 진실에 익숙해질 수 없으며, 하늘이 내 삶을 밝게 해 주려는 광채를 지닌 천사를 나에게 보냈다는 것을 믿을 수밖에 없습니다. 당신이 받을 자격이 있는 만큼 당신을 아주 행복하게 만드는 데 성공할 수 있기를!!

나의 몸과 영혼은 영원히 당신의 노예로 남아 있습니다.

당신의 헌신적인 앨버트

1839년 10월 15일◆

이 편지에서 19세기 독일어 필기체를 확인하기는 쉽지 않지만, 앨버트 공의 편지 첫 문장을 보면 영어의 'I am'에 해당하는 독일어 'Ich bin(이히 빈)'이 보인다. 편지를 읽어 보면 빅토리아 여왕에 대한 앨버트 공의 지고(至高)한 사랑이 잘 드러난다.

두 번째 편지는 앨버트의 형 에른스트에 관한 내용을 담고 있는 것 같다. 본래 빅토리아의 배필 후보로 앨버트와 그의 형 에른스트가 있었는데, 이들은 1836년 켄트에 있던 빅토리아를 만나기 위해 영국을 방문했다.

◆ https://www.goethe.de/ins/gb/en/kul/ser/arc/vll/21620790.html

친애하는 빅토리아

정확히 12시에 찾아가겠습니다. 에른스트는 자신의 얼굴이 노란 색조로 보이기를 원하지 않습니다. 그럴 경우 그는 크게 화를 낼지도 모릅니다. 그의 상태가 계속해서 안 좋아 불쾌하고 참으로 당혹스러웠지만, 의사는 그의 병이 결국 처음 기대했던 것보다 더 빨리 회복될 수 있음을 시사하는 징후를 발견했다고 합니다. 새 집도 분명히 좋은 영향을 미칠 것입니다. 재회하는 순간을 기쁘게 기대하면서 당신의 헌신적인 앨버트로 남아 있습니다.

금요일

당신의 헌신적인 앨버트

이 편지에는 작성 날짜가 누락되어 있지만, 앞에서 소개한 편지처럼 1839년에 작성된 듯하다. 왜냐하면 이해는 이미 빅토리아가 두 형제 중에서 앨버트를 배우자로 낙점한 상태였고, 앨버트 자신도 자연스럽게 형에 관한 이야기를 하고 있기 때문이다.

세기의 결혼

1837년 6월 20일, 윌리엄 4세가 72세의 나이로 세상을 떠났다. 그때 빅토리아는 18세였다. 이제 빅토리아는 어머니의 영향권에서 완전히 해방된 것이다. 빅토리아가 영국 여왕에 오르자, 하노버 왕국은 빅토리아 여왕을 하노버의 군주로 인정하지 않는다. 모계를 통한 왕국의 승계를 인정하지 않았기 때문이다. 이후 하노버 왕국은 영국에서 분리된다. 여왕에 즉위한 빅토리아는 어머니를 자신의 거처에서 멀리 떨어진 곳으로 보내고, 콘로이 경 역시 연금을 주고 은퇴킨다. 이제 여왕의 시대가 열린 것이다.

여왕은 1840년 앨버트 공과 마침내 결혼한다. 그리고 두 사람 사이에서는 무려 아홉 명(4남 5녀)의 자녀가 태어나 영국 왕실의 혈통을 많은 유럽 왕실에 퍼뜨렸다. 그런데 호사다마였을까? 사촌 간 결혼에서 태어난 자식들에게 치명적인 질병도 유전된 것이다. 빅토리아 여왕은 혈우병 보인자였다. 여왕의 딸 앨리스는 독일의 헤센 대공 루트비히 4세에게 시집가서 알릭스를 낳았고, 알릭스는 러시아 로마노

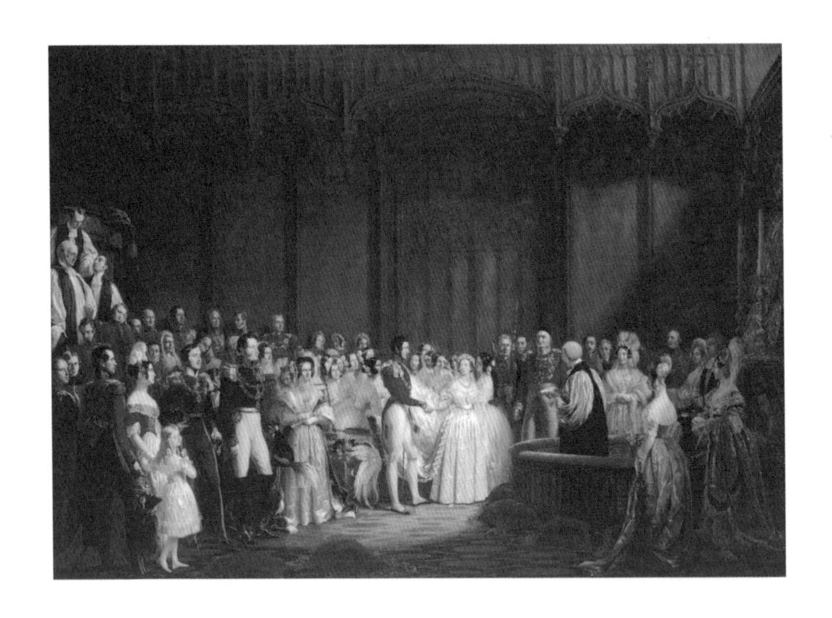

——— 1840년 2월 10일, 세인트제임스궁 왕실 예배당에서 거행된 빅토리아와 앨버트의 결혼식

프 왕가로 시집가서 니콜라이 2세의 황후가 된다. 그런데 로마노프 2세의 아들 알렉세이가 생후 6주 만에 혈우병 증상을 보이기 시작한다. 본래 혈우병은 남성에게만 나타나는 유전병이며, 여성은 보인자로 혈우병 유전자를 물려주기만 한다. 근친혼으로 태어난 빅토리아 여왕의 딸은 이렇게 러시아 황실에 혈우병을 전했다. 아들의 혈우병을 치료하고자 혼신의 노력을 했던 니콜라이 2세는 동생에게 양위하지만, 오히려 10월 혁명을 야기시켜 처형되고 만다.

여왕과 앨버트 공의 금슬은 무척 좋았다. 하지만 여왕이 유년 시절 부모에게 애정을 못 받고 자라서 그랬는지 자녀에 대한 애정을 보이지는 않았다. 게다가 신경이 예민해서 히스테리 증세도 있었다고 한다. 그런 까닭에 앨버트 공이 자녀들과 주로 시간을 보냈다. 여왕은 자신이 유아에 관심이 없는 것에 대해 다음과 같이 고백을 한다.

갓난아이의 움직이는 다리는 마치 개구리 다리와 같다.◆

여왕이 갓난아이를 별로 좋아하지 않자, 앨버트 공은 아이들과 잘 놀아 주는 자상한 아버지가 되었다. 여왕의 갓난아이에 대한 무관심은 당시 의사들이 권유한 수유를 거부한 것으로도 알 수 있다.

한편 하노버 왕가의 전통, 즉 부자간 반목은 빅토리아 여왕에게도

◆ https://www.goethe.de/ins/gb/en/kul/ser/arc/vll/21620790.html

그대로 적용됐다. 그런데 이번에는 부자간이 아니라 모자간 반목으로 바뀌었다. 여왕은 왕세자 에드워드를 푸대접했고, 둘의 사이도 안 좋았다.

앨버트 공과 빅토리아 여왕의 부부애는 좋았지만, 앨버트는 왕실에서 특별히 할 일이 없었다. 여왕 자신도 군림하나 통치는 하지 않는 존재인데, 부군의 역할은 여왕보다 더 미미했기 때문이었다. 하지만 앨버트 공은 아내에게 조언하며 자신이 왕실의 가장(家長)임을 확인시켜 주었다.

1851년 빅토리아 여왕은 런던에서 만국 박람회를 개최한다. 박람회의 기획자는 바로 앨버트 공이었다. 앨버트 공은 2년 전에 박람회의 개최를 선언하고 총력을 기울이고 있었다. 이제 본격적으로 앨버트 공이 런던 정치 무대에 나선 것이다. 여왕은 박람회의 성공을 남편인 앨버트 공에게 돌렸다. 그리고 외삼촌인 레오폴드 1세에게 이 계획은 남편이 세운 것이고, 내 조국은 이렇게 훌륭한 박람회를 개최할 자격이 충분히 있다고 편지를 보냈다. 당시 세계 최강대국 영국의 위상을 정확히 표현한 것이다. 여왕은 이제 정치적 날개를 달고 하루가 다르게 성장하는 남편을 한편으로 부러워하고, 다른 한편으로는 그렇게 될 수 없는 자신의 처지에 낙담했다. 여왕은 여성의 숙명을 받아들인 것이다.

빅토리아 궁정의 독일어

어린 시절 모국어가 독일어였던 빅토리아 여왕은 순수 독일인이었던 앨버트 공과 결혼한다. 그런 배경에서 여왕의 궁정에서 독일어의 위상은 익히 짐작하고도 남는다. 19세기 중반 무렵의 영국 궁정으로 가 보자.

먼저 궁정 도서관에는 영어와 프랑스 도서뿐만 아니라 독일어 서적이 서고를 메우고 있었다.◆ 독일어 도서들은 왕립 도서관과 윈저성의 개인 도서관에서도 쉽게 찾아볼 수 있었다. 독일어 서적이 많았던 것은 여왕 부부가 독일어에 익숙했다는 사실 외에도, 당시 독일에서 출판된 과학과 문학 서적의 수준이 다른 유럽 국가에 비해 뛰어났다는 사실의 방증이라고 볼 수 있다. 앨버트 공은 자신의 도서관에 독일어를 구사하는 사서를 고용해 독일어 서적의 구입을 맡겼다. 특

◆ https://www.goethe.de/ins/gb/en/kul/ser/arc/vll/21618147.html

———— 1846년 로열패밀리의 단란한 한때. 왼쪽부터 알프레드, 에드워드, 여왕, 앨버트 공, 앨리스, 헬레나 그리고 맏딸 빅토리아의 모습이 보인다.

히 자녀 교육을 위한 독일어 동화책도 여왕의 도서관에서 쉽게 찾아 볼 수 있었다.

빅토리아 여왕은 많은 독일 친척들과 서신을 교환할 때 원칙적으로 그들의 언어, 즉 독일어를 사용했다. 그것은 영국 왕실이 독일 하노버 가문에서 왔으며, 앨버트와 그들의 아이들이 작센코부르크고타 가문에 속해 있음을 확인하는 방법이었다.

가정에서도 빅토리아와 앨버트는 대개 독일어를 사용했다. 자녀 교육에는 독일어 수업도 포함되었고, 그 결과 자녀들은 부모와 독일어로 의사소통을 하는 데 어려움이 없었다고 한다. 이것은 아버지의 독일 유산과 독일 귀족과의 가족 관계에 경의를 표했다는 사실 외에도, 독일어를 사용하는 소수의 가족, 즉 여왕의 가족들을 궁정에서 보호할 수 있는 역할을 하기도 했다.

빅토리아 여왕은 남편 앨버트의 영어가 점점 더 유창해졌을 때도 남편과는 거의 독일어를 사용했다. 하지만 출가를 한 여왕의 공주들이 어머니와 주고받은 편지를 보면 대부분 영어로 작성됐음을 알 수 있다. 큰딸인 빅토리아와 43년 동안 주고받은 8천 통의 편지는 독일어가 아닌 영어로 작성되었다. 이는 앨버트 공 사후에 여왕은 독일어를 거의 사용하지 않았다는 증거로 볼 수 있다.

에스 이스트 클라이네스 프로이헨!

앨버트 공의 위상은 나날이 높아졌다. 하지만 하늘에 태양이 두 개 있을 수는 없었다. 운명이 금슬이 좋던 빅토리아 여왕의 앞길을 가로막았다.

1861년은 영국 왕실에 많은 불행을 안긴 해로 기록된다. 여왕의 딸 빅토리아(어머니와 같은 빅토리아였다)의 시부(媤父)인 프로이센의 프리드리히 빌헬름 4세가 세상을 떠났다. 평생 소원하게 지낸 어머니 켄트 공작 부인도 그해에 유명을 달리했다. 그렇지만 가장 큰 불행은 제일 늦게 찾아오는 법이다. 1861년 12월 앨버트는 샌드허스트에 있는 육군사관학교를 시찰하고 돌아오던 중에 비를 흠뻑 맞았다. 이튿날 열이 심하게 났지만, 앨버트는 그저 감기라고 여겼다. 하지만 앨버트는 원인 모를 병으로 급사하고 만다. 앨버트의 나이는 고작 42세였다. 사람들은 그가 장티푸스로 죽었다고 수군댔지만 정확한 사인은 밝혀지지 않았다.

여왕은 남편의 죽음 앞에서 독일어로 오열했다. 여왕이 남편에 대한 사랑을 가장 정확하게 표현할 수 있는 언어는 독일어였던 것이다.

Es ist kleines Frauchen!
에스 이스트 클라이네스 프로이헨!
나야! 당신의 사랑하는 아내!

앨버트 공의 죽음은 여왕의 인생에서 가장 중요한 변곡점이 되었다. 그날 이후 여왕은 평생 검은 상복을 벗지 않았다. 남편이 죽었어도 그 사랑은 영원히 남아 있었던 것이다. 프랑스 대사 프랑수아 기조François Guizot는 빅토리아 여왕의 부부애에 경의를 표하며, 여왕에 대해 이렇게 서술한다.

빅토리아 여왕은 자신이 그토록 사랑하고 존경했던 사람을 사람들에게 알리고 싶었고, 동시에 존경받게 하고 싶어 했다. 남편을 잃은 여왕은 다소 온화한 면을 보이기도 했다. 여왕은 앨버트 공이 자신에게 모두 바친 사랑과 인생을 통해 남편의 공덕과 장점을 세상에 알리고 싶어 했다. 그녀는 세상 사람에게 여왕이 보석처럼 생각하고 있던 남편을 잃은 심정과 그 보석이 여왕에게 어떤 존재였는지를 알아주기 원했던 것이다. 물론 앨버트 공은 모든 사람으로부터 사랑과 존경을 받을 만한 인물이었다. 이렇듯 사별한 남편에 대한 여왕의 사랑을 통해

영국 국민은 여왕의 한결같은 남편 사랑을 확인할 수 있었다. 앨버트가 생전에 받은 가장 고귀한 호칭은 '여왕의 영혼에 숨을 불어넣은 사람'이었다.♦

♦ https://www.goethe.de/ins/gb/en/kul/ser/arc/vll/21618147.html

여왕에게 독일어는

브리튼섬에 들어섰던 왕국들은 인종과 언어의 측면에서 볼 때 상당히 다양한 모습이었다. 특히 언어를 기준으로 시대별로 보면, 브리튼족의 켈트어에서 시작해 로마인의 라틴어, 앵글로색슨족의 영어, 덴마크 바이킹의 고대 노르드어, 마지막으로 잉글랜드를 정복한 노르만족의 프랑스어가 뒤를 잇는다.

이후 브리튼섬을 정복한 이민족은 역사에 등장하지 않는다. 하지만 앞에서도 본 것처럼 영국인은 영국 왕족이 결혼을 통해 이방인이 되었음에도 혈통에 따라 그들을 다시 영국 왕으로 모셨다. 네덜란드의 오렌지공 윌리엄 3세가 그랬고, 순수한 독일인이었던 조지 1세도 그런 경우였다. 그런데 이들이 사용했던 언어, 예를 들어 네덜란드어와 독일어는 영어와 매우 가까운 언어였다. 그런 점에서 우리는 윌리엄 3세의 이야기에서 네덜란드어와 영어의 유사성을 기본 어휘들의 비교를 통해 살펴본 바 있다.

이번에는 빅토리아 여왕이 어린 시절 처음으로 배웠고, 부군인 앨

:: 영어와 독일어의 동사

영어	독일어
to can	können[쾨는]*
to make	machen[마흔]
to go	gehen[기흔]
to come	kommen[코믄]
to laugh	lachen[라흔]
to thank	danke[당케]
to eat	essen[에슨]
to have	haben[하븐]
to must	müssen[뮈슨]
to give	geben[게븐]
to live	leben[레븐]
to find	finden[핀든]
to hear	hören[회른]

:: 기본 어휘

영어	독일어
I	Ich[이히]
for	für[퓌어]
one	ein[아인]
man	Mann[만]
house	Haus[하우스]
animal	Tier[티어]
world	Welt[벨트]
white	weiß[바이스]
young	jung[융]
water	Wasser[바서]
head	Kopf[콥프]
sun	Sonne[존네]
people	Volk[폴크]

* 독일어의 발음을 최대한 우리말로 옮겼다.

버트 공과 대화할 때 사용했다는 독일어와 영어를 비교해 보자. 5세기부터 브리튼섬에 들어왔던 앵글로색슨족 중에서 색슨족이 거주하던 지역이 지금의 독일 서부 지방이었다. 그러므로 색슨족의 언어와 영어 사이에는 매우 가까운 친족성이 존재할 것으로 생각할 수 있다. 빅토리아 여왕이 영어뿐만 아니라 독일어를 유창하게 구사할 수 있었던 것은 물론 어린 시절 가장 먼저 배웠던 언어였기 때문이지만,

영어와 독일어는 매우 가까운 사이의 언어이기 때문이다. 독일어에서 가장 빈도수가 높은 단어들을 통해 두 언어를 비교해 보자.

표에서 왼쪽은 동사를 비교한 것으로, 영어와 독일어의 동사에 많은 유사성이 보인다. 이 말은 두 언어가 한 뿌리에서 갈라져 나왔다는 사실을 보여 준다. 즉 독일 작센 지방에 살던 색슨족이 브리튼섬으로 이주한 다음에 두 언어는 서로 고립되어 각자의 길을 갔지만, 동사 같은 말들은 세월이 지나고 형태와 발음 그리고 의미가 거의 달라지지 않았다.

그러나 오른쪽 표에서 보이는 다른 품사의 단어들은 두 언어의 형태가 꼭 들어맞지 않는다. 예를 들어 영어의 animal은 독어로 Tier라 하고, people은 Volk라고 한다. 그 이유는 이 두 단어가 모두 프랑스어에서 왔기 때문이다. 하지만 두 언어의 사용자들이 상대방 언어를 다른 민족보다 수월하게 배울 수 있는 것은 사실이다. 빅토리아 여왕이 유창하게 독일어를 구사할 수 있었던 것에는 이런 이유도 있다.

여왕의 말년

빅토리아 여왕은 1837년부터 1901년까지 63년 동안 대영 제국의 군주로 있었다. 이 기록은 몇 년 전까지 깨지지 않던 역대 최장기 재위 기록이었다. 하지만 지난 2015년 9월 여왕의 현손(증손자의 자식)인 엘리자베스 2세가 빅토리아 여왕의 재위 기간(63년 7개월 2일) 기록을 갈아치웠다. 이 기록은 지금도 진행형이다.

빅토리아 여왕의 일생은 불우했던 유년기, 앨버트 공과 함께 살았던 행복한 시기, 남편을 잃고 40년을 상중으로 살았던 시기로 구분할 수 있다. 특히 앨버트 공과 사별한 뒤에는 공식적인 자리에 그 모습을 잘 드러내지 않아 '윈저의 미망인'이라는 별명이 생겼다.

앨버트 공은 여왕에게 평생의 반려자인 동시에 조언자였다. 앨버트 공은 여왕이 중요한 결정을 내릴 때 조언해 주던 친밀한 비서이기도 했다. 그는 여왕의 심기를 거슬리지 않고 장관들과 의견을 주고받을 수 있도록 중간에서 조정자 역할을 완벽하게 수행했다. 여왕을 가장 가까운 거리에서 보필했고, 분별이 있고 유익한 충고를 아끼지 않았다. 하지만 그는 결코 헌법에 규정된 여왕의 권한을 훼손하지 않았고, 자신의 역할을 정확히 알고 있었다. 길잡이 같은 조언자, 모범적인 남편, 헌신적인 아버지로서 앨버트 공은 여왕과 친밀한 사랑을 주고받으며 살았고, 열정적으로 일을 하거나 여왕과 협력하며 자녀들의 교육을 도맡았다. 그는 자녀들을 공평과 애정을 통해서 길렀으며, 가족들의 생명을 자기 생명처럼 소중하게 생각했다. 그는 왕실에서 자기가 받은 행복을 가족들에게 그대로 돌려준 가장이었다.♦

아무리 사랑하는 사람이 죽었어도 산 사람은 살아가기 마련이다. 빅토리아 여왕이 그렇게 사랑하던 앨버트 공을 잃고 두문불출하며 보냈어도, 여왕은 여왕이다. 다시 군주의 일상으로 돌아가야 했다. 먼저 여왕의 빈 마음을 채워 줄 사람이 필요했다. 여왕과 앨버트 공의 금슬은 남달리 좋지 않았던가? 행복한 결혼 생활을 하던 부부가 배우자를 잃으면 재혼을 빨리한다는 속설도 있다. 그런데 대영 제국과 인도의 여제의 남자를 찾는 것이 어디 쉬운 일인가?

앨버트 공이 죽자 여왕은 남편을 기리기 위한 조상(彫像)과 기념물을 런던 곳곳에 세우기 시작했다. 1872년에는 하이드파크에 앨버트 홀이 완공되었다. 불과 10여 년 전에 앨버트가 기획한 만국 박람회가 성황리에 개최됐던 곳에 남편을 기념하는 앨버트 홀이 들어섰으니 여왕의 마음이 얼마나 아렸을까? 사람들은 죽은 남편의 흔적에서 헤

♦ https://www.goethe.de/ins/gb/en/kul/ser/arc/vll/21618147.html

어 나오지 못하는 여왕을 점점 걱정하기 시작했다. 하지만 이 고통은 본인만이 해결할 수 있는 것이었다.

이 무렵 여왕의 마음을 사로잡은 남자가 나타났다. 그의 이름은 존 브라운, 스코틀랜드인이었다. 여왕은 평소에도 스코틀랜드인에게 호감이 있었으므로, 주변 사람들은 그가 여왕의 빈 마음을 채울 수 있는 사람이라고 생각했다. 그런데 그는 재상(宰相)이나 귀족이 아니었다. 여왕의 마구간을 관리하던 마부였다. 존 브라운은 여왕에게 자신의 열정을 솔직히 드러냈다. 하지만 여왕은 여전히 앨버트 공에 대한 생각뿐이었다. 존 브라운은 앨버트 공에 대한 질투심이 생길 정도였다. 어쨌든 그는 여왕의 허전한 마음을 채워 줄 파트너가 되었다. 여왕과 존 브라운은 홍차에 위스키를 넣어 마시며 많은 시간을 보냈다. 하지만 두 사람의 귀천상혼(貴賤相婚)은 실현되지 못했다. 현실적인 한계를 극복하지 못한 것이다. 그로부터 10년 뒤인 1883년 존 브라운도 세상을 떠났다. 여왕이 너무 오래 산 것일까? 여왕은 사랑하는 사람들을 먼저 보내는 운명을 타고난 것이다. 여왕은 브라운의 조상을 세우게 했다. 또한 임종 전에 자신의 관에 브라운의 머리카락, 반지 그리고 사진을 넣어달라고 한 것으로 보아 브라운에 대한 사랑을 잊지 못했던 것 같다. 평생 영원히 사랑했던 앨버트 공의 초상화를 자신의 관에 넣어달라는 유언도 한다. 브라운이 죽은 뒤에 여왕은 인도 출신의 시종인 압둘 카림과도 비슷한 관계를 유지했다고 한다.

여왕의 말년은 제국주의 시대와 중첩된다. 남아프리카와 이집트 등지에서 대영 제국의 군대는 수많은 전쟁을 수행 중이었다. 대영 제국을 비롯한 유럽 열강은 세계 곳곳에서 충돌하고 있었고, 19세기는 종말을 고하고 있었다. 20세기가 열린 이듬해인 1901년 빅토리아 여왕은 영면에 들었다. 백내장을 진단받은 여왕은 말년에는 기억을 잃기 시작해 자신의 생애에서 가장 화려했던 순간들도 기억하지 못했다고 한다.

여왕의 자녀들

무남독녀로 태어난 빅토리아 여왕은 생전에 무려 9남매의 자식을 두었다. 당시 유럽의 로열패밀리 중에서 가장 막강한 영국 왕실은 여러 나라와 혼인을 맺어 왕실의 유대와 동맹을 다졌다. 앨버트 공 사이에서 태어난 9남매와 그들의 결혼 상대는 매우 다양하다.

빅토리아 여왕의 후손들을 보면 왜 그녀가 '유럽의 할머니Grandmother of Europe'라고 불리는지 금방 알 수 있다. 여왕이 낳은 아홉 명의 자녀 중에서 다섯째 헬레나와 여섯째 루이즈는 현재 유럽 군주의 직접적인 조상이 아니니 제외하고, 나머지 자녀들에 대해 살펴보자.

먼저 맏딸인 빅토리아에 관한 이야기해 보자. 그녀의 이름은 빅토리아 아델라이드 메리 루이즈Victoria Adelaide Mary Louise였다. 유럽 왕실의 전통에 따라 맏딸인 빅토리아는 어머니의 이름을 그대로 물려받았다. 나머지도 친가와 외가의 조상 중에서 따온 이름이다. 그녀의 외모는 어머니 빅토리아를 쏙 빼닮았고, 아버지 앨버트 공으로부터 우수한 지성을 물려받았다. 딸 빅토리아는 1858년 당시 떠오르는 강국

빅토리아

장녀, 1840년생

프리드리히 3세의 황후

Ⅰ

앨버트 에드워드

장남, 1841년생

훗날 에드워드 7세

Ⅱ

앨리스

차녀, 1843년생

헤센 대공비

Ⅲ

알프레드

차남, 1844년생

작센코부르크고타 공작

러시아 대공녀 마리아 알렉산드로바와 결혼

Ⅳ

헬레나

3녀, 1846년생

슐레스비히 홀슈타인의 크리스티안과 결혼

Ⅴ

루이즈

4녀, 1848년생

훗날 아질 공작비

Ⅵ

아서

3남, 1850년생

프로이센의

루이즈 마거릿과 결혼

Ⅶ

레오폴드

4남, 1853년생

발데크 공주와 결혼

Ⅷ

베아트리스

5녀, 1857년생

바텐부르크의

헨리와 결혼

Ⅸ

빅토리아 여왕과 앨버트 공의 아홉 자녀들

빅토리아 여왕
빅토리아
장녀, 1840년생
프리드리히 3세의 황후
I
앨버트 에드워드
장남, 1841년생
훗날 에드워드 7세
II
앨리스
차녀, 1843년생
헤센 대공비
III
빌헬름 2세
소피
그리스 여왕
모드
웨일스 공녀
노르웨이 왕비
조지 5세
영국 왕
빅토리아
헤센 대공녀
바텐베르크의
루이즈와 결혼
빅토리아 루이즈
브런즈윅 공녀
올라프 5세
노르웨이 왕
조지 6세
영국 왕
앨리스
바텐베르크 공녀
그리스와
덴마크의 왕자
안드레아스와 결혼
프레데리카
그리스 여왕
폴
그리스 왕
엘레니
그리스와 덴마크의
공주
루마니아 왕비
소피아
스페인 왕비
1
콘스탄티노스 2세
그리스 왕
2
미하이 1세
루마니아 왕
3
하랄드 5세
노르웨이 왕
4
엘리자베스 2세
영국 왕
5
필립
에든버러 공작
6

현재 유럽 왕실은 모두 빅토리아 여왕의 후손이라고 불러도 과언이 아니다.
덴마크, 노르웨이, 스웨덴, 그리스 왕실이 여왕의 후손이다.

인 프로이센의 왕세자 프리드리히(훗날의 프리드리히 3세)와 결혼했고, 1888년 3월 9일 독일 제국 황후가 되었다. 하지만 프리드리히 3세는 황제에 등극한 지 세 달 만인 1888년 6월 15일 급사한다. 아버지 앨버트 공이 42세에 세상을 떠난 것처럼 여왕의 딸 빅토리아도 젊은 나이에 남편을 잃은 것이다. 이때 프리드리히 3세의 나이는 46세였다. 모녀가 비슷한 나이에 남편을 떠나보낸 것도 부족했는지, 빅토리아 황후는 빅토리아 여왕이 사망한 해에 세상을 떠났다. 정확히 어머니보다 7개월 뒤인 1901년 8월 5일 죽었다.

빅토리아 여왕이 세상을 떠나던 무렵 독일 제국 황제는 빌헬름 2세였다. 빌헬름 2세는 빅토리아 여왕의 외손자이다. 여왕의 임종은 황태자 에드워드와 외손자인 빌헬름 2세가 지켰다. 이 자리에서 빌헬름 2세는 외할머니의 죽음을 몹시 슬퍼했다고 한다. 하지만 국제 정치는 혈육 간의 정에 휘둘리지 않는 법이다. 13년 뒤인 1914년 독일 제국은 영국에 전쟁을 선포하는데, 당시 독일 제국 황제가 바로 빌헬름 2세이다. 빌헬름 2세는 외할머니의 나라와 전쟁을 벌인 것이다. 독일의 빌헬름 2세 외에도 스페인의 소피아 왕비(가계도의 1), 그리스의 콘스탄티노스 2세(가계도의 2, 재위 1964~1973), 루마니아의 미하이 1세(가계도의 3)가 맏딸 빅토리아의 후손들이다.

여왕의 장남인 에드워드 7세의 후손 중에는 영국의 조지 5세를 비롯해 노르웨이의 올라프 5세와 현재 노르웨이의 국왕인 하랄드 5세(가계도의 4)가 있다. 여왕의 둘째 딸인 앨리스는 독일 헤센 대공국으로 시집갔는데, 그녀의 후손들은 다시 그리스 왕가로 시집을 간다. 가계도 맨 마지막에는 얼마 전에 세상을 떠난 엘리자베스 2세의 부군 필립공(가계도의 6)이 보인다. 다시 말해 엘리자베스 2세와 필립 공은 모두 빅토리아 여왕의 후손이며, 한국식 촌수로는 팔촌이다. 이 밖에도 3남 아서와 4남 레오폴드의 후손 중에는 현재 덴마크의 마르그레테 여왕(가계도의 8)과 스웨덴의 칼 구스타프 16세(가계도의 9)가 있다. 끝으로 막내 베아트리스의 후손을 따라 내려가면 스페인의 국왕 후안 카를로스 1세(가계도의 11, 재위 1975~2014)가 나온다. 결국 현재 유럽 군주들은 거의 모두가 빅토리아와 앨버트 공의 후손들이다.

빅토리아 시대의 명과 암

해가 지지 않는 제국의 군주로 60년 이상을 통치한 위대한 빅토리아 여왕도 세월의 흐름에 역행할 수 없었다. 그녀는 20세기의 두 번째 해인 1901년에 세상을 떠났다. 그녀의 전임자들은 정신 질환을 앓고 있었거나(조지 3세) 알코올 중독자(조지 4세)였던 까닭에, 영국 왕실의 운명은 풍선등화의 위기에 놓여 있었다. 하지만 여왕은 현명한 사람이었다. 그녀는 노련한 리더십과 지혜로 대영 제국의 건설을 완성했다. 의회로 넘어간 권력에 미련을 두지 않았고, 진정한 입헌 군주로서 왕의 권위를 지키면서 영국을 당대 최강국으로 끌어올렸다.

19세기 유럽의 많은 군주가 왕권에 집착하다가 권좌에서 쫓겨났지만, 여왕은 결코 왕권을 탐내지 않았다. 입헌 군주로서의 역할을 충실히 했다. 그녀는 국민의 절대적인 사랑을 받았고, 내각 역시 여왕에게 전폭적인 신뢰를 보냈다. 마키아벨리는《군주론》에서 훌륭한 군주의 세 가지 조건을 들었는데, 그것은 운명fortuna, 능력virtu 그리고 시대정신necessita이었다.

먼저 빅토리아 여왕의 생애를 운명fortuna을 통해 바라보자. 지도자는 행운의 여신이 웃음을 보낼 때 자신의 운명이 빛난다. 영국의 국력은 빅토리아 시대에 세계 최강이었다. 특히 막강한 해군력을 바탕으로 해외에 많은 식민지를 건설했고, 영국을 부유한 국가로 만든 산업 혁명도 빅토리아 여왕 시대에 일어났다. 행운의 여신은 여왕의 편이었다.

훌륭한 군주의 두 번째 조건은 능력virtu인데, 라틴어로 덕망을 의미하는 virtus에서 나온 말이다. 좋은 군주가 되려면 덕망도 높아야 하지만, 그보다도 능력이 있어야 한다. 그러므로 마키아벨리는 말하는 virtu는 덕망보다는 능력이라고 봐야 한다. 그런 점에서 빅토리아는 군주로서의 덕망과 능력을 모두 갖춘 군주였다.

군주의 마지막 조건은 시대정신necessita인데, 당대 군주에게 요구되는 시대정신을 말한다. 하지만 시대정신은 시대에 따라 다른 모습을 보인다. 제국주의 시대의 정점에 있던 빅토리아 시대에는 해외 식민지의 확장이 국운과 직결돼 있었다. 하지만 식민 지배를 당한 민족에게 유럽 열강은 가혹한 침략자들이었다. 군주에게 요구되는 시대정신은 이렇듯 상대적이다. 어쨌든 빅토리아는 자신의 시대에 걸맞은 시대정신을 가진 군주였으며, 영국은 그런 군주를 배경으로 세계의 패자(霸者)가 되었고, 해가 지지 않는 제국을 호령했다. 미국의 역사학자이자 전기 작가인 스탠리 웨인트라웁Stanley Weintraub은 빅토리아 여왕을 이렇게 말한다.

빅토리아 여왕은 국민의 애정, 전통에 대한 동경 그리고 충성심 높은 중산층의 가치관을 바탕으로 더욱 강화된 의례적인 군주제를 유산으로 남겼다. 그녀는 영국 자체다.

| 사진 판권

408 소피아 State Chancellery of Latvia
콘스탄티노스 2세 Allan warren
하랄드 5세 Estonian Foreign Ministry
엘리자베스 2세 Joel Rouse/ Ministry of Defence
필립 Allan Warren

409 후안 Nationaal Archief
후안 카를로스 1세 Estonian Foreign Ministry
안나 마리아 Allan Warren
마르그레테 2세 Johannes Jansson
칼 구스타프 16세 Bengt Nyman
알렉산데르 Royal Family of Serbia

왕의 언어

초 판 1쇄 인쇄 · 2022. 1. 21
초 판 1쇄 발행 · 2022. 1. 28

지은이 김동섭
발행인 이상용
발행처 청아출판사
출판등록 1979. 11. 13. 제9-84호
주소 경기도 파주시 회동길 363-15
대표전화 031-955-6031 팩스 031-955-6036
전자우편 chungabook@naver.com

ISBN 978-89-368-1200-3 03900